近代史的墮落

劉仲敬點評近現代人物

晚清北洋卷

劉仲敬 著

目次

作者自序

史學界對演化論模型非常陌生，儘管歷史的破碎性和規則的局部性使這一領域格外適合演化論。尤其重要的是，非演化論的思維模式基本上提不出具有解釋力的歷史敘事。據我所知，除演化論外，能夠自圓其說的解釋體系僅僅存在於基督教的神意歷史理論和德國玄學家的歷史哲學。後者在基本框架上，乃是去基督教或反基督教的神意歷史理論。黑格爾系的歷史敘事（包括馬克思）和斯賓格勒系的歷史解釋（包括湯因比）都屬於後者。

實證史學是用來提供材料的，在建構脈絡和因果的時候必須依靠解釋體系。大多數爭議不是源於材料，而是產生於如何用大致相同的材料建構因果性和相關性。真正不可調和的衝突大多數產生於解釋，而非材料本身。

歷史真相不可能完全澄清，然而各種錯誤並非沒有層次差別。有些錯誤確實比其他錯誤更加高級，提高錯誤的級別才是真正重要的事情。解釋模型只是一直工具，相當於梯子，本身無所謂正確或錯誤，關鍵在於它能把你帶進多高的理解層次。例如：一種理論說血型決定性格，層次就比較高，因為性格類型確實有區別，讀者的理解力因此提高，原因的錯誤解釋可以在發展中動態修正。另一種理論說，溫柔的男人和剛強的女人屬於同一性別，不同於男人和女人。這種理論層次就很低，因為它降低了讀者的理解力，隨著發展而不斷製造更多的錯誤。

孟德斯鳩的種族—氣候決定論、馬克思的殖民主義—亞細亞生產方式論、四人幫的儒法鬥爭論，屬於前者。東亞馬克思主義者的封建專制主義論、美國韋伯學派的現代化理論、目前的多元文化論和非西方中心論，屬於後者。

如果你將歷史視為巨大而複雜的生態場域，許多問題就會自動失去爭論的意義。在演化論的世界中，歷史是可以假設但不可重複的。也就是說，時間箭頭是單向的，歷史路徑是分岔的。全史（comprehensive history）是時間箭頭（熱力學第二定理）籠罩下的路徑積分（費曼物理學）。組織和結構是演化場域的主體，季候、環境和節點是演化的關鍵。

系統演化當中的優劣沒有絕對的意義，其實質內容通常是指主體和環境的相容性。離開所在的環境，主體的優劣就會喪失原有的大部分意義。黃金時代或理想狀態之所以理想，主要是因為文明季候、演化環境和時空節點的適當配合。換句話說，就是主體和環境的相容性高。某一個理想時空的特定主體本身具有什麼特徵，並不重要。同樣的特徵在另一種環境下，反而可能降低相容性。

高度相容性通常是主體與環境長期共生、演化、磨合的結果。季候因素本身不是宿命的，但對於人類和個人則具有近似宿命的意義。也就是說，擁有足夠資源的行為主體，從原則上講可以操縱季候，但人類和個人達到或接近必不可少的資源閾值，在技術上是不可能的。環境因素是非線性的。也就是說，即使從純粹理論意義上講，也不可能完全認知，更不可能有效操縱。

節點是人類和個人唯一能夠有效操縱的因素，它能夠導致長期的路徑依賴。而決斷的審慎，取決於一個人認知因果性、相關性和不確定性的能力，最後一項最為重要。歷史的用途在於提高人類和個人的認知能力，因果錯置、相關性交感和低估不確定性（相反的情況，即高估不確定性的情況也存在，但很少見）是破壞和降低認知能力的主要原因。

所有解釋體系都是神話，但不同神話仍然存在優劣之分。解釋體系之所以有其必要，是因為人腦對複雜性超過一定閾值的環境，就沒有能力做出理性判斷了，而大多數環境都屬於這一類。因此，解釋體系的用途是：在大多數資訊不正確和不完備的情況下，仍然能夠有效區別不準確和不完備程度的不同高低層次。由此形成的認知地圖之比例感，其可靠性是高於隨機選擇的。以此為依據做出的決斷，其可靠性就會高於隨機選擇。

歷史的用途在於：在不損害認知地圖比例感（也就是英國人所謂的健全常識）的前提下，補充材料；如果可能，提出改善健全常識的解釋體系。如果歷史解釋起到了破壞和降低認知能力的作用，就必須視為危險的思想病毒。比如東亞馬克思主義者的封建專制主義論就是。在思想病毒（因果錯置）大肆流行的環境內，行為主體的優勢演化策略就是去共同體化。換句話說，就是文明的衰敗與滅亡。

共同體在世界歷史演化場中的地位，相當於一個局部生態穹窿。穹窿能夠保護內部環境的特殊性，保證小環境內部的刺激因素達到一定程度上的協調，使秩序形成和輸出變成行為主體的優勢演化策略。換句話說，就是文明的產生和發展。從經驗的意義上講，秩序輸出和複雜性增加是文明最可靠的標誌。小共同體是一切原始人類都具備的組織資源，大共同體是秩序輸出升級的標誌（但不是原因）。孤立的原子化個人在自然狀態下沒有生存能力，在已知的原始人類當中並不存在，他們是秩序的消費者，也就是說，是搭便車者或破壞者。只有在組織資源剩餘相當豐富的文明社會當中，才能長期存在一定比例的原子化個人。即使如此，原子化個人超過一定閾值，也是文明衰亡的徵兆和原因。

大共同體和小共同體最可靠的鑒別標準不是人數或財力，而是針對公共事務行使壟斷性強制力的正當性。小共同體要麼是只能行使柔性規訓的權力，例如輿論、道德和習慣的影響力；要麼就是只能援引特殊利益，行使包括不具有排他性的事實權力。隨著大共同體的出現，文明自我毀滅的危險急劇上升。在演化論的世界圖景中，大共同體引入了選擇—適應機制的破壞者。小共同體產生的危險，在其影響範圍內，行為主體已經或能夠產生相應的適應。而大共同體產生的危險，則能夠超越行為主體的演化適應速度和演化適應範圍。

這就像是：大自然產生的毒物危害不大，因為它們在人的口中非苦即臭，美味就是無毒的證明。而化學合成的毒物意味著危險性的升級，因為它們經常是無味或甜味。適應機制錯亂造成的危險沒有明確的範圍和界限，跟具體和有限的危險不在同一個層次上。阿克頓勳爵所謂的「古老自由和新興專制」就是這種演化劇變的另一種修辭方式。多方面、低強度的演化壓力有利於產生種類繁多而差異不大的行為主體，孔子時代的諸夏就是這種演化模型的另一種修辭方式。集中和高強度的演化壓力有利於大滅絕和物種替代，張獻忠時代毀滅大部分人口的僭主戰爭就是這種演化模型的另一種修辭方式。

無論在什麼條件下，大小共同體的組織資源和保護能力都源於個人的權利讓渡。任何讓渡方式都會形成路徑依賴。因此在讓渡方式變化的歷史節點，個人選擇相當重要。事實上，這是個人選擇能夠產生確定有效影響的唯一機會。在一個已經存在化學藥品和大共同體的世界上，本能的反應已經不再具備原先的保護功能。良藥可能苦口，毒藥可能甘甜。如果古老自由不能相應地升級，產生更加複雜的刺激調節模式，晚期羅馬帝國或秦政的演化模式就會獲得越來越大的優勢。法蘭西第三等級（法語：Tiers état）選擇依靠絕對主義王權，打擊封建分權的各等級團體約束；民國左翼文人選擇依靠極權國家，打擊家族共同體的禮法約束。這些都是作法自斃的典型。英格蘭的市民階級做出了相反的選擇，結果在最危險的視窗期保護了自己。審慎之德主要體現為善於區分人力無法避免的危險和人力可以避免的危險、區分發生以後能夠彌補的錯誤和一旦發生就無法彌補的錯誤。具體到共同體的問題上，審慎之德就體現於：不能輕易為個人而削弱小共同體，除非能足夠及時地培育替代性的組織資源；不能神化大共同體的保護功能，這種功能是以消費小共同體和個人的資源積累為代價的。

所謂古老自由的相應升級，產生更加複雜的刺激調節模式，其中就包括了知識分子發明的解釋體系。解釋體系在實證意義的準確性，從來就不等於演化意義上的有益性。輝格史學和唯物主義史學都是神話，用途在於將實證主義史學的材料組織成公眾能夠理解的解釋體系，但前者有利於審慎的決斷，後者則相反。演化論的解釋體系，其自洽性和解釋能力高於輝格史學、唯物主義史學和實證主義史學，但保護所謂古老自由的有效性既不如輝格史學，也不如宗教、迷信和習慣，比唯物主義史學只是稍有優勢。宗教、迷信和習慣是小共同體和組織資源的主要來源，在演化論的意義上具有演化優勢，而演化論本身作為解釋體系，反而並不具備演化優勢。所以真正理解演化論模型的人不見得願意鼓吹演化論，反倒更有可能維護經過長期考驗而能夠倖存的思想和團體。這些倖存者在語言文字表達的學術理論框架內是不是合理，不太重要；因為語言文字只是黑暗世界的一盞燈，產生實際塑造作用的大部分因素始終來自燈光之外的叢林。燈光能夠帶你平安通過黑暗叢林，就是可靠性高；能夠帶你通過康莊大道，價值並不甚大。

解釋體系的潰敗，將漢語世界的近代史變成了「奧革阿斯的牛圈」——最骯髒的地方、積累成堆最難以解決的問題。游士掌握了話語權，導致德性和節操的標準完全顛倒。這種現象既是東亞文明沒落的自然後果，又是產生沒落的重要原因。越是有節操的人，在歷史上越是默默無聞。歷史讚揚的偉大人物，一般都是文明的揮霍者、共同體的毀滅者或汲取者。

誰能記得奉天的王永江呢？他是滿洲堡壘和經濟奇蹟的締造者，張作霖的武功完全依靠他的苦心經營；但他堅決反對張作霖把東北父老的建設經費用在關內徒勞的軍閥混戰上，甘願為此犧牲自己的政治生命。廣州商團的陳廉伯為了抗議孫文未經納稅人允許而增稅的武斷行動，保護廣州資產階級脆弱的自治權利，遭到蘇聯顧問和黨軍的鎮壓。他這種行徑，跟倫敦商團反抗查理和詹姆斯武斷徵稅的行動有什麼本質區別？如果他是買辦和漢奸，出錢購買蘇格蘭軍隊和荷蘭軍隊入侵祖國的倫敦資本家又該怎麼理解呢？

陳廉伯本來有足夠機會出賣自己的階級或共同體（也就是商團），換取張靜江在黨內的榮華富貴，卻甘願為節操而犧牲前途。類似的人物還有四川的五老七賢和袍哥領袖、南京的商會。甚至相當於黑社會的組織都比遊士更有節操。

如果杜月笙取代了蔣介石，他絕不會把上海變成日本的戰場。如果王佐和袁文才取代了毛澤東和張聞天，他們只會小規模搶劫外鄉人，不敢也不能將本鄉的壯丁和糧食搜刮一空，將人口減少三分之一。在一部歐洲價值觀主導的遠東歷史中，這些人才是英雄。機會主義在價值領域的勝利，僅僅反映了無根遊士和無德浪人對共同體的破壞。兩者都是逆向淘汰機制的產物，這種機制將春秋時代的禮儀之邦變成了現代歷史的食人樂園。除了極端遲鈍或虛偽的人，誰會安心終老於楚門的世界呢？赫拉克勒斯燃起雄心的地方，同樣也是福爾摩斯萌發好奇心的地方。知人論世的智慧位於歷史敘事的源頭，也是歷史敘事最終的歸宿。

劉仲敬

一、作為神話的林則徐

林則徐早在鴉片問題論戰爆發以前，就以能員著稱。他在福建巡撫張師誠[1]幕府裡，處理當地盛行的貿易和走私（如果兩者還能清楚鑑別）問題，頗受上峰賞識。他積累的經驗是：走私其實就是官吏和紳商的利益勾結，海盜貿易者是這些人的代理。前者只能恐嚇，適可而止；後者必須打擊，盡可能消滅。他輔佐張師誠，剿滅了海盜（其實更有可能是武裝走私團）蔡牽[2]，皇帝感到滿意，地方官紳不得不暫時收斂。但他走後，各方都滿意的走私活動死灰復燃，至少延續到嚴復的時代。林則徐後來在廣州非常自信，就是因為早年的成功經驗。做官，做的就是分寸。分寸只能通過經驗獲得，而寒門子弟卻經常把讀書看得太重。科舉場的英雄做官經常失敗，多半就輸在這方面。林則徐不是神童型的人物，辦過多年雜務，結果反而對他有利。

林則徐中進士後，在翰林院度過了默默無聞的幾年。他成功的時間之晚，這一點已經證明他缺乏詩人和文學家的天賦，更適合從事實際工作。嘉慶二十五年的水災威脅黃河、運河的安全，給他提供了機會。他和琦善第一次合作，相當迅速地解除了京師的隱患[3]。道光十一年，新君再次命他治河[4]。他在湖廣、陝甘、雲貴總督任內，都能給朝廷留下良好的印象。也就是說，他懂得怎樣處理人事關係。說得刻薄一點，就是他知道怎樣鋸箭杆[5]。在他所處的時代，拔箭頭是不可能的和危險的，但他也不是尸位素餐之輩，不會放任自己能夠解決的問題。這些問題大多數屬於人事問題，解決以後就能迅速緩解

1 張師誠（1762-1830），浙江湖州歸安人，歷任多省按察使、布政使、巡撫等職務，在福建巡撫任內最有治績。嘉慶十一年（1806年）十二月，他物色到林則徐，邀林加入自己幕府中。林在張師誠幕府中約五年。

2 嘉慶十四年（1809年）八月，張師誠帶兵剿殺海盜蔡牽時帶林則徐一同前往，讓他間接參與，林則徐因此得到歷練的機會。

3 道光四年（1824年）冬天，淮安清江浦高家堰大堤潰決，高郵至清江浦一帶運河河道淤塞，漕船無法通行，京城糧食供應告急。道光五年（1825年），道光帝起用支持海運的琦善任兩江總督，原安徽巡撫陶澍調任江蘇巡撫。據《朱批奏摺》道光五年六月二十二日，琦善奏請將興修河工的丁憂人員前江蘇按察使林則徐、降調河南河北道鄒錫淳二人，屆期調赴上海籌辦海運，獲準。林則徐參與了一些海運籌備工作，後因「構勞成瘧」請辭。道光六年，漕糧海運首航成功。

4 道光十一年（西元1831年）十二月就任東河總督。東河總督是河南、山東的最高治水長官，林任此職不過半年，但很有治績。

5 《笑林廣記·術業部》：「一人往觀武場，飛箭誤中其身。迎外科治之。醫曰：『易事耳。』遂用小鋸鋸外杆，即索謝辭去。問：『內截如何？』答曰：『此是內科的事。』」

各方的不滿，當然不滿很快就會重新產生，但他的練達已經取得了足夠的效果。

嘉慶和道光兩朝的關注重點在於整頓吏治和財政，鴉片問題是財政問題的附屬品。後世往往把鴉片問題特殊化，套用現代毒品貿易的想像，但在當時的大清和英國，這種觀念都不存在。鴉片又名洋藥，這不能算是掩飾，而是本來如此。同一時期，英國的藥店可以直接購買鴉片和鴉片酊。文豪德．昆西、柯勒律治、威爾基．科林斯都是鴉片迷[6]，從來沒有人稱他們為西歐病夫。毒品的非法化是非常晚近的事情，而且總是落後於成癮藥物的出現。古柯鹼剛剛發明時，醫學界曾經寄以厚望，猶如後來的放射療法和糖皮質激素，彷彿能夠包治百病。在危害性最終暴露以前，許多醫生已經以身試藥，包括佛洛伊德的一位同學。鴉片在全世界非法化，已經是第一次世界大戰前夜的事情。頗有諷刺意義的是，英國人其實是鴉片非法化的主要推動者。大清和民國之所以同意分階段禁止鴉片，主要是因為英國大棒加胡蘿蔔的政策。道光朝爭論各方的關注點，主要還是在稅收方面。爭論之所以無法解決，部分原因在於大家都建立了錯誤的因果聯繫。

朝廷錯誤地認為：白銀流出和歲入不足是一回事，鴉片是白銀流出的主要原因。其實，真正的問題在於：土地稅收的徵斂能力取決於吏治國家對民間的控制能力，這種能力必然日益衰退。朝廷開支主要是軍費和人事費用，隨著戰鬥力的減退、士大夫集團的膨脹和腐敗而不斷惡化。兩者在帝國體制內都只能治標，不能治本。朝廷在幾次戰敗以後，從西方學到了徵收商業歲入的技術，才擺脫了崇禎和歷朝晚期君主無法應付的困境，將歲入增加到康、乾之世聞所未聞的地步。然而在赫德[7]以前，誰都沒有能力改革財政。許乃濟[8]希望徵收鴉片稅，其實朝廷當時並沒有這樣的技術。粵海關的賬目一片混亂，勒索性開支已經使外商感到無法忍受，本來已經很低的關稅卻仍然穩定不了。林則徐希望用人事手段禁絕鴉片，實際意義就是不需要運用現行體制之外的因素，當然更受歡迎。他使用了一系列道德論據，給後人造成了誤解，以為他屬於歷史上經常出現的儒家原教旨主義者，其實從他以前和以後的表現看，他始終是經世致用的實幹家。他引用的道德

6 文豪德·昆西（Thomas De Quincey，1785-1859），英國散文家、文學批評家，代表作為《一個英國鴉片服用者的自白》。柯勒律治（Samuel Taylor Coleridge，1772-1834），英國詩人和評論家，一生在鴉片成癮中度過。威爾基·科林斯（William Wilkie Collins，1824-1889），英國偵探小説家，著有《月亮寶石》、《白衣女人》等。

7 赫德（Robert Hart，1835-1911），一八五四年來中國，一八六一年起在上海擔任海關總稅務司職務，一八六三年正式擔任海關總稅務司，一九零八年休假離職回國，一九一一年死於英國白金漢郡，清廷追授其為太子太保。赫德在任內創建了稅收、統計、浚港、檢疫等一整套嚴格的海關管理制度，海關收入成為晚清財政的重要支柱。

8 許乃濟（1777-1839），歷任山東道監察御史、給事中、廣東按察使、太常寺卿、光祿寺卿等職，一八三六年六月，許乃濟奏請弛禁鴉片，他認為鴉片越禁越多，不如「仍用舊例，準令夷商將鴉片照藥材納稅，入關交行後，只準以貨易貨，不得用銀購買」。一八三八年十一月，許乃濟被降職。

修辭大抵是例行公事式的，缺乏對人對事的針對性，這就很能說明問題了。你如果稱英國上議員為「可敬的某某」，並不能代表你尊重他個人，因為所有貴族都適用於這樣的敬語。同治朝的清流使用道德措辭，一般要參照攻擊對象的個人特點。林則徐的作風不是這樣的，道光朝的政治空氣也不利於清流。他喜歡敲山震虎，卻沒有具體的攻擊對象。

林則徐在爭論中表現了太多的自信心，因為他覺得廣東鴉片販子不會比福建海盜可怕多少。反正大家都是走私弄錢，毛病還是出在幕後利益集團。問題解決不了，無非是因為主管領導缺乏責任心。他自己就是福建人，所以皇帝也相信他確實內行。他相信真正的病根就是廣東官紳，但作為經驗豐富的大臣，他無意將自己人趕盡殺絕，只想恐嚇他們適可而止。走私販子不是自己人，屬於可以犧牲的對象。如果非要有人犧牲不可，他準備借這些人的頭，正如他以前借蔡牽的頭。如果誰都不能犧牲，他就沒法做事了。而且，他對英商都是手下留情的。他懂得法律沒有必要、也不應該完全執行，即使是犯法的刁民，也要先施恩再執法。廣東和福建的海盜都有許多接受招安，攻打其他海盜，最後安度晚年。

林則徐要求各國商人集體擔保不再販賣鴉片，否則「貨即沒官人即正法」。這話說起來彷彿很可怕，其實意思就是既往不咎寬大處理，不讓隱藏在幕後的官紳難堪。帝國官場通常認為恫嚇是威望的必要組成部分，正如執行力的軟弱是仁政的一部分。如何實現兩者的經驗性平衡，是考驗老官僚手段的試金石。這一套把戲，大多數「大清通」是完全心裡有數的，很痛快地表示接受。他們習慣於給新來的商人上課，教後者怎樣通過適當渠道送禮，用大清官員聽得懂的語言，做大家都有利可圖的事情。如果沒有外行攪局，事情很可能向以下的方向發展：皇帝發現林則徐辦事得力，大大獎勵他；林則徐的支持者覺得他應該升官，反對者希望他快點滾蛋；欽差大臣回朝以後，三令五申淪為具文。清英雙方早在一八二零年代就已經發生過類似的衝突，結果以類似的方式不了了之。如果沒有一系列陰差陽錯，這次的事件同樣很可能虎頭蛇尾地收場。

這時的義律[9]是一位屢遭挫敗的唐吉訶德式人物，對周圍的環境很不滿意。在烏煙瘴氣的粵海，他的人品大概是所有出場人物當中最好的。從他後來信誓旦旦保證香港居

9 義律（Charles Elliot，1801-1875），一八三六年十二月出任英國駐華商務總監一職。雖然當時鴉片貿易在英國和大多數國家是合法的，但他認為這是不道德的。他認為兩國之間應該存在對等和公平的貿易，為此以懇切的語氣致函時任兩廣總督鄧廷楨，希望兩人在廣州見面，但清方始終拒絕見他。

民財產和習慣的做法看，他對英國式古老傳統的道德優越性確實深信不疑。他一會兒要求英國人禁菸，一會兒要求大清尊重人權。雙方都很討厭他，他也沒有理由希望任何一方太平無事。他早就知道威斯敏斯特不肯保護走私，但他可以打人權牌。他理直氣壯地指出：每個人只應該為自己的行為負責。某人有沒有走私，其他人怎麼保證得了？大英臣民理應享有公正的審判，這是他們自古以來的權利，不能搞野蠻的連坐。事情一旦演變成保護女王陛下臣民的人權問題，英國政府就不能不管了。在林則徐看來，這種要求純屬找碴。

大清根本沒有分辨不同夷人好壞的能力，之所以同意義律之流自封「領事」，就是希望「領事」發揮「夷目」的功能，替大清完成「外商社區保甲長」的任務。義律居然一臉無辜地問他「怎麼保證得了」，已經證明自己尸位素餐了。欽差大臣憤怒地責問義律：「你這個領事，到底領的是什麼事？」意思就是：「誰走私，誰沒有走私，難道不應該由你這個領事來調查清楚麼？你倒反過來問我？」何況，連坐是秦始皇以來始終沒有動搖的極少數基本國策之一。大清如果發生治安問題、更不用說政治問題，一向都要求左鄰右舍、更不用說三親六戚集體負責。誰都沒有覺得不公平，憑什麼就你事兒多？

林則徐決定繞過義律，直接聯繫維多利亞女王[10]，因為根據他的經驗，大多數人都不會這麼不講道理。小官狐假虎威，無非想通過刁難辦事人員，誇張自己的重要性，這種事他見得多了。他不是東林黨那種只顧虛名、不在乎事情辦成辦不成的角色，堅信人事問題在哪兒都一樣，在英國也不會例外。英國海軍居然上門鬧事，他實在忍無可忍。憑良心說，他已經很給這些刁民留面子了。然而刁民居然很懂鬧事的門道，繞到他的轄區外掃他的面子。欽差大臣的權力祕訣就在於控制天子的耳目，控制地方事態發展反倒不太重要。

事情一旦鬧大，林則徐就要倒霉。道光不大可能知道自己在打敗仗，但肯定知道各地督撫都在向他要錢，理由都是籌備海防。這就足夠了。皇帝之所以要禁菸，就是為了整理財政，節儉開支是重中之重。如果禁菸必須以增加軍費為代價，那他又何必禁菸呢？林則徐誇下海口，說他對那些奸商的小聰明瞭若指掌，結果卻把事情弄成這樣，豈非欺

10 道光十九年（1939年）六月二十四日，林則徐、鄧廷楨、怡良會奏《擬諭英吉利國王檄》。此件於七月十九日上諭中稱：「據林等奏擬具檄諭英吉利王底稿，附折呈覽。朕詳加披閱，所議得體周到。著林等即行照錄頒發該國王，俾知遵守。」此件於十二月間由英國船長帶往英國。

君罔上？穆彰阿[11]的看法就比較符合聖意：與其浪費時間和資源，防備這些尋釁鬧事的走私販子，不如給兩個錢，打發他們趕緊滾蛋。不讓皇上操心，就是最大的國家利益。當然根據帝國的修辭習慣，他們也要把自己的動機拔高，重新解釋為體恤和平居民與無知蠻夷的大仁大義之舉，絲毫沒有不負責任的意思，更不是出於恐懼。在最後一方面，皇帝很可能沒有說謊，畢竟所有人都在欺騙他。這一套修辭術不大可能感動皇帝的臣民和繼承者，卻把泰戈爾感動得五體投地，覺得道光朝真是他鼓吹的東方道德模範。

英國人的文件送到大沽口，大清翻譯家發揮了高度的覺悟。譯文首先用大部分篇幅歷數林則徐的殘暴苛刻，有意無意地暗示他對儒家價值觀缺乏應有的尊重，最後用一種哀怨的語調，要求給他們免遭秋後算賬的保障（也就是國恥教育稱之為割地賠款的那些內容）。即使現代的讀者看完，也會覺得這些說法很像一群上訪者的鳴冤叫屈[12]。大明和大清皇帝都以天下共主自居，對蠻夷告御狀的做法並不陌生，知道蠻夷鬧事的原因往往出在官吏一方，賞罰分明就能防止許多不必要的糾紛。朝鮮、越南和浩罕都曾經控告遼東、廣西和新疆地方官，使後者遭到皇帝的懲罰。英國人在大沽口既不殺人，也不搶劫，連走私販子通常的買賣都不做，以異乎尋常的執拗，堅持非要大清皇帝回覆不可。這類案件的關鍵就是罷免地方官，一方面給上訪者出一口惡氣，另一方面為中央調查人員的工作提供方便，因為只要糾紛製造者仍然在位，有關證人就不敢說真話了。皇帝一撤換林則徐，英國人就同意返回廣州，更強化了皇帝一廂情願的想法。

林則徐下臺後，首先在浙江協助裕謙備戰。皇帝對他的做法完全清楚，默許就是以觀後效的意思，可惜後效談不上出色。琦善在廣州拒絕做的事情，裕謙都做到了，然而結果還是大敗——林則徐製造的大砲和船隻已經過時了三百年，在拿破崙戰爭以後的年

11 穆彰阿（1782-1856），滿洲鑲藍旗人，擔任軍機大臣二十餘年，權傾內外。一八四零年八月，英方送來照會後，穆彰阿主張議和。

12 一八四零年八月，英國軍艦到天津大沽向直隸總督琦善遞交了外相巴麥尊要求清政府賠償照會，即《巴麥尊子爵致中國皇帝欽命宰相書》。此照會有兩種譯文。以開頭一段為例：
譯文一：茲因官憲（林則徐）擾害本國住在中國之人民，並褻瀆大英國家威儀，是以大英國主，調派水陸軍師，前往中國海境，求討皇帝昭雪伸冤。（譯者可能是馬禮遜之子馬儒翰，即 John Robert Morrison。）
譯文二：我大皇后新派水陸兵丁往大清國海邊要賠償，為英吉利國民受大清國官之委屈，及英國受汙蔑。（俄國東正教教士團譯）
兩種譯文道光皇帝都看過，但他最終選擇了譯文一。八月二十日他給琦善下諭：「諭以該夷所遞公文，已經代為陳奏。大皇帝統馭寰瀛，薄海內外，無不一視同仁。凡外藩之來中國貿易者，稍有冤抑，立即查明懲辦。上年林則徐等查禁菸土，未能仰體大公至正之意，以致受人欺蒙，措置失當。茲所求昭雪之冤，大皇帝早有所聞，必當逐細查明，重治其罪。現已派欽差大臣，馳至廣東，秉公查辦，定能代申冤抑。該統帥懿律等，著即返棹南還，聽候辦理可也。」（《籌辦夷務始末》）

代無異於古董。蔣廷黼[13]遺憾地說：「因為林則徐及時下野，才留下了神話。」這種想法是錯誤的，因為林則徐的計劃已經在浙江付諸實施了，而鴉片戰爭的主戰場就是在浙江，清軍主力也是在浙江崩潰的。神話製造者之所以製造神話，是因為他們需要欺騙，不是因為他們不了解真相。裕謙是林則徐的好朋友，在林則徐遭到控告時極力為他辯護，在軍事方面對林言聽計從，按說應該得到好評。然而結果恰好相反，因為對裕謙的讚美適足以暴露林則徐自以為是的荒謬，只有乾脆忘記他，才能維護林則徐神話的完整性。

林則徐從新疆返回後，繼續在陝甘和雲貴擔任總督。他研究的西學不足以抵抗西方人，但足以鎮壓藏、回叛亂。咸豐帝想借重他的戰爭經驗鎮壓太平軍，但他已經一病不起。

林則徐神話比林則徐本人更重要，分為前後兩期。前期神話就是經世之學可用，可惜斷送在奸臣之手。胡林翼和左宗棠深受經世致用之學影響，功業相當可觀，但同樣只能用在內地。左宗棠總是看李鴻章不順眼，部分原因在於：經世之學以聖賢之道為基礎，而李鴻章招徠的洋務人才往往是功利之徒。盛宣懷就是功利之徒的典範，大清很大程度上就是亡在他手裡的。他那種不留餘地的理財方法，在招商局時期就已經招致物議，在保路運動時期就變成了眾矢之的。隨著儒臣和儒將退出歷史，這種神話漸漸褪色。

後期的林則徐神話主要是日本人的貢獻，將他塑造成反英反帝的亞洲英雄。溥儀和汪兆銘的文化部門準備了大部分材料，略加修改後就構成我們今天熟悉的民族英雄林則徐。大東亞共榮圈推崇的英雄人物跟後來的愛國主義教育非常相似，包括林則徐和甘地。林則徐是東亞反英第一人，甘地是當代反英第一人。反面人物也非常相似，包括蔣介石集團和美帝。滿洲國首都新京出版的通俗文學當中，《宋美齡豔史》、《藍衣社祕史》、《虎門風雲》之類作品占據了非常重要的地位，不亞於《福昭創業記》[14]之類「滿洲愛國主義」題材文學。日本人的工作照例細緻周密，以致後來的宣傳家沒有多少可以發揮的餘地。八十年代的愛國主義者依賴「滿洲國」材料，僅次於陳伯達的《人民公敵蔣介石》依賴汪兆銘政權的文宣材料。最後，林則徐終於變成了我們熟悉的神話人物，像《羅密歐與茱麗葉》當中的家族世仇，早已沒有人在乎真正的來龍去脈。

13 蔣廷黼（1895-1965），歷史學家，著有影響很大的《中國近代史》。
14 儒丐（1884-1961），原名穆都哩，又作穆篤哩，旗人出身。曾留學日本，後長期從事報業、寫作工作。在一九三七年至一九三八年間創作了長篇歷史小說《福昭創業記》，書成後收入「東方國民文庫」，由「滿洲圖書株式會社」於康德六年（1939年）六月初版，並獲「滿洲國」一九三九年民生部大臣文藝賞。書中從清太祖努爾哈赤起兵反明，一直寫到吳三桂接引清兵入關，詳細敘述了清代勃興、滿族崛起的歷史進程，並比附現實，引申到偽滿洲國，提倡滿日協和。

二、大清掘墓人
——曾國藩

曾國藩（1811-1872，湖南湘鄉人）在產生湘軍的那個集團中，未必能超過羅澤南[1]和江忠源[2]，但戰爭淘汰到最後，特別是胡林翼[3]去世後，眾望所歸的人物就只有他了。他自認才略不及江、胡，甚至不及左、李，因此堅持要塞防禦、以靜制動的原則，避免冒險進攻和大規模機動作戰。後者恰好是石達開和陳玉成的用兵特色，也是流寇戰爭的傳統優勢。湘軍的特色是先結寨，擊退敵人進攻，然後向敵人縱深結新寨，如此周而復始，一直推進到金陵城下。無論蘇杭如何告急，朝廷如何催促，他絕不分兵援助。他在戰役上敗多勝少，然而戰略優勢卻能不斷擴大，履行了《孫子兵法》「先為不可勝，以待敵之可勝」的原理。他能夠執行相對獨立的戰略，關鍵在於湘軍是一支自籌經費的民兵，因而朝廷無法具體地管理。

民兵組織僅僅因為貫徹儒家價值觀，才必須忠於朝廷，但在人事權力的層面，南方士大夫已經嚴重地侵奪了皇權。曾國藩知道朝廷的猜忌不可避免，攻陷金陵以後，迅速解散了湘軍。然而，戰爭尚未結束。李鴻章和左宗棠都效仿這種做法，通過半私人的途徑籌款練兵。這些軍隊接受儒家價值觀的薰陶不如湘軍，財政管道更加五花八門，地方籌款和外國銀行在其中占據了重要位置。只有在這種背景下，東南互保和民初軍紳政權才能成為現實。曾國藩愛惜羽毛，不願捲入後輩的遊戲。他知道遊戲的結局就是朝廷的毀滅，不想讓自己承擔責任[4]。

1 羅澤南（1807-1856），理學家，湘軍基本營制的創立者，所練湘勇為湘軍的原始班底。「曾文正初募湘軍，專依羅澤南、王鑫（羅澤南弟子）。」咸豐六年戰死於武昌城外。

2 江忠源（1812—1854），楚勇的創立者。「湖南募勇出境剿賊，自江忠源始。」湘軍組建之初，隨江忠源的楚勇學習戰守，「始得歷練戰事」。咸豐三年廬州戰敗後投水而死。

3 胡林翼（1812-1861），時任湖北巡撫。胡林翼「以湖北瘠區養兵六萬，月費至四十萬之多，而商民不敝，吏治日懋」，且善於「驅策群材」，「規劃動關軍事全域」。曾國藩自言「潤芝（胡林翼）之才勝我十倍」。咸豐十一年病死。

4 曾的親信幕僚趙烈文《能靜居日記》記載，曾暮年常言「自顧精力頹唐，亦非了此一局之人，惟祈速死為愈耳」，「吾日夜望死，憂見宗祏（朝廷）之隕」。

天津教案[5]結束了曾國藩的政治生涯[6]。他不願為洋務而損害清譽，寧願將衣鉢交給不顧毀譽的李鴻章。他的外交方略就是堅持忠信之道，就事論事地處理一切問題，不搞機會主義的冒險行動[7]。無論是不是陰差陽錯，這種策略恰好是當時的最佳選擇。張之洞後來責備他為什麼不能利用普法戰爭的機會要脅法國[8]，其實當時他並不知道歐洲的戰爭消息。即使他知道，也無法利用，因為普魯士政府早已指示公使，在東方堅持歐洲列強一致的原則。結果，他採取的盡快結案政策反倒成了最佳策略，但他的初衷不是功利，而是對儒家原則的普世性抱有信心。

曾國藩其貌不揚，身體不好，才智也不是最上乘，但他毅力過人，勤奮過人，以拙勝巧。他即使修身也是用笨辦法，下苦功夫，結果變成了某種通俗的勵志模範，吸引了許多並不贊同他觀念的人。無論從學術還是事功的角度看，他都是大清儒臣和忠臣的楷模，無愧文正之謚。然而，他的兩項主要工作也是大清滅亡的根本原因。他的民兵制度奠定了民國軍紳政權的基石。他挖掘和復活了王船山的遺書[9]，播下了反清運動的種子。

5 一八七零年六月二十日，懷疑外國育嬰堂誘拐孩童煉製藥材的民眾，殺死了法國駐天津領事豐大業及其祕書西門，並強姦、虐殺了十名修女、二名神父、二名法國領事館人員、二名法國僑民、三名俄國僑民和三十多名中國教徒，焚毀瞭望海樓天主堂、仁慈堂、法國領事館以及英美傳教士開辦的其他四座基督教堂。

6 時任直隸總督的曾國藩被委任處理教案。他調查後確認育嬰堂並無誘拐傷害孩童之事，決定處死為首殺人的十六人，充軍流放二十五人，將天津知府張光藻、知縣劉傑革職充軍發配，賠償法國人的損失四十六萬兩白銀，並派大臣出使法國道歉。一時間曾被國內輿論指為賣國賊，朝廷派李鴻章接替他。

7 曾、李交接時，曾對李說：「聖人言，忠信可行於蠻貊。這斷不會有錯的。現在既沒有實在力量，盡你如何虛強造作，他（洋人）是看得明明白白，都是不中用的。不如老老實實，推誠相見，與他平情說理。」

8 黃濬《花隨人聖盦摭憶．張南皮喜謗前輩》：「南皮作色曰：「曾國藩亦將入文廟乎？吾以為將從祀武廟。」一坐間愕然。南皮曰：「天津教案，曾國藩至戮十六人以悅法人。是時德兵已入巴黎，曾国藩尚如此，豈非須祀武廟乎？」」

9 明亡後王夫之堅持不剃髮，隱居著書，身後著作流傳不廣，且有多種遭清廷查禁。一八六五年，曾國藩、曾國荃出資彙刊《船山遺書》，王的大部分著作得以廣泛流傳，成為清末革命思想一大源頭。

三、甲午戰爭與左宗棠的破產

左宗棠（1812-1885）是湘軍的異數，客卿性質多於土豪，因此沒有訓練自己的民兵團體。他喜歡以諸葛亮自居——與曾國藩不同，左宗棠未能走通科舉正途。他中舉之後，三試禮部不第，於是絕意仕進，究心於地兵法，經常自比諸葛亮。他以謀士的身分為主公效勞，省去了培養自己班底的麻煩。他和駱秉章、張亮基的關係正是這種模式。駱秉章、張亮基先後擔任湖南巡撫，左是他們的得力幕僚。

駱秉章離開湖南以後，左宗棠的威望逐漸落在曾國藩之後。李鴻章訓練淮軍，更暴露了左宗棠缺乏嫡系部隊的弱點。他不能甘居人下，利用朝廷分而治之的心理，前往浙江開闢新局，但實力不足的問題仍然無法解決，只得向攻克蘇州的李鴻章借兵，才能結束浙江的戰爭。他明白難以在東南跟曾、李師徒分庭抗禮，於是自請西征。

李鴻章根本不願意去貧困的陝甘，因此左宗棠再次得到了分庭抗禮的機會。他仍然缺乏嫡系部隊，只得借用曾國藩的老湘營。西征的勝利主要依靠火器優勢和外國貸款[1]，因此也是洋務的延伸。海防派與塞防派的爭論，實際上就是東北亞和內亞的戰略方向之爭[2]。李鴻章堅信日本將來會構成更大的威脅，但當時士大夫很少有人覺得日本會比朝鮮強大多少。左宗棠的勝利延長了大清天下體系在內亞的壽命，卻把脫亞入歐的機會窗口讓給了日本。失去的領土是看得見的，失去的時間卻是看不見的。

左宗棠從西北前線返回京師後，一度入值軍機。他陶醉於自己的勝利，輕視同儕，獨斷獨行，彷彿仍然身在長沙幕府。朝廷難以忍受他的跋扈，但仍然需要他平衡李鴻章的勢力，將他派往兩江。左、李之爭一直延續到對法戰爭，劉銘傳[3]似乎為李鴻章贏得

1 左宗棠用兵新疆所花經費，主要依靠各省協餉和通過胡雪巖借洋款。借洋款的模式是「化零為整」預支各省協餉，以此作為抵押向洋行借款，再「化整為零」日後由各省從協餉中扣還。

2 一八七四年春，日本以琉球船民被害為由發兵臺灣。中日和約簽署後，恭親王即領銜總理衙門上書同治帝，極言練兵、簡器、造船、籌餉為「緊要應辦事宜」，並奏請將該折下發北洋大臣及濱江沿海各省督撫，飭其詳細籌劃。之後半年，包括李鴻章、沈葆楨、左宗棠等在內的地方大員二十人共遞上相關折子六十餘件，分成海防、塞防兩派，討論國防要務。這次討論的官方結論是「海陸並舉」，但實際上塞防所獲經費始終多於海防。一八七五至一八八四年的海防總支出不過白銀三千萬兩左右，不到同一時期塞防開支八千萬兩的四成。

了局部的勝利。左宗棠這時以欽差身分駐節閩、浙，在任內去世。此後直到甲午戰爭，李鴻章權傾朝野。

左宗棠自負才略，剛愎自用，因此在延攬人才方面，不及李鴻章有聲有色。他最終無法跟李鴻章競爭，這是重要原因。除劉錦棠[4]鎮守甘、新特殊地區外，他部下的政治生命隨他一起結束。相反，北洋在李鴻章下臺後仍然根深蒂固。左宗棠繼承了賀長齡[5]的經世之學，思路酷似以前的林則徐和魏源，試圖在大清的天下體系和西方的世界體系之間折衷，多多少少保存前者的特殊地位。他的塞防理論不是單純的政策，而是這種期望的自然延伸。相反，李鴻章越來越將天下和藩屬視為最好拋棄的負擔。甲午戰爭實際上是左宗棠思想和政策的最後破產，但他像林則徐一樣幸運地早死，幾乎沒有人將責任歸到他頭上。

3 劉銘傳（1836-1896），淮軍幹將，一八八四年在滬尾一役中挫敗法國艦隊，一八八五年臺灣建省後成為第一任巡撫，在臺「開山撫番」期間，不斷對原住民進行欺詐誘殺。

4 劉錦棠（1844-1894），隨左宗棠剿平回亂、擊破阿古柏，一八八四年新疆建省後成為第一任巡撫。

5 賀長齡（1785-1848），歷任多省督撫，以講求經世之學和多行惠政著稱。左宗棠十九歲入長沙城南書院，師從山長賀熙齡，間接受到賀熙齡兄長賀長齡的影響。

四、自以為和被以為重要的李鴻章

李鴻章（1832-1901）已經不是思想家，卻仍然是士大夫和詩人。他是曾國藩和袁世凱的中轉站，他和這兩人的主要區別在於，他是一位世界級外交家。在他主持下，大清一度有希望融入國際體系。他的失敗主要不是因為自己的錯誤，而是因為他在朝廷當中的地位沒有英國人希望的那麼高。

西方人和南方士大夫都對滿清親貴聯盟的重要性估計太低，大清不可能擺脫這個集團的綁架。或者不如說，大清就是這個集團本身。李鴻章雖然自以為和被以為重要，但其實只是該集團的外圍辦事員，可以輕易犧牲。他對日本的崛起早有預判，但朝廷拒絕調整「塞防」重於「海防」的戰略重點，這是甲午失敗的主要原因，罪責卻落在他頭上。他確實負有許多責任，任人唯親、腐化低能都是事實，但前述的布局如果不能改變，即使北洋艦隊得到更多撥款，至多不過推遲失敗的時間。甲午戰敗，意味著恭親王—曾國藩體制全線崩潰。

甲午戰爭是近代史的節點，也是庚子事變的根本原因。庚子事變造就了遠東條約體系，後者又決定了東亞近代史的走向。在此格局下，民國的內部事務基本上起不了決定路徑和方向的作用。甲午以前，湘淮軍集團在朝。甲午以後，八旗親貴集團捲土重來，而後者的認知世界停留在康熙、乾隆年間和三國、紅樓世界，也就是說，庚申火燒圓明園以來交的學費全白交了。

李鴻章垮臺導致南方士大夫群龍無首，康有為只有在這種情況下才能直升飛機般地崛起。南方的年輕人膽大妄為地提出大清和中國不是一回事的學識，直接導致了戊戌的大禍。從權力鬥爭的角度看，庚子是戊戌變法的反動、或是北方親貴集團對南人的反撲，反西方只是打擊南方人的藉口，因為說服慈禧下手，必須使她相信這些人都是西方敵對勢力的代理人。所以李鴻章才會憤怒地說：「臣亦康黨。」[1]

清室對南方人一直充滿猜忌，沒有日本天皇和武士那種相互認同的關係。清廷內大量滿文檔案等於是私房話，證明滿人對朝鮮人都更加信任些。八旗是一個特殊共同體，並不把現在所謂的「中國」當作自己的共同體。八旗對西方的態度不同於李鴻章和南方士大夫，構成了庚子事變的伏脈。儒家最初接觸西方，並說了許多不謹慎的話。例如美國猶如唐虞，華盛頓堪比堯舜，威斯敏斯特有三代先王之風[2]。八旗的猜忌自然有增無減，李鴻章的垮臺導致滿清和西方之間的緩衝力量消失，雙方短兵相接。在八旗看來，李鴻章已經是敵對勢力了，希望藉著義和團的機會，把他一起殺掉。在康有為集團的眼中，李鴻章已經太保守了。

1 孫寶瑄《日益齋日記》：「比召對，太后以彈章示之曰：『有人讒爾為康黨。』合肥曰：『臣實是康黨，廢立之事，臣不與聞，六部誠可廢，若舊法能富強，中國之強久矣，何待今日？主張變法者即指為康黨，臣無可逃，實是康黨。』太后默然。」

2 薛福成《出使英法義比四國日記》：「開闢之初，戶口未繁，元氣未洩，則人心風俗自然淳厚……美利堅猶中國之虞夏時也，俄羅斯猶中國之商周時也，英吉利、德意志猶中國之兩漢時也……若法人之意氣囂張，朋黨爭勝，則幾似前明之世也。」
徐繼畬《瀛寰志略》：「華盛頓，異人也。起事勇於勝廣，割據雄於曹劉，既已提三尺劍，開疆萬里，乃不僭位號，不傳子孫，而創為推舉之法，幾於天下為公，駸駸乎三代之遺意。」
郭嵩燾《倫敦與巴黎日記》：「而國政一公之臣民，其君不以為私。其擇官治事，亦有階級、資格，而所用必皆賢能，一與其臣民共之……推原其立國本末，所以持久而國事益張者，則在巴力門有維持國是之義，設買阿爾治民有順從民願之情。二者相持，是以君與民交相維繫，迭盛迭衰，而立國千餘年終以不敝。」

庚子談判是李鴻章的迴光返照，由此可以看出他的性格。他好強、不肯認輸，屬於那種「把蠟燭兩頭點燃」的角色。親貴集團和革命黨毫無道理地指責他是漢奸，可是外國人的紀錄恰恰相反。他最喜歡在外國人面前擺架子、耍威風，超出外交慣例允許的程度。他在《天津條約》的談判中，對伊藤博文頤指氣使；甚至在馬關一敗塗地的談判，也沒有忘記倚老賣老。日本人不願意破壞彬彬有禮的形象，對他極其不耐煩，卻只能在內部文件上抱怨。他在《中俄密約》的談判中，當著維特伯爵的面侮辱布哈拉埃米爾，讓主人下不了臺，然後得意洋洋地揚長而去[3]。「中堂脾氣」在晚清官場內赫赫有名，卻頗有原則，對在任官員極不客氣，對白衣士人彬彬有禮，沒有辜負最高級的儒家修養。

3《俄國末代沙皇尼古拉二世——維特伯爵的回憶》：「有一次，我正在李鴻章那裡，忽然有人來報告說：布哈拉埃米爾前來拜會。李鴻章立即十分嚴肅地在安樂椅上正襟危坐。……布哈拉埃米爾顯然感到李鴻章擺的架子冒犯了他。因此，他首先向李鴻章示意：他是沙皇的重臣，他親自來訪李鴻章只是出於對中國皇帝的尊重。所以他一直只向李鴻章問中國皇帝好，問皇太后好，但根本不問候李鴻章本人，這對於很注意繁文縟節的中國人來說，當然是一種莫大的侮辱。李鴻章則一直詢問布哈拉埃米爾，問他信什麼教，並對他說，中國人一向信奉早由孔夫子定下來的信仰原則。布哈拉埃米爾對李鴻章說，他是穆斯林，遵循穆罕默德制定的教規，並且闡述了這一宗教的實質。……後來，布哈拉埃米爾坐上了馬車，馬車剛起動，李鴻章突然喊了一聲。馬車停下來了。隨同布哈拉埃米爾前來的、擔任翻譯官的俄國軍官問道：『您有什麼吩咐？』李鴻章說：『請轉告埃米爾，我有一點剛才忘記講了，現在想了起來，他們那個宗教的創始人穆罕默德也曾在中國待過，他那時是個苦役犯，後來中國把他攆走了，大概那時他就到埃米爾他們那裡，創立了他們的宗教。』這一招來得十分突然，如此狂妄的行為顯然把布哈拉埃米爾弄得十分難堪。」

五、淮人天敵

——翁同龢

翁同龢（1830-1904）來自江東士大夫集團，是安徽人李鴻章的天敵。吳人和淮人自張士誠和朱元璋時代起就相互歧視和敵對。吳人在經濟和文化上占優，在軍事上卻始終受制於人。朱元璋部隊蹂躪三吳，比後來清兵下江南有過之而無不及。太平天國事發，李鴻章以淮軍平吳，首先就觸動了吳人的敏感區域。淮軍和東道主關係緊張，在京的吳紳就不斷地向朝廷提交不利於李鴻章的報告。李鴻章自以為有恩於吳人，因此覺得這些人恩將仇報、不可理喻。他自認的恩德是：從太平軍手裡奪回蘇松，讓流亡的士大夫得以還鄉；大幅度削減賦稅，解決了朱元璋以來的蘇松重賦問題。然而吳人覺得：李鴻章的親戚和部屬張牙舞爪，缺乏士大夫應有的風範。楊崇伊[1]在這方面發揮了惡劣的作用，

1 御史楊崇伊跟李鴻章的長子李經方是兒女親家。李鴻章贊助過北京強學會，但強學會將楊崇伊拒之門外。

給李鴻章幫了不少倒忙。

翁同龢以帝師之尊、以士林領袖身分影響朝廷。從李鴻章的角度看，這種人不會做事，就會唱高調。他們的高調在外交和洋務方面，發揮了成事不足、敗事有餘的作用。翁同龢主持戶部以後，削減了北洋艦隊的撥款[2]。與此同時，日本卻增加了海軍投資。北洋艦隊失敗後，李鴻章倒臺，翁同龢卻沒有承擔責任，反而由於光緒親政的緣故，影響力大為增加。他能剋扣李鴻章，卻抵制不了慈禧建造頤和園的撥款要求。依據儒家的財政理論，後者比前者更不可原諒。慈禧任用他，目的就是用宮廷的「夾袋中人」（當權者的親信或預備選用的人）取代不好說話的前任閻敬銘[3]，為自己大開方便之門。

翁同龢的做法不一定純粹是趨炎附勢，很可能是為了保護光緒。慈禧如果得不到頤和園，很可能拒絕退休，結果就會對光緒親政不利。翁同龢很可能覺得：皇帝一日親政，就會對老師言聽計從，從而可以大展宏圖，為此值得犧牲一點原則。最初，他達到了目的。李鴻章垮臺，慈禧退休，皇帝親政，他的權力登峰造極。然而好景不長，戊戌政變隨之而來。他在康有為的連累下，黯然退休。新黨康有為一直宣傳翁同龢是他們的保護人，但他們在定國是以後，也把翁同龢擠到一邊去了[4]，因此慈禧覺得翁同龢責任不大，沒有進一步清算他。

1 一八九五年十一月，楊崇伊彈劾強學會，導致其被查禁。文廷式在甲午年彈劾過李鴻章。一八九六年二月十七日，楊崇伊參劾文廷式，文廷式被「著即革職，永不敘用」。一八九八年九月十八日，楊崇伊又上折請求慈禧訓政。楊為人名聲不佳，一九零八年因爭搶妓女而被彈劾落職。

2 一八九零年，翁同龢以海軍規模已具和國家度支艱難為由，上奏請求暫停海軍向國外購買軍火，致使北洋海軍的發展就此停滯。

3 閻敬銘（1817-1892），曾任戶部尚書、軍機大臣、東閣大學士，清廉剛正，精於理財。一八八八年，慈禧將修頤和園，用款遭閻抵制。閻敬銘因此被革職留任，翌年上疏乞休。翁同龢接手戶部後，曾私下拜訪閻，在日記中寫道：「謁丹初（閻的字）相國，此老獨居深念，談時事涕泗橫流，畢竟君子，畢竟讀書人，吾滋愧矣！」

4 康有為走過翁同龢的門路，通過翁向光緒傳遞自己的變法意見。但翁與康接觸越深，就越覺得這個人靠不住，堅持不肯再替康代呈，甚至向光緒發牢騷。相反，光緒與康越走越近，對翁越來越不滿，在變法開始後的第四天，下詔罷免了翁的職務，將其逐回原籍。

六、晚清「王熙鳳」

——慈禧

孝欽后（慈禧）生活在《紅樓夢》的世界內。幻想總是比現實誇張一點，曹雪芹的包衣家族和江南織造權位沒有小說中榮、寧二府顯赫，非常接近於慈禧父輩如果走運就會達到的地位[1]。因此，他們幼年耳濡目染形成的認知圖景異常接近。有些人認為這是晚期帝國士大夫的文化氛圍，其實不是。

八旗子弟雖然浸染儒學，絕非江東士大夫的同儕。他們屬於宮廷系統，對侍從職位有本能的敏感性，對儒學的理解則是高度功利性的，僅僅因為皇上尊儒，天子近臣自無反抗之理，然而他們理解的儒學就是賈政和賈母那種風格。

賈政的儒學就是元代以後的科舉應試教育，朱熹批註以外的世界完全不存在，他們看到古註就覺得是異端邪說、甚至可能是反清復明的惡毒攻擊[2]，聽到古風古詩就覺得是浪費時間的娛樂，因為「大清高考大綱」已經刪除了這些內容。賈母的儒學就是戲劇、小說教她的忠孝節義之類通俗說法，但有許多內容是宿儒從來沒有接受的，例如雷劈不孝之子之類，其實照孔子的標準都屬於怪力亂神。醇儒講究博古通今、儒雅風流，並不瞧得起旗人亂七八糟的家學。

慈禧畢生沒有走出她的家學世界。在她的同儕看來，她是王熙鳳一流「能幹媳婦」，任勞任怨、潑辣弄權。大家族裡少不了這種當家媳婦，可是她的心胸狹隘、乖戾惡毒委實坐實了孔門子弟對婦女的所有偏見。在她自己心目中，她是從寶釵、探春起家的賈母。

---

1 惠徵（1805-1853），滿洲鑲黃旗（原是鑲藍旗，後被慈禧升至上三旗）人，葉赫那拉氏，出身監生。根據清宮檔案《內閣京察冊》記載，惠徵在道光十一年（1831年）時是吏部筆帖式，道光十四年（1834年）考察被定為吏部二等筆帖式。道光十九年（1839年）時是八品筆帖式。道光二十三年（1843年）再次考察定為吏部一等筆帖式。道光二十六年（1846年）調任吏部文選司主事，次年二月被道光帝圈定為京察一等，交軍機處記名，以道府用。道光二十九年（1849年）閏四月，惠徵調任山西歸綏道道員。咸豐元年（1851年），惠徵長女，即後來的慈禧太后，被選定入宮，惠徵調任安徽寧池太廣道道員。咸豐三年（1853年）初，太平軍進攻安徽，惠徵以押解餉銀為由避往鎮江，被革職。

2 有些文字獄就是這樣產生的，原因在於皇帝既不講理又不讀書，不能忍受孔孟漢宋諸儒偶爾冒出來的貶斥夷狄言論，拿他們的徒子徒孫開刀。

是她在男人不負責任的危急時刻挺身而出，帶領一大家子度過了難關，以後即使作威作福，也是她應得的報酬。如果她對小皇帝和晚輩作威作福，那就更是賈母作為老人的特權。

在江東士大夫的家教當中，賈政對賈母的孝道是有損門風的。「夫死從子」、「惟家之索」[3]的道理才是儒家的上層和正統。李鴻章的母親對家族和兒子的貢獻絕不亞於慈禧，從來沒有過問兒子家務以外的紀錄[4]。他的「政敵」李鴻藻以孝子聞名，他的母親同樣沒有干預國事的欲望[5]。事實上，她如果有這種欲望，即使遭到男性家長的拒絕，都已經說明當事人的家教不好，足以丟盡娘家的臉面。陳寅恪所謂禮法門風包括許多內容，其中就包括女性的家教在內。名門的女孩之所以特別難娶，就因為她們自幼家教嚴格，懂得自覺遵守儒家禮法，不會做出讓夫家難堪的事情。

賈母和慈禧的做法就屬於門風不正，在婚姻市場上賣不出高價。曾國藩孜孜不倦地教育自己的女兒，就是生怕她們犯這種錯誤，給自己丟人。他送給女婿的嫁妝只有二百兩銀子，引起了士大夫同儕的一致崇拜。慈禧聽到消息，覺得不可理喻。八旗「紅白喜事」講究大排場，否則就是沒面子。這種面子觀念在江東士大夫眼中，就叫沒文化。

許多衝突產生於士大夫的上層儒學和八旗的通俗儒學之間。前述的李鴻藻丁憂請辭，慈禧就表示很不理解，甚至懷疑他是不是沽名釣譽？是不是有些大臣想藉此機會逼他下臺？這些懷疑在儒生看來，就是不該垂簾聽政的證明，因為先王之道就是憲法性原則。擁護不尊重憲法的領袖當權，這還得了！最後只有由倭仁和翁同龢等人聯袂解釋，才化解了一場危機。同治無子，醇王之子光緒繼位。禮部的大臣和御史吳可讀[6]立刻看

3 《禮記．郊特牲》：「婦人從人者也，幼從父兄，嫁從夫，夫死從子。」《尚書．牧誓》：「王曰：『古人有言曰：牝雞無晨；牝雞之晨，惟家之索。』」

4 李鴻章的母親李氏「秉性淑慎，教子義方」，「事舅姑婉順篤敬，爨必躬，在視必恪，賓祭之儀，百方飭備。生六男二女，尺布寸縷，拮据經營。……鴻章等出從軍旅，涕泣拜別，太夫人訓以『致身報國，勿為兒女子態』。兒輩每遷一官，太夫人無甚喜之色，時時以盈滿為誡。有過輒詰責，無少貸。」

5 同治五年七月四日（1866 年 8 月 13 日），軍機大臣兼帝師李鴻藻嗣母姚太夫人逝世，九日（8 月 18 日）兩宮皇太后發下懿旨，要求李鴻藻「守孝百日後即赴弘德殿授讀，仍在軍機處行走，遇朝會時不必與列」。李鴻藻反復上奏，懇求批准其終制（守制三年）。七月二十一日（8 月 30 日），倭仁、徐桐、翁同龢等「聯名請准李鴻藻終制疏。」七月二十二日（8 月 31 日），兩宮責問「倭仁等既以奪情為非禮，何妨於前次召見時據實陳奏？乃爾時並無異議，迨兩次降旨慰留後始有此奏，殊不可解」。要求李鴻藻「毋得拘泥常情，再行懇請」。耗到百日已滿，李鴻藻稱病不能入直，兩宮皇太后准他「賞假調理」。

6 吳可讀（1812-1879），蘭州人，一八七六年為吏部主事。一八七九年四月，同治帝歸葬惠陵，大批官員出京送葬。禮成後，吳可讀在薊州一間廟中自殺，留下《請預定大統之歸疏》：「我朝二百餘年，祖宗家法以子以傳子，骨肉之間，萬事應無間……仰求我兩宮皇太后再降諭旨，將來大統，仍歸大行皇帝嗣子。嗣皇帝雖百斯男，中外及左右臣工均不得以異言進，正名定分，預絕紛紜。」

到：如果光緒的繼承人拒絕替同治傳遞香火，就會構成嚴重的憲法危機。慈禧一度感到不能理解，也說明她的儒學教育非常膚淺。她侵奪兒子和侄子的皇權，還認為這是小輩應有的孝順。

戊戌政變後，她喜歡看《天雷報》之類通俗戲劇，內容是不孝之子受到天罰，一方面說明她的品味委實不高，對比一下武則天就非常清楚。武則天是詩歌革命的發起人，宋之問和沈詮期的保護人，豪放粗糙的古體詩在她的宮廷裡演化成精緻典雅的近體詩。慈禧身邊沒有詩人，她甚至不喜歡當時公認比較高雅的昆曲。她保護和培養的京劇，在當時社會看來屬於通俗文化。賈母和王熙鳳喜歡看戲，左宗棠的周夫人[7]肯定會認為有辱門風。士大夫的閨秀即使想要吟風弄月，也是李清照一流的人物。柳如是的詩歌入得了上流人士的法眼，京劇即使日本人都不放在眼裡。

這種愛好另一方面說明在她心目中，政策對不對還是其次，關鍵在於晚輩竟敢頂撞長輩，這就是大逆不道。儒家士大夫絕不可能支持她的想法。周禮的先例是毋庸置疑的：周文王的妻子、周武王的王后早已垂範在先，喪夫的太后應該把政務交給兒子，自己管好家務事就行了。太后篡奪兒子的皇權，同樣是僭主，必須受到千秋萬代的唾罵。何況根據大清家法，先皇應該任命攝政大臣託孤，而不應該由太后垂簾聽政。咸豐帝的遺囑並無疑義，完全符合周孔之道和祖宗家法。慈禧作為未亡人，竟敢撕毀丈夫的遺囑，蔑視先王之道，肯定要為憲法危機承擔主要責任。恭親王有「大清亡於方家園」之說，就代表了真正儒家應有的看法，但恭親王自己就是垂簾聽政的始作俑者，當然不能正色極諫，盡周公吐哺之道。

從儒家史觀看，慈禧奪權本身就是罪行。不合法的權力本身會產生出更多的弊政，因為忠臣不能服侍不合法權力，小人當國自然會引進更多的小人，用歪曲的倫理為自己辯護，最終用更大的錯誤掩飾最初的錯誤，最終導致王朝的崩潰。依據「趙盾　靈公」的原則，恭親王和曾國藩、李鴻章做不到周勃、灌嬰與狄仁傑、張柬之的撥亂反正，已經有虧職守。而這種看法現在不大流行，說明儒家的傳統已經中斷。

目前流行的判斷其實是：她是不是優秀的中國領導人。這是個偽問題，因為「保中國不保大清」是她最不能容忍的事情。當時「中國」一詞多半用在外交上面，而且只能

7 周詒端（1812-1870），字筠心，博通經史，長於吟詠，有《飾性齋遺稿》。

用在外交上面。誰主張大清皇帝就是中國皇帝，誰就有顛覆帝國的嫌疑。即使在張勳復辟的時候，各位親王都不能接受他們也是中國人的理論。

近代中國——不如說華夏——政治變化的速度太快，因此造成了諸如此類的混亂。國民黨就曾經以反革命的罪名，審判武昌守將劉玉春。後者的回答是：我什麼時候參加或贊成過你們的革命？吳大帥提拔任用我，不就是鎮壓你們這些革命黨嗎？國民黨還算比較要臉，沒有勇氣把這種荒謬的指責堅持下去[8]。後來許多人的理論比國民黨更不要臉。這些理論的實質都跟皮薩羅審判印加皇帝阿塔瓦爾帕的理論依據相同[9]。當時孟德斯鳩和格勞修斯（Hugo Grotius）就忍不住反問：印加人為什麼要遵守西班牙的法律？阿塔瓦爾帕當權的時間不是在西班牙人統治美洲之前嗎？如果你想問慈禧應不應該為中國負責，也就可以問羅馬皇帝應不應該為那不勒斯國王多修幾條大路。

如果一定要考慮慈禧和中國的關係，答案應該是：相對於咸豐皇帝和士大夫，她的政策既不好也不壞。她只想要權力和利益，政策上繼續走她丈夫臨死前確定的道路：宮廷應該跟南方士大夫合作，避免元順帝的命運。在這方面，他們是成功的。至於應付西方及其世界體系，在庚子以前，他們的水準幾乎相等，但慈禧對庚子和《辛丑條約》負有特殊責任。在恭親王或李鴻章的領導下，這些事情幾乎沒有發生的可能。她缺乏良好的教育，因此容易上當受騙，也不肯承認奪取兒子的權力本身就儒家而言是不合法的。曾國藩、李鴻章等人即使不了解西方外交原理，至少比較忠於儒家道德原則，認為「忠信」不是為了國家利益和個人利益，而是想做君子的人本來就應該做的事情。他們不會認為：只要能打贏洋人，即使火燒翰林院也沒關係。而剛毅和端王周圍的滿洲親貴卻就是這麼理解的，他們的儒學水準就跟賈政差不多。他們能夠欺騙慈禧，因為慈禧的水準本來就跟賈母差不多。

晚年的慈禧陷入自己無法理解的新世界，變得很容易上當受騙。一張 PS 的照片就

8 劉玉春（1878-1932），受吳佩孚提攜，官至陸軍第八師師長。一九二六年死守武昌，對抗北伐軍，困守孤城四十五天，力盡被俘。他受審前，武漢國民政府專門制定了《反革命罪條例》，成立了「人民審判委員會」。據劉玉春回憶，受審時曾有如此對答：「徐謙（武漢國民政府司法部長）曰：『爾何不早降？』玉春曰：『玉春是國家大將，有守土之責，若是革命軍中大將，見槍響即投降，諸公以為何如？』徐謙無以對，又曰：『爾是反革命！』玉春曰：『汝言又差矣，我從未入革命黨，何言反革命！中國人民四萬萬，隸革命軍者不過二十餘萬，其餘者皆反革命耶！』」此案審而不判，最終不了了之。

9 阿塔瓦爾帕（約 1500-1533），印加帝國第十三代薩帕·印卡（皇帝）。他被皮薩羅指控犯有篡奪皇位、偶像崇拜和放縱淫欲、企圖煽動起義反對西班牙人等罪名，被殺。

能騙到她，而且大臣不騙她幾乎辦不成任何事情。這種情況跟頑固派老人在晚輩當中的處境非常相似。張之洞騙她說，立憲對朝廷有好處。她也就信了[10]。但她畢竟是王熙鳳。雖然不關心政策，卻關心權力。她始終積極部署，不讓戊戌翻案。心術之巧，不亞於王熙鳳對待尤二姐。滿人的權力能不能保持，大清今後的命運如何，她反倒可以放手交給大臣，王熙鳳對賈府的態度也是這樣。根據儒家的忠誠觀，她當然不是維護大清的楷模。

10 據清人鈔本《時務匯錄》中《張之洞入京奏對大略》（光緒三十三年八月初七日）記載：「皇太后旨：『大遠的道路，叫你跑來了，我真是沒有法了⋯⋯出洋學生，排滿鬧得凶，如何得了？』對：『只須速行立憲，此等風潮自然平息⋯⋯』旨：『立憲事我亦以為然，現在已派汪大燮、達壽、于式枚三人出洋考察，刻下正在預備，必要實行。』對：『立憲實行，愈速愈妙，預備兩字，實在誤國。』」

七、陰陽兩面
——張之洞

張之洞（1837-1909）是同治朝的清流領袖，也就是當時的公共知識分子和輿論領袖。慈禧放縱清流崛起，多多少少是為了牽制封疆大吏，但這些年輕人對自己筆桿子的力量估計過高，結果很快就煙消雲散了。張之洞是其中的異數，在清流垮臺的關鍵時刻——中法越南戰爭時期——轉型為封疆大吏，做兩廣總督[1]。他在地方發揮的作用其實沒有變化，仍然是分散湘、淮軍集團的勢力。從慈禧的角度看，這就是打破了她討厭的地方本位主義。因此，張之洞官運亨通、平步青雲。

1 一八八二年一月，張之洞任山西巡撫，他接受了英國傳教士李提摩太的建議，在晉開礦、興實業、辦學校。一八八四年五月末，中法戰爭一觸即發，清廷任命張之洞為戰爭關鍵處的兩廣總督。此後又長期擔任湖廣總督，兩次署理兩江總督。

戊戌變法對他是一大考驗。他依靠輿論政治起家，跟新黨有路徑相似性。新黨對他抱有相當多的期待，然而沒有將他的為人考慮進去。他和慈禧彼此非常了解[2]。慈禧知道他擺脫不了清流的性格，喜歡權力的感覺，勝過喜歡權力的實質。在這方面，他是李鴻章的反面。張之洞喜歡公開唱反調，實際上卻非常順服；李鴻章則經常口頭敷衍，實際上另搞一套。如果疆臣領袖是張之洞而非李鴻章，對加強朝廷的控制反而更有利。甲午以後，慈禧在各省的布局是：北方交給榮祿，擺脫了尾大不掉的李鴻章；南方讓喜歡出風頭的張之洞領先，以免出現實幹型人物。做好這些布局以後，她才從容退休。

新黨沒有看懂張之洞的陰陽兩面，以為他迎合輿論的表態都會付諸實施，結果完全落空了[3]。張之洞像拋棄張佩綸一樣[4]，輕輕鬆鬆地拋棄了他們。雖然他和新黨的關係比袁世凱深得多——楊銳[5]是他在朝中的代理人，袁世凱和新黨只有浮泛的社交關係，但背叛新黨的責難卻落在袁世凱一方。這種現象本身就說明：他操縱輿論的手腕比袁世凱強得多，袁世凱在士大夫階級中比較孤立。政變以後，他以宋代調和兩宮的范純仁自居[6]，主要是為了安撫自己的良心，實際上卻沒有做什麼事情。而光緒痛恨的榮祿[7]，在反對廢除光緒這方面反而比張之洞做得更多[8]。東南互保進一步體現了他既要名譽、又怕風險的文人性格。劉坤一歷經行伍，就不像他那樣首鼠兩端[9]。他在《辛丑合約》的

2 一八六三年張之洞進士及第，原本被列為二甲第一名，慈禧將他拔至一甲第三名。一八七九年，慈禧違反祖制，立載湉為帝，吏部主事吳可讀屍諫抗議。張之洞上書說慈禧此舉「本乎聖意，合乎家法」。

3 一八九六年，張之洞署理兩江總督期間認識康有為。最初他籌款一千五百兩白銀支持康創辦《強學報》，其中五百兩是自己解囊，這筆錢成了《強學報》的主要經費。但康在《強學報》創刊號中刊發了不應公開的光緒廷寄，以旁註文字自吹自擂，並用「孔子卒後二千三百七十三年」的方式紀年，令張極為不滿。《強學報》只辦了三期即被張叫停。張認為康的學說「一味囈語」，於一八九八年春撰寫《勸學篇》，批駁康有為的「邪說」和頑固派官員的「迂說」，主張穩健變法。

4 兩張同為清流健將時關係密切，甚至經常同往琉璃廠搜購古玩、書畫，交流鑑賞心得。張之洞調往山西後，二十年未與張佩綸見面。

5 「六君子」之一、軍機章京楊銳是張之洞的門生和「坐京」。張曾在電報中告訴楊：「康與僕有隙，意甚險惡。凡敝處議論舉動，務望祕之，不可告康。」楊被抓後，張發電報懇請榮祿、王文韶、裕祿等為楊求情。

6 張之洞《新舊》詩：「璚宮憂國動沾巾，朝士翻爭舊與新。門戶都忘薪膽事，調停白首范純仁。」

7 戊戌政變前，慈禧親信榮祿為直隸總督兼北洋大臣，手握京畿重兵。譚嗣同登門動員袁世凱，榮祿聞訊立即報告慈禧。

8 胡思敬《國聞備乘》：「戊戌訓政之後，孝欽堅欲廢立。榮祿諫不聽，請先覘四方動靜。遂密電各省督臣。劉坤一得電，約張之洞合爭。張始諾而終悔，折已發，中途追折弁回，削其名勿與。劉曰：「香濤見小事勇，見大事怯。吾老朽，何憚？」遂一人挺身獨任，電復榮祿曰：「君臣之義至重，中外之口難防，坤一所以報國者在此，所以報公者亦在此。」榮祿得坤一復電，不敢遽奏，因察知孝欽素信陰陽小數，潛遣人詣關廟祈一簽，懷之入朝。孝欽詢曰：「外省復電何如？」榮祿曰：「外電久不至，奴才亦時念之。昨詣關廟求簽不吉，問卜又不吉，頗以為憂。」孝欽曰：「其詞何如？」榮祿探懷獻之，大意云不可妄動，動則有悔，孝欽默然。既越二日，始以坤一復電進，廢立之意遂解。」

9 東南互保前，張之洞一度猶豫不決，劉坤一再三去電向其陳述利害，張才下定決心。慈禧的開戰諭旨傳到上海，互保計劃的聯絡人盛宣懷致電劉坤一請示是否繼續辦理互保，劉坤一不僅命令各地電信局不准傳播諭旨，而且立即代表張向盛回電，聲稱：「敝處並未奉有宣戰諭旨，無論北事如何，總與香帥一力承擔，仍照所議辦理，斷不更易。」

談判中，繼續發揚清流黨喜歡高調，卻拿不出具體辦法的傳統，以致李鴻章罵他白做了多年的官，不改書生氣[10]。這裡的書生氣只是不切實際的意思，沒有理想主義的涵義，因為他已經很會投機取巧了。他在湖北辦理洋務，大手大腳地浪費錢財，實際成效不如周密細緻的袁世凱，但他擅長優禮士大夫，因此名譽反倒比袁世凱好。

張之洞操縱輿論的能力在他晚年產生了兩項重要成果。其一，他以士大夫領袖的資格，排除了廢科舉的障礙[11]。袁世凱提出同樣的建議，就遭到士大夫普遍的咒罵。因為張之洞是科舉的勝利者，提出廢科舉就沒有自私的嫌疑。袁世凱作為科舉的失敗者，就沒有這種資格。其二，他辦理新軍，強調教育水準，不像北洋只顧實際工作能力[12]。但這兩項成就的結果，實際上是毀滅了大清的統治基礎。

---

10 李鴻章主辛丑和議，張之洞反對合約。李詆之曰：「香濤官督撫二十年猶是書生之見。」

11 一九零五年九月二日，袁世凱、張之洞奏請立停科舉，以便推廣學堂，咸趨實學。清廷詔准自一九零六年開始所有鄉會試一律停止，各省歲科考試亦即停止。

12 張之洞所練的新軍，中下層軍官不少曾官費派日留學，因而遍布革命黨人。

八、狐假虎威
——盛宣懷

盛宣懷（1844-1916）的父親盛康是胡林翼[1]的軍事後勤部長，當時稱為糧臺。他為人幹練，堪稱湘軍勝利的無名英雄，然而並不廉潔，忙於求田問舍，姑蘇著名園林「留園」曾為其家宅。所以他雖然學歷不低（進士），學術成就甚高，編撰《皇朝經世文續編》，但仍然得不到士大夫階級的推崇，因為他是典型的功名之士。他最終因為經濟問題遭到彈劾，被迫辭官還鄉，但他宦囊豐厚，得以悠遊度日。俞樾《留園記》記載了盛宣懷這段家史[2]。

1 胡林翼（1812—1861），晚清中興名臣之一，湘軍重要首領。在任職湖北巡撫期間，「以全省厘政委之（盛康）」。

2 俞樾（1821-1907），清末學者，章太炎的老師，俞陛雲的祖父，俞平伯的曾祖父。他在群經諸子、文字訓詁、小說戲曲研究上造詣精湛，第一個提出廢除中醫的主張。《留園記》寫道：「出閶門外三里而近，有劉氏寒碧莊焉。而問寒碧莊無知者，問有劉園乎，則皆曰有。……至光緒二年，為毗陵盛旭人方伯（即盛康）所得……方伯盛宣懷是盛康的長子，浸淫家風，三次鄉試不第，無法走科舉正途。深知當今並非太平盛世，功名之士大有可為。父親倒臺後三年，他投入李鴻章幕府。如果李鴻章是胡林翼和曾國藩的繼承人，他當然就是父親的繼承人[3]。不過由於世界體系奇異的嫁接，東翁（舊時塾師、幕友對主人的敬稱）和幕僚都超出了湘軍的界限。他們有沒有真正理解自己在世界上的位置，頗可懷疑。

一八七二年的招商局計劃一再遭到不知所云的評價，因為評價者不約而同地運用了企業的標準[4]。然而，以商養軍是湘軍的傳統。也就是說，朝廷只給政策不給錢——也沒有錢可給。水師附帶賣貨，或者保護一批商船，分享一定比例的利潤。這是司空見慣的事情和行之有效的模式，畢竟李鴻章和盛宣懷都不是那種喜歡搞理論創新的角色。

國際貿易在條約體系的保護下，以上海租界為中心迅速發展。國際貿易和條約體系的實際意義在於，將歐洲的財產和權利體系引入遠東。帝國主義的砲艦保護了大清有產者的人身和財產安全，等於向後者收費出租他們自己沒有能力完成的光榮革命。長江航運的利益之大，超出了李鴻章和盛宣懷最初的預計，主要因為條約體系保障了業主之間相對公平的競爭。在一個沒有條約體系的平行世界內，李鴻章肯定會像林則徐對待十三行一樣對待招商局[5]。即使在存在條約體系的現實世界內，商業競爭的權利也僅僅屬於條約體系保護的外商，例如英國商人的太古公司[6]。女王陛下子民的權利和自由不會免

求余文為之記，余曰：『仍其舊名乎？抑肇錫以嘉名乎？』方伯曰：『否，否，寒碧之名至今未熟於人口，然則名之易而稱之難也。吾不如從其所稱而稱之，人曰劉園，吾則曰留園，不易其音而易其字，即以其故名而為吾之新名……』」

3 陳三立《郵傳大臣盛公墓志銘》：「時文忠為直隸總督，務輸海國新法，圖富強，尤重外交、兵備。公則議輔以路、礦、電線、航海諸大端為立國之要，與文忠意合。」

4 一八七二年籌辦、一八七三年正式設立的輪船招商局是洋務運動中第一個由軍工轉向兼辦民用、由官辦轉向官督商辦的企業。盛宣懷控制招商局大權後，破壞了原先的股東推選局董和「輪船歸商理」的經營原則，大到企業規劃，小到賬目審查，統歸官派督辦准駁，經營順手則分享巨利，企業虧損則推卸責任，使商股的利益受到侵害。

5 根據官方檔案統計，一七七三年到一八三五年，十三行總共向官府「主動報效」了五百零八萬五千兩白銀。清政府還要求十三行不得對外商欠，一旦發生，所有行商負連帶責任，其債務由其他行商負責清償。此外，清政府還規定任何外商都必須由十三行中最富有的商家作擔保，一旦外商拖欠清政府稅款，則由行商負連帶責任。林則徐來到廣州，責令行商傳諭，要求外商繳出鴉片具結，後又派人鎖拿總商伍紹榮等到欽差大臣行轅審訊，將其革去職銜，逮捕入獄。《南京條約》第四條至第七條規定清朝賠償英國二千一百萬銀元，相當於一千四百七十萬兩白銀，而此時清政府國庫存銀僅不到七百萬兩，於是十三行首當其衝地成為清政府的榨取對象。伍家被勒繳一百萬元，行商公所認繳一百三十四萬元，其他行商攤派六十六萬元。

6 太古公司是英國老牌企業。輪船招商局成立之初，就與太古輪船公司和美商旗昌輪船公司展開了激烈競爭。旗昌輪船公司是美國在華最大的洋行——旗昌洋行於一八六二年在上海開辦的輪運公司，比招商局早開業十多年，曾占領清朝江海航線市場十餘年。英資太古公司崛起後，其壟斷地位受到了挑戰。招商局崛起後，旗昌的航運市場進一步下滑。一八七六年八月，盛宣懷等向李鴻章請示收購旗昌一事，但李擔心鉅款難籌，躊躇未定。為籌鉅款，盛宣懷等遊説兩江總督沈葆楨，勸其奏撥官款。最終沈葆楨被説服，決定籌撥蘇、浙、贛、鄂等省官款共一百萬

費贈送給全世界的被壓迫者，但他們的存在足以保護大清有產者免遭自古以來習以為常的赤裸裸搶劫。

盛宣懷當時對待私商的態度是「挾官以凌商，挾商以蒙官」，並不比他後來對待川漢鐵路的股東更客氣。後人往往用「超國民待遇」或「不平等條約」之類的錯誤框架來解釋問題，因為他們故意無視最明顯的常識：大清不是一個民族國家，大清臣民也不是大清的納稅人[7]。於是，長江航路的競爭主要在外商和官商之間展開。即使如此，南方的消費者仍然獲得了巨大的利益。近世以來，遠東的人口增長有賴於兩大條件。和平時期，個人生活水準必須不斷降低。戰爭時期，人吃人和大屠殺構成社會重建必不可少的組成部分。條約體系暫時為大清臣民爭取了某種準歐洲人的身分，直到國恥教育和愛國教育的錯亂解釋將他們送回霍布斯叢林。

洋務最終發展為朝廷不可或缺的利源，使盛宣懷獲得某種獨立於李鴻章的地位。他先後引進電報、海關、紡織廠、銀行、鐵路、鐵廠、煤礦，主辦了北洋大學堂（北洋─天津大學前身）和南洋公學（交通大學前身）。李鴻章在甲午戰敗後垮臺，反而使他的財政家獲得解放。他主持的企業遍及南北洋[8]和兩湖，李鴻章和左宗棠的任何繼承人都必須跟他打交道。早在戊戌以前，「軍事—財政聯盟」的格局已經接近成熟。盛宣懷作為謹慎的實幹家，沒有捲入空談家康有為的冒險活動，但戊戌政變後的反動使他無法忍受。他掌握電報局，大膽地扣押了朝廷召集拳民反對列強的「亂命」，聯絡南方各督撫拒絕執行，最後形成了著名的「東南互保」。他深知自己的利益在於條約體系，堅決不肯離開上海的大本營，甚至拒絕了故主李鴻章的邀請，直到朝廷和列強議和[9]。庚子以後新政大興，他和袁世凱分庭抗禮。袁世凱倒臺後，他出任郵傳部尚書，權傾朝野，推

兩，幫助招商局完成此次產業收購。一八七七年，輪船招商局收購了旗昌公司的所有產業，包括七艘海輪、九艘江輪及各種躉船、駁船、碼頭、棧房、位於上海外灘九號的辦公大樓，總計作價二百二十二萬兩。同年十二月，輪船招商局與英資的怡和公司和太古公司達成協定，共同壟斷中國水運。然而，招商局的企業規模雖然通過收購擴大了一倍以上，但負債經營難度進一步加大，英資輪船公司不久重新占據了主導地位。

7 大清臣民在法律和事實上都屬於降虜，活著就是一種可以隨時撤銷的恩惠。他們跟查理一世征服者（長期國會和蘇格蘭長老派）的子孫從來就不是同一種人類。出於搭便車的心理和鵲巢鳩占的卑鄙居心，而形成的若干似是而非的宣傳，違背了主宰世界命運的隱祕法則，自然只會收到與其德行相適應的後果。帝國主義也許會丟下他們的財產落荒而逃，卻留不下只有德行才能維持的權利。降虜的子孫也許會得到他們留下的財產和物資，卻喪失了權利的輻射源和沾光的可能性，迅速返回與其德行相適應的自然狀態。

8 清末民初，稱江蘇、浙江、福建、廣東等沿海各省為「南洋」，稱江蘇以北沿海各省為「北洋」。

9 一九零零年，在盛宣懷的聯絡下，兩江總督劉坤一、湖廣總督張之洞與各國駐滬領事達成協議，上海租界歸各國共同保護，長江及蘇、杭等地歸各督撫保護，兩不相擾。清廷下發開戰諭旨後，盛宣懷命令電報局將諭旨扣壓，只給各地督撫看。隨後，兩廣總督李鴻章、閩浙總督許應騤、山東巡撫袁世凱等也參加了互保。李鴻章入京和談前請他同行，清廷也宣他入京，但他推託不去。

行了致命的鐵路國有化政策。保路軍興，盛宣懷淪為罪魁禍首，不得不逃亡日本。

保路運動[10]是盛宣懷一生的致命傷，因此值得認真分析。盛宣懷像一位精明的商人一樣，拒絕承擔前任造成的虧空，但他拒絕按照商人的方式清理虧空，反而武斷地運用朝廷的特許權。這種私相授受的手段在招商局收購美商旗昌輪船公司的時代不會引起波瀾，但在諮議院即將召開會議的前夜實在不合時宜。川漢鐵路的股權徵集方式恰好將巴蜀全體有產階級組織起來，以致股東會議的代表性超過了諮議局。武昌起義的新軍能不能視為有產者的政治代理人，非常值得懷疑。但保路同志軍如果不算漢普頓[11]和華盛頓的階級兄弟，資產階級這個詞就一點意義都沒有了。新政的基本精神是調動地方士紳的積極性，國有化的意義卻恰好相反[12]。

盛宣懷證明了自己沒有大臣的素質，因為他分不清技術問題和原則問題的輕重。他心中只有具體問題，沒有格局判斷。前者造就了卓越的實幹家，後者造就了盲目的政治家。他需要恰當的合作者，彷彿殘疾人離不開輪椅。他在李鴻章和張之洞身邊，顯得比自己的實際智商更聰明；一旦獨當一面，就給自己和攝政王帶來了災難。民國成立後，他雖然得以返回上海，但政治生命已經結束。民國將他的產業還給他。他仍然長袖善舞、富可敵國，直到一九一六年去世。

10 一九一零年，四川、湖北、湖南、廣東等省反對清政府將地方準備興建的川漢鐵路、粵漢鐵路進行國有化而發生的運動。其中四川省的運動最為激烈。

11 一六三五年，查理一世未經國會批准而徵收船稅，鄉紳約翰．漢普頓拒絕交納。這一案件被提交給財務署審理。約翰．漢普頓的辯護律師聲稱：「為保障英國人的生命和財產安全，國王的特權在任何時候都應受到法律的限制。」約翰．漢普頓由此成為萬眾矚目的英雄。

12 此前，全國的鐵路商辦都遇到困難，虧損嚴重。盛宣懷就任郵傳部尚書後，向攝政王載灃提出，當務之急是將鐵路收歸國有，再由政府出面與各國協商，爭取好的借款、管理條件，爭取鐵路早日投入使用。這樣既能貶斥漢人督撫，又能將利權收歸滿人和皇族為主的中樞，立刻被載灃批准。一九一一年五月九日，清廷發布《鐵路幹路國有定策》，並責成郵傳部和度支部制訂國有化細則。十二天後，盛宣懷與四國銀行團簽訂條約，規定清廷借款一千萬英鎊，年息五厘，以四省厘金五百二十萬兩為抵押，修建粵漢鐵路，規定「鐵路三年完成，貸款四十年還清」。然而，當時幾條鐵路的路權尚在商股手中，國有化並未啟動，清廷實際上是在把不屬於自己的東西拿出去出售。而盛宣懷在具體操作中對兩湖、廣東和四川提出了不同的國有化方案：對湖北、湖南，用「國家保利股票」一比一按原股面值置換；而四川因資金虧損中有三百萬係「橡膠股災」虧空，盛宣懷認為不應「慷國家之慨」，決定不予承擔。這等於是以強買強賣的手段逼迫紳民虧損讓股。

九、科舉優等生，不如半野人
——張佩綸

張佩綸（1848-1903）是同治朝清流黨的真正領袖，早期表現無愧於古之大臣，當然也有賴於慈禧與恭親王政府的開明姿態。他打擊腐敗，裁抑太監，抵制慈禧本人對司法的干涉，贏得了士大夫集團的一致好評[1]。這些都是清流與輿論領袖的傳統領域，他的打擊對象都不敢提出反對意見。但他也繼承了宋明儒生不切實際的壞毛病，喜歡對自己並不熟悉的外交和軍事問題妄下雌黃。按照他的意思，只要肅清了普遍存在的貪汙腐敗和不負責任現象，天朝就能輕易凌駕於蠻夷之上，李鴻章的委曲求全根本沒有必要。從當時的國內外形勢看，這種理論純屬「無知者無畏」的體現。在儒家教育體系內，張佩綸是當之無愧的優等生。從西學的角度看，他連半野蠻人的資格都沒有。

李鴻章號稱「開目而臥」，求賢若渴，宰相肚裡確實能撐船。他非但沒有打擊報復，反而延攬張佩綸加入他的班底，暗示要將北洋的事業傳給他，甚至將女兒許配給他。這時，大清和法蘭西為越南開戰。張佩綸口銜天憲，興奮地趕到福州船政局，準備大顯身手，結果全軍覆沒[2]。當時的形勢其實是根本沒有可能在沿海取得勝利。劉銘傳式的戰略——放棄敵軍砲火射程內的港口，將主力撤退到內地安全區域，等待敵軍深入時伏擊，爭取若干局部勝利——已經是形勢允許的最佳策略了。張佩綸如果願意如法炮製，大概可以減少損失，但他心高氣傲，無論如何不會採取這種做法。所以他對全軍覆沒負有責任，對戰敗卻沒有什麼責任。但他的致命傷是：他到處宣揚好戰的理論，譴責別人膽小怕事，最後自己打出這種結果，令人格外不能忍受。於是，他的仕途就此完結。

《孽海花》將下面兩首詩放在張佩綸未來的妻子——即李鴻章女兒的名下：

1 時人形容張佩綸「儀容俊偉，善辯論，好搏擊」。被他彈劾者，朝內上至尚書、樞臣，朝外則有總督、巡撫，三品以上大員就有二十一人，三品以下者不勝枚舉。對被他彈劾的人，慈禧往往並不深查即罪之，所以張佩綸言論更加鋒利。「朝士多持清議，輒推佩綸為主盟」，甚至連他愛穿的竹布長衫，都有人競相模仿。

2 一八八四年八月二十三日，馬尾港內十一艘清朝軍艦在短短一兩個小時內就被擊沉九艘。戰前想出了在岸上插許多旌旗以虛張聲勢、用火船攻擊敵艦等「戰術」的張佩綸倉皇逃竄。

基隆南望淚潸潸，聞道元戎匹馬還。一戰豈容輕大計，四邊從此失天關！
焚車我自寬房琯，乘障誰教使狄山。宵旰甘泉猶望捷，群公何以慰龍顏。
痛哭陳詞動聖明，長孺長揖傲公卿。論材宰相籠中物，殺賊書生紙上兵。
宣室不妨留賈席，越臺何事請終纓！豸冠寂寞犀渠盡，功罪千秋付史評。

這部小說包含的可靠材料，比許多自稱的歷史著作更多，但這兩首詩的可靠性似乎很成問題。以李鴻章本人及其門客的水準，他的女兒應該能寫出更好的作品。她尤其不可能主動賞識張佩綸，那是只適合江湖人物、非常沒有家教的舉動。她父親賞識張佩綸是另外一回事，那是可以傳為美談的高風亮節。

張佩綸的性格非常典型，科舉時代的優等生多半這樣。他們聰明博學，但對社會懵懵懂懂，既驕傲又敏感，成功就目空一切，失敗就心灰意懶，分析問題時頭頭是道，解決問題時一曝十寒，做文學家比做官更合適，卻免不了做官和做官而失敗。最後，戰勝他們的人物往往屬於袁世凱的類型，比較遲鈍愚蠢，但有更多的耐性和毅力。

一〇、真正的士大夫
——瞿鴻禨

瞿鴻禨[1]是最後一代拜相的科舉儒臣，可以說生不逢時。他在庚子後入值軍機，面臨的任務等於是階級自殺：廢除科舉，推行新政，主理立憲。他和岑春煊[2]結成聯盟，反對慶親王[3]和袁世凱。從儒家的傳統觀念看，瞿鴻禨代表清流，袁世凱代表濁流。因

1 瞿鴻禨（1850—1918），字子玖，號止　，湖南善化人。同治十年中二甲進士，光緒元年大考翰詹，列一等第二名，超擢翰林院侍講學士。此後擔任過河南學政、浙江學政、江蘇學政等職。二十餘年間，「奉使按試，所至以研經籍，通時務，課士得才為盛。而黜供張，絕請謁，嚴止胥役索擾，尤以清德孤操稱天下。」庚子拳亂後，瞿鴻禨受榮祿推薦，經選拔後被任命為軍機大臣。

2 岑春煊（1861—1933），字雲階，廣西西林人。庚子拳亂，慈禧西逃，時任甘肅布政使的岑春煊勤王有功，得到慈禧信任。不久便升任陝西巡撫、四川總督、兩廣總督，成為封疆重臣。岑春煊為官骨鯁清廉，施政強直勇悍。

3 愛新覺羅·奕劻（1838—1917），清高宗弘曆曾孫，與慈禧有姻親關係，深受信任，長期擔任總理各國事務衙門大臣、領班軍機大臣等要職，一九一一年五月成為「皇族內閣」的總理大臣。奕劻才能平庸而貪瀆無度，他「受北洋之奉養而供驅策」，是袁世凱勢力快速膨脹的一個重要原因。

為前者是翰林出身，珍愛儒家價值觀；後者不是兩榜正途，喜歡以利祿驅使豪傑。在反腐方面，瞿鴻禨比較積極。袁世凱則更重視實際辦事能力，多多少少認為消極的操守不是最重要的。但從改革的積極性和可行性方面考慮，袁世凱比他更有責任感。

一九零六年的官制改革使雙方短兵相接。瞿鴻禨知道舊制度已經不可能保全，但仍然希望在變法中多少保留一些遺產，例如用經濟特科取代科舉，在保留軍機處的基礎上推行責任內閣制[4]。袁世凱的官制改革計劃比他徹底得多，準備乾采取脆取消軍機處和科舉，擁戴慶親王為內閣總理大臣，實行徹底的內閣負責制。京師百官震動，對袁世凱群起而攻之，迫使他狼狽不堪地返回天津任所。

軍機處改組後，瞿鴻禨權傾朝野，但好景不長。丁未政潮（一九零七年）迫使瞿鴻禨辭官還鄉，永遠退出了政壇。這次事件的真實原因至今難以確定，慈禧太后提出的正式理由是：瞿鴻禨向《泰晤士報》洩露機密，企圖利用國際輿論實現驅逐慶親王的目的。民間的謠言則認為：袁世凱派他的黨羽蔡乃煌偽造了瞿鴻禨—岑春煊私通康有為的材料，欺騙了太后。慶親王—袁世凱集團暫時勝利，但慈禧太后一死，袁世凱也被攝政王趕走。雙方的改革方案同時落空，責任內閣在武昌起義後才得以成立，但已經為時太晚。

瞿鴻禨隱居長沙，頗有士大夫的風骨，閉門作詩，修身養性，拒絕一切政治事務，跟袁世凱「釣翁眼底小王侯」[5]的所謂隱居形成鮮明對比，可見清流並不是儒生的自吹自擂。辛亥革命後，他不食周粟，流亡到「首陽山」（上海租界）。湖南軍政府對他極為不滿，藉口籌餉，奪走了他的積蓄[6]。

此事的不公正在於：他在晚清是比較清廉的人，反對民國完全出於「忠臣不事二主」的個人操守，並不是反對共和主義理念；袁世凱集團的人大多不如他清廉，投靠民國完全是機會主義行徑，根本不是本著熱愛共和國的原則。民國當局收買機會主義者，懲罰清高之士，玷汙了自己的原則。許多遺老反感民國，其實主要是反對機會主義。鄭孝胥

4 一九零六年九月，清廷按照預備立憲的程序改革官制。袁世凱提出的方案是合併內閣和軍機處，成立責任內閣，設內閣總理大臣一人，左右副大臣一人，下設十一個部。他授意親信提名奕劻為總理大臣，自己為副大臣，遭到官員群起反對。慈禧於當年十一月採用瞿鴻禨等人的方案公布了新的官制，保留了軍機處和內閣，改六部為十一部，但不設責任內閣。

5 袁世凱〈自題漁舟寫真二首〉其二：百年心事總悠悠，壯志當時苦未酬。野老胸中負兵甲，釣翁眼底小王侯。思量天下無磐石，歎息神州變缺甌。散髮天涯從此去，煙蓑雨笠一漁舟。

6 瞿鴻禨一生俸祿的積餘都存在湖南長沙的一個錢莊中。辛亥革命時湖南成立了一個「湖南籌餉局」，以籌餉為名搜刮士紳百姓。瞿姓族中有不肖子弟，知道瞿鴻禨的積蓄都存在錢莊中，為了得到一些賞錢而串謀告發，結果瞿鴻禨的積蓄全部以「助餉」的名義而被沒收，導致瞿「家計頓艱」。

就說共和國是美事，符合堯舜三代的宗旨，但大清的臣子既然已經蒙恩食祿，就不能對不起大清。真正的士大夫永遠不會忘記他不是普通老百姓，要用更高的標準要求自己，瞿鴻禨就是這種真正的士大夫。

袁世凱把瞿鴻禨的隱居解釋為留念君主制，以為洪憲復辟就能讓他滿意，卑辭厚禮請他出山，卻遭到拒絕，因為「事二夫」（士大夫對待君主猶如女子對待丈夫）比投靠民國更可恥，投靠民國或許還真是因為偏愛共和國的緣故，投靠新皇帝就說明你什麼原則都沒有：如果你愛君主制，為什麼要背棄施恩於你的大清？如果你愛共和國，為什麼要投靠袁皇帝？袁世凱做民國大總統，還能勉強解釋成共和國天下為公；自己做皇帝，那就變成欺騙孤兒寡婦的奸臣和欺騙國民的國賊了。黎元洪、徐世昌等人都在大清做過官，可以根據前一種理由投靠民國；但如果第二次倒戈，就沒法解釋自己的行為了。袁世凱一稱帝，就等於宣布他的臣子都是可恥的機會主義者，同時得罪了新派和舊派，這是他失敗的重要原因。

法統重光以後，黎元洪大總統佩服瞿鴻禨的節操，再次請他出山。他仍然拒絕，證明了自己的價值觀。這位隱士的晚年生活非常簡樸和節制，令人難以想像他曾經身居相位。他以作詩和育兒為樂，身後只留下大量的藏書，結果產生了大學者瞿同祖[7]。在遺老們看來，瞿鴻禨和袁世凱的生平證明了一種他們自己的觀念或偏見：無論多麼美好的事業，都經不住投機分子的玷汙。英國人熱愛君主，美國人熱愛共和國，都是美好和正當的，但中國的革命一次又一次解放了投機分子，毀滅了正人君子，使得任何主義本身的優劣都變得不太重要了。

7　瞿同祖（1910—2008），他與祖父同是庚戌年六月出生，故起名同祖。瞿鴻禨花甲得孫，特別喜愛，親自為其開蒙。瞿同祖後來成為著名的社會學家和歷史學家，著有《中國封建社會》、《中國法律與中國社會》、《清代地方政府》、《漢代社會》等著作。

二、文主武從的落幕——徐世昌

徐世昌（1855-1939）在中舉之前就是袁世凱的朋友，但袁世凱很快就離開了科舉之路，徐世昌仍然留在這條道路上[1]。光緒十二年（1886年），徐世昌中進士。三年後，他當上了翰林院編修。翰林在白丁草民的眼中，似乎無比光輝，但其實也有「紅」、「黑」之分。「紅」翰林要麼以帝師王佐起家，入閣拜相、顧指間事；要麼以辭章學術著稱，博取千秋萬代的盛譽。如果兩者都不是，清水衙門的冷板凳並不好坐。

徐世昌屬於「黑」翰林的類型，在翰林院度過了人生最寂寞的時光，最後終於喪失了耐心。袁世凱小站練兵時，他投入其幕府。這在當時士大夫看來，實屬自貶身價。他當時一定是下了極大的決心，拿自己的後半生做賭注。袁世凱任命他為參謀營務處總辦，倚為左膀右臂。在北洋系統內，他的地位僅次於袁世凱。

庚子以後，朝廷亟需辦理新政的人才。他在袁世凱的鼎力支持下，歷任巡警部尚書和郵傳部尚書。日俄戰爭結束後，朝廷在關外設置行省。他以軍機大臣身分出任第一任東三省總督，為北洋攫取了莫大的利源。他善於花錢，臨走時留下了負債累累的官府，但虧空的主因在於昂貴的近代化事業，並不是沒有成績[2]。

慈禧太后去世，攝政王隨即罷黜袁世凱。徐世昌調任郵傳部尚書，但心不自安，不肯任事。在清朝最後幾年，他滿足於軍機大臣的虛名。雖然政潮洶湧，一概置身事外。他身兼士大夫和技術官僚的新舊身分，是朝廷必須羈縻的對象。他越不做事，就越適合羈縻；如果做事，反而容易引起猜忌。這是他第一次運用陰柔之術，但不是最後一次。

皇族內閣成立，他出任協理大臣（副總理）。袁世凱組閣，他出任軍諮大臣。雙方

1 徐世昌幼年喪父，少年時因善書小楷充當縣衙文案及塾師。一八七七年，徐世昌結識袁世凱，二人一見傾心。袁世凱得知徐世昌無錢赴省應試，慷慨解囊，贈送一百兩銀子給徐作盤纏。此後，同赴鄉試的袁世凱再次名落孫山，決意從軍；而徐世昌一考即中舉人，後又考中進士，授翰林院庶起士，三年後授編修。

2 一九零六年，徐世昌被任命為欽差大臣、東三省總督兼管東三省將軍事務。班次位列全國督撫之首，排在直隸總督兼北洋大臣袁世凱之前。徐世昌督東北期間，東北面貌煥然一新。據載濤說：「自歐考陸軍歸國，經奉天見馬路、電燈、軍警無不備具，街市煥然一新，乃宿公署，儼然歐式，益服世昌新政經書，非它省疆吏所及。」

交惡，卻都對他信任有加。可見他圓滑乖巧，人稱「水晶狐狸」。袁世凱下野時，漢官普遍遭到排擠。他位極人臣，袁世凱不以為忤。清室退位，深怨袁世凱欺侮孤兒寡婦，唯獨不怨「東海相國」，甚至把復辟的最大希望寄託在徐世昌身上。徐世昌雖然最會做人，但並不是毫無原則，始終顧念老臣的身分，不肯跟朝廷最直接的敵人合作。袁世凱和國民黨合作的時候，他不肯出山。二次革命失敗後，他才接受國務卿（總理）職務。袁世凱稱帝期間，他再次恢復消極抵抗的態度[3]。這些做法使遺老非常感動，覺得他是自己人。

法統重光後，府院不斷衝突。黎元洪和段祺瑞都希望他出面調停，進一步提高了他的威望，並造成了一種輿論氣候：只有他才能統攝北洋全局。黎元洪辭職後，北洋各派一致支持他出任大總統。只有國民黨和張勳對他不滿，導致了法統的破裂。他一直是國民黨的敵人，不足為奇。張勳原以為他會支持復辟，落空以後覺得上當受騙[4]。不恨公開的敵人，只恨虛偽的朋友，後來這種情況又出現在張作霖身上，可以視為玩弄權術無法避免的副產品。從韓琦侮辱狄青[5]的時代開始，士大夫和草莽英雄一向都是合不來的。大清的滅亡解放了武夫，把文人貶為他們的祕書和糧臺。任何士大夫都會覺得這是顛倒階級地位的暴行，徐世昌並不例外。遺老圈懷念清朝，跟這種感情關係甚大。

徐世昌的地位源於北洋「文主武從」的原則，隨著袁世凱的去世日益削弱。他在大總統任內，就像一位坐吃山空的繼承人，雖然特別擅長精打細算，終歸逃不了「捲堂大散」的一天。時間對他不利，新一代不再尊重老規矩。他雖然厭惡段祺瑞的跋扈，用主要精力暗算他；段祺瑞仍然要維持他的體面，因為他們是同一代人。然而吳佩孚就沒有這種感情，直截了當地逼宮。從某種意義上講，他搬起石頭砸了自己的腳。南北和談與學生運動都是他暗算段祺瑞的副產品[6]，結果毀了整個北洋團體。五四之後，知識階層

---

3 徐在日記中寫道：「人各有志。志在仙佛之鄉者多，則國弱；志為聖賢之人多，則國治；志為帝王之人多，則國亂。」

4 徐世昌深受清廷信任，不僅被授予軍機大臣、東三省總督、內閣協理大臣這些要職，而且得到體仁閣大學士、太子太傅的榮譽頭銜，可謂位極人臣。鼎革之後，他仍與溥儀朝廷保持著聯繫。張勳復辟時，徐世昌也被遺老們寄予厚望，他曾派人試探日本政界的態度，但日本內閣不表示支持，於是他知難而退。有傳言說，張勳獲知徐世昌想在復辟成功後當議政王，而大為惱火。張復辟失敗之際，徐力勸張解除武裝，保證其身家安全，同時竭力為溥儀開脫，保全清室。一九一八年，徐世昌被安福國會選為中華民國第二屆大總統。他私下請示溥儀，「得其恩准」。徐世昌就職後特赦張勳，還任命他為全國林業督辦，但張勳拒絕接受。

5 據宋人筆記《野老記聞》：「狄青為樞密使，自恃有功，驕蹇不恭，怙惜士卒，每得衣糧，皆負之曰：「此狄家爺爺所賜。」朝廷患之。時文潞公當國，建言以兩鎮節使出之，青自陳「無功而受兩鎮節旄，無罪而出典外藩」。仁宗亦然之。及潞公以對，上道此語，且言狄青忠臣，公曰：「太祖豈非周世宗忠臣？但得軍情，所以有陳橋之變。」上默然。青未知，到中書，再以前語白文公。文公直視語之曰：「無他，朝廷疑爾！」青驚怖，卻行數步。」

6 徐世昌出任大總統是段祺瑞與馮國璋妥協的結果，段祺瑞以退為進，仍在幕後繼續把持北京政局，但徐不甘於當虛位元首，他就任之後，標榜「偃武修文」，下令對南方停戰（段祺瑞主張對南方作戰），並於上海召開南北「議

急劇激進化，而北洋團體被汙名化。如果他願意做虛君，這些事情並非一定會發生。人的能力所在，往往就是他的缺陷所在。優秀的權術家通常沒有遠見，總是把戰術勝利做成戰略失敗。

徐世昌在天津英租界度過晚年，以著述和收藏自娛。他的著作像他本人一樣，橫跨了新舊兩個世界。他的《退耕堂政書》屬於馮桂芬的時代，而《歐戰後之中國》則屬於梁啟超的時代[7]。這些著作證明他不是敏銳的思想家和文體家，而像一位淺薄而殷勤的好社交家，將當時流行的種種時論雜糅在一起。

和會議」，一時間備受輿論好評。同時，他暗中打擊段系。據時人吳虬撰寫的《北洋派之起源及其崩潰》：「在徐樹錚（段的智囊）本意，以為世昌文人極便操縱，詎世昌素有陰謀家之名，就職後即漸與段疏。……進步黨銜前次被屏之憾，密謀倒段，派湯化龍遊歐，從外交上挑撥英美惡感，以制段死命。……湯之祕書長林長民利用學生愛國熱誠，將各項借款，與巴黎合約，糅雜牽連，以亂學生耳目，日以徐樹錚勾結曹汝霖賣國之説，聒於眾耳。學生激昂萬分，結隊遊行……殊不知此事徐世昌為幕後政戰總司令，林長民為臨時前敵總指揮。徐意在對段示威，林意在對段洩憤。」

7 徐世昌的總統地位靠派系均勢維持。直皖戰爭、第一次直奉戰爭後，直系獨大，吳佩孚等指他為不合法的安福國會選出的非法總統，迫其去職。此後，他致力於文化活動，主編了《清儒學案》、《晚晴簃詩匯》、《顏李遺書》等許多重要著作。《退耕堂政書》是一部經世文編，收入涉及清末政治、經濟、外交、邊疆事務的奏議、函牘、電文等。《歐戰後之中國》是他獲得巴黎大學榮譽博士學位的論文，以戰後中國的經濟和教育為主題。

一二、造假教主——康有為

康有為（1858-1927）在戊戌的真正的地位只是「總理衙門章京上行走」，也就是只有「差使」（編外人員）沒有官位。他和梁啟超一八九八年四月成立的組織「保國會」，宗旨是「保國、保種、保教」，發揮了輿論宣傳的作用。光緒欣賞他在這方面的才能，才會下詔讓他去辦報，一來免得在京師刺激保守派[1]，二來發揮他的特長。他後來為了在華僑和外人面前抬高自己的地位，把聖意誇大成要他起兵勤王的衣帶詔[2]。

1 康有為魯莽躁進，早已引起很多人不滿。楊鋭建議光緒盡快與康有為脱離關係，「康不得去，禍不得息。」光緒為了息事寧人，命令康去上海辦報。

2 一八九八年九月十五日，光緒給楊鋭一份密詔，要楊想辦法既不得罪太后，又能使變法繼續下去。九月十八日，康有為得知了密詔的存在，隨後偽造出一份光緒讓康等「設法相救」的「密詔」，並密謀「圍園殺后」。十月六日，逃亡到香港的康有為接受當時香港最大的英文報紙《德臣報》採訪，對慈禧大加攻擊，並誇大自己在維新中的作用，稱光緒已經給他密詔，讓他去英國求救。慈禧看到這篇採訪文章，痛罵光緒辜負她養育之恩，竟勾結外流亡期間，他和梁啟超所關注的重點，差異越來越大。他希望編織某種封閉和自洽的理論，維持忠誠度較高的小團體，不適應網絡狀社會的宣傳活動；梁啟超卻是此道高手。教主不適合充當憲法制定者，更不適合充當黨派活動家。

民國建立後，梁啟超的聲望日益超過他。張勳復辟時，兩人終於站到了敵對的陣營。梁啟超支持皖系軍閥段祺瑞為討伐張勳而進行的誓師，毀了康有為最後一次機會——溥儀的「復位上諭」由康有為擬定，而段祺瑞的討逆通電由梁啟超擬定。康有為長期耿耿於懷，抱怨弟子忘恩負義。

康有為在上海和青島度過晚年，始終忠於大清。馮玉祥驅逐宣統出宮後，他專程趕往天津，向廢帝表示最後的忠誠。這時，他的弟子已經寥寥無幾。但他並不動搖，宣稱耶穌尚且只有十二名弟子，還包括一名匪人。只要真理在握，人數多少是無所謂的。他的《大同書》將公羊三世說、佛教和西方社會主義結合在一起，在思想史上占有一席之地。跟梁啟超的駁雜豐富相比，康有為的特點是前後一貫的單薄。正如他自言：「吾學三十歲已成，此後不復有進，亦不必求進。」迄今為止，他對後世的影響不及梁啟超。

人謀害自己。光緒險些被廢，因劉坤一等反對而作罷。一九零九年，楊銳的兒子將密詔原件上交都察院，康有為偽造密詔的行為才被揭穿。

一三、「普通人」——馮國璋

馮國璋（1859-1919）是北洋武備學堂的舊人，首先在聶士成[1]的軍隊服役，甲午戰爭後，馮國璋得聶士成保薦，以清朝駐日公使裕庚隨員身分赴日。在日本期間，馮國璋結交了日本軍界人士福島安正、青木宣純等人，並博覽近代軍事著作，帶回大量有關軍事教練的資料。

一八九六年馮國璋回國，將精心整理好的筆記資料呈送聶士成，聶又轉呈袁世凱。袁世凱正在小站籌辦練兵，急需軍事教學人才，遂將馮招入帳下。與馮國璋同時進小站的還有他武備學堂的同學王士珍和段祺瑞等人。不久，馮國璋被任命為督練營務處幫辦兼步兵學堂監督，稍後又升為總辦。他與王士珍、段祺瑞等合力編成《訓練操法詳晰圖說》二十二冊，成為清末軍事學校和編練新軍的主要教材。

馮國璋在袁世凱的班底裡，屬於軍人當中的「秀才」，擅長軍事教育。袁世凱苦於科班軍官不足，對他的努力非常讚賞。當時只要能夠保證糧餉，招募普通士兵沒有什麼難處，但軍官的專業訓練普遍不足，而且願意帶兵（升職和吃空餉的機會多）的人不缺，願意當教頭（沒有權力的清水衙門）的人不多。馮國璋長期擔任督練營務處總辦，對《訓練操法詳晰圖說》貢獻甚大。北洋軍官的軍事素質高於其他各軍，他的教育體系厥功至偉。朝廷成立練兵處，委派他為軍學司正使。

馮國璋是直隸（今河北）河間縣西詩經村人，在有清一代是滿化最深的地區，馮國璋本人又以恭謹無野心著稱。朝廷對他的忌憚低於袁世凱，幾乎把他看成半個旗人。親貴典軍是新政的核心，陸軍貴冑學堂是親貴典軍的核心。馮國璋以正黃旗蒙古副都統銜，出任總辦。一九零六年官制改革將練兵處併入陸軍部，練兵處附屬的軍令司改組為軍諮處。次年，馮國璋出任軍諮使。

1 聶士成（1836-1900），淮軍名將，先後參與剿捻、中法戰爭、甲午戰爭。庚子之役，聶士成與聯軍作戰時遭義和團襲擊戰死。甲午戰爭前夕，馮國璋隨聶士成赴東北和朝鮮考察並測繪地形，為時半年，對山川要塞用新法繪圖說明，所搜集的資料以聶士成之名編成《東遊紀程》一書。第二年聶士成率部在朝鮮和東北作戰時，此書起到了重要指導作用。

一九零九年，良弼[2]建議根據日本參謀本部的範例改造軍諮處。新成立的軍諮府加快了整編全國軍隊的步伐，目標直接指向最大的藩鎮——北洋。良弼的勝利就是袁世凱的失敗，新朝決心漸次拔除地方主義的堡壘。陸軍大臣蔭昌[3]兼任訓練陸軍各鎮大臣，推行以旗排漢的政策。馮國璋在這場政潮中安然無恙，主持軍諮府總務，說明他是北洋內部比較接近滿、蒙的人物。袁世凱下野期間，他保持「隨聲畫諾，不復言天下事」的立場。

辛亥軍興，他和袁世凱的立場頗有差異。他對袁世凱隔江談判的策略不大佩服[4]，向宮廷表示有能力渡江平叛，請求撥給餉銀四百萬兩。太后表示四百萬兩難以籌集，先增發三個月的餉銀，準備召馮國璋覲見。袁世凱聞訊，以段祺瑞代替馮國璋指揮前線各軍。從此以後，陽夏（指漢陽和漢口，漢口舊稱夏口）方面的軍事行動完全停止了。馮國璋回京後，以禁衛軍總統銜辦理京畿防務。這項任命奪走了宮廷最後的依靠，卻沒有激起滿、蒙士兵占四分之三以上的禁衛軍反叛，因為馮國璋畢竟是旗人和皇室的老朋友，體現了袁世凱政治手腕的老練和分寸。

皇室遜位時，馮國璋以他個人的影響力，平息了禁衛軍的不滿，保證了政權的和平過渡，但他聽到段祺瑞和前線諸將通電支持共和的消息，仍然大為憤怒。他像許多同鄉一樣，覺得滿洲人比廣東人更親，何況身為軍人，受太后知遇之恩。他接受皇帝遜位就非常勉強，再也不能忍受其他人覬覦皇位，尤其不能忍受當初拿共和大道理勸他的袁世凱稱帝。雖然袁世凱將二次革命時從國民黨手中奪取的江蘇交給他，把袁府的家庭教師周道如介紹給他續弦，他還是在一九一六年說：「我犧牲自己的政治主張，保扶他當大總統，到頭來還是帝制自為。」[5] 事實證明，袁世凱為自己的權術付出了相當大的代價。沒有馮國璋從南京發出的密電支持，梁啟超和蔡鍔的起義不一定能成功。馮國璋在護國戰爭期間召集的各省會議，主要效果就是消除了各省支持征滇的可能性[6]。

2 良弼（1877-1912），滿洲鑲黃旗人，宗社黨首領，辛亥革命後堅決主張鎮壓革命黨，反對任用袁世凱。被革命黨用自殺式襲擊炸死。

3 蔭昌（1859-1928），滿洲正白旗人，清末陸軍大臣，武昌首義後率軍南下鎮壓起義軍，北洋軍不聽指揮，清廷只得起用袁世凱。

4 清廷派蔭昌率兩鎮北洋軍赴湖北鎮壓革命，同時又命馮國璋隨後增援南下。袁世凱出山後，馬上奏請由馮國璋接替蔭昌第一軍軍統職務。馮攻下漢口、漢陽，被清廷封為二等男爵。武昌指日可下之際，袁世凱指示馮按兵不動。馮上奏隆裕太后，表示可以獨立平叛。

5 一九一五年六月，馮國璋入京謁袁，詢問袁是否打算帝制自為。袁表示絕無其事。事後，馮深感受騙，十分不滿。

6 護法戰爭爆發後，馮國璋與唐繼堯、陸榮廷保持信使往來，同時勸說四川的北洋軍與護國軍停戰。一九一六年三月，馮聯絡江西李純、浙江朱瑞、湖南湯薌銘、山東靳雲鵬聯名發出密電，向各省將軍徵求收拾時局的意見，主法統重光後，黎元洪是當然的大總統。段祺瑞既然要組閣掌握實權，就不能染指副總統的虛位。各方都願意將榮譽大於實質的副總統職務交給馮國璋，使他毫無懸念地當選。段祺瑞本來指望他離開南京的大本營，結果卻落了空。府院相爭迫使黎元洪召張勳進京調解，張勳卻迫使他解散國會。黎元洪狼狽逃走，通電要求馮國璋代理總統。馮國璋做了代總統，就必須代表民國接見各國公使，事關國家顏面，沒有辦法留在外省。他只能把親信李純和陳光遠[7]安置在江蘇和江西，自己進京就職。這種安排構成了直、皖分裂的主因。他接替了黎元洪，也就自動繼承了府院之爭的格局。段祺瑞以前誤以為換人能解決問題，現在又陷入同樣的幻想，在換屆選舉中支持徐世昌取代了馮國璋，然後沮喪地發現徐世昌同樣討厭跋扈的總理。

馮國璋卸任後放棄了政治，致力於實業，最後死於普普通通的肺炎。這種死亡方式非常符合他的畢生行跡，因為他就是一個普普通通的人。他不能區分政治道德和私人道德，也理解不了為什麼權力的實質不同於權力的形式，因此他做不了優秀的馬基維利主義者，浪費了馬基維利主義者求之不得的大好機會。然而正因為如此，他才是一位好的統治者。他的德行充分體現於以下事實：攻擊他的人很多，他的地位又適合吸引攻擊，然而最嚴重的指責不過貪財，涉及的事情又是「三海賣魚」之類明顯的捏造[8]。好的統治者必須是形式主義者，而且不應該太聰明。知識分子那種穿透形式看實質的解構能力，對良治美俗而言就像瘟疫一樣危險。

張取消帝制、懲辦禍首。四月，馮又數次拍發電報，要求袁世凱退位。在他帶頭之下，北洋諸將紛紛通電附和。五月，馮邀請未獨立各省首腦在南京開會，意在逼袁下野。

7 李純（1874-1920），馮國璋嫡系，馮任代總統後，被任命為江蘇督軍，為「長江三督」之首。陳光遠（1873-1939），馮國璋嫡系，馮任代總統後，被任命為江西督軍。

8 傳言說，馮國璋當上代總統後，把北海、中海、南海中前代皇家養的魚一網打盡，在市場上高價賣出以獲利。

一四、富有責任感的袁世凱

袁世凱（1859-1916）是羅澤南、曾國藩到曹錕、張作霖的中轉站。前者是大儒和精神領袖，動員和組織民兵的士紳，以保衛儒家基本價值觀為目標，軍事在他們是次要的，軍人從屬於儒將。後者是失去儒將和精神領袖的軍人，價值觀仍然是前者的餘脈，但原動力和號召力已經消耗殆盡，不會再有自己的後裔。袁世凱介於兩者之間，仍然是書生從軍[1]，但已經不是李鴻章式的翰林和兩榜正途，他沾染了濃厚的江湖冒險家色彩。他在朝鮮採取了果決的冒險政策[2]，引起了李鴻章的注意，從此青雲直上。

但當時士大夫通常認為他浸淫儒家價值觀不深，不能算完全的自己人。所謂張之洞有學無術，袁世凱不學有術[3]。他不能像羅澤南、曾國藩那樣，帶兵的同時還能以著作在思想史上留名，他只能講新學和事功。譚嗣同拉攏他，因為他似乎是當時將領中最新派的人物。但這裡所謂的新派，只是用西洋技術取代兵農錢穀而已。他的軍隊沒有足以駕馭諸將的新原則。

他知道自己的弱點，最初也沒有太大的野心。他的地位主要出於機緣巧合和敵人的壓力，自己的規劃反倒比較次要。在親貴集團打擊他以前，他本來樂於做慶親王（預定總理大臣）的助手[4]。打擊而沒有打倒，他反倒具備了自己當總理大臣的資格——一九零九年，攝政王載灃以袁世凱「現患足疾，步履維艱，難勝職任」為由，將其開缺回籍。兩年後辛亥革命爆發，清廷應對乏力，不得已重新啟用袁世凱，任命其接替慶親王為內閣總理大臣，重組內閣。國民黨打擊他以前，他本來只想要戴高樂式的總統權力[5]。打

---

1 袁世凱不善製藝，「文字蕪穢，不能成篇」，兩度鄉試落第。一八八一年，與袁世凱嗣父袁寶慶「訂兄弟之好」的慶軍統領吳長慶寫信招袁世凱「往學軍旅」，袁前往投奔，開始了軍旅生涯。

2 一八八二年，朝鮮發生兵變，袁世凱隨吳長慶軍進入朝鮮。一八八四年，朝鮮親日的開化黨發動政變，軟禁國王。倉促之間，袁世凱未向上級請示即果斷出兵，擊退叛兵，迎國王入清營。

3 陳夔龍《夢蕉亭雜記》：「時論……南皮（張之洞）有學無術，項城（袁世凱）有術無學，西林（岑春煊）不學無術。此言殊不盡然。」

4 一九零六年，清廷籌劃官制改革，袁世凱主張廢除軍機處，設立責任內閣。他希望被他賄賂拉攏的慶親王成為總理大臣，自己成為副手。這一主張當時遭到多方反對，沒有實現。

5 民國採用責任內閣制，但袁世凱不滿足於當沒有實權的總統，多次干預行政事務。一九五八年，在戴高樂主導下，法蘭西第五共和國取代第四共和國，議會權力受到削弱，總統不再是虛位元首，不僅能控制政府，還享有特殊情

擊而沒有打倒，他反倒具備了拿破崙在第一執政任內的權力[6]。他的成功反而對他有害，因為他失去了駕馭軍隊的能力。鎮壓二次革命後，北洋勢力臻於極盛，但同時北洋諸將也開始與袁離心離德。

大清皇帝退位後，軍隊的勢力急劇上升。袁世凱的善後大借款與其說是打擊國民黨，不如說是他窮於應付諸將截留地方稅收的結果[7]。國民黨在南京的處境比他還糟[8]，但他還是本著「看人挑擔不覺沉」的精神落井下石——國民黨籍議員激烈反對借款，所以袁世凱藉故拒絕將此議案交由國會表決。鎮壓二次革命，他依靠進步黨和北方將領，但這些人難對付的程度不亞於國民黨和南方將領。進步黨和國民黨議員聯合起來，提出的憲法草案同樣堅持國會至上[9]。他如果不藉著戰勝的餘威趕緊發動政變，夾在拒絕配合籌款、但要錢胃口不斷增加的國會之間，好日子不會有多久的[10]。

在他看來，問題在於政府失去了大清殘餘的權威。大清時的將領不敢威脅文官政府，也沒有不斷對抗的國會。他周圍的文人覺得，新朝穩定的前提就是削藩[11]，否則軍事統治無法轉化為文官統治，秩序就無法恢復，民眾的負擔也無法減輕。削藩可以用杯酒釋兵權的辦法，也可以用殘殺功臣的辦法，但結果都是一樣，用皇帝和文官的聯盟取代皇帝和功臣的聯盟。皇帝擺脫了危險的競爭對手，文官奪走武夫的權力，民眾得到太平，只有功臣滿盤皆輸。儒家的問題是：解決不了誰做功臣（輸家）、誰做皇帝的問題。自相殘殺是唯一的辦法，誰贏誰就有理。儒家只負責事後站出來，跟勝利者合作。袁世凱和楊度的合作——洪憲帝制——就是希望造成這樣的格局，結果適得其反。諸將看清了

況下的「非常權力」。

6 一九一三年，孫文、李烈鈞、黃興等發兵討袁，袁世凱派軍南下，很快擊敗討袁軍，並控制了全國絕大多數省份。一七九九年，拿破崙在霧月政變後成為法蘭西共和國第一執政，實際上享有獨裁權力。

7 民國成立之初，財政異常困難。一九一三年，北洋政府向英、法、德、俄、日五國銀行團借款二千五百萬鎊。武昌起義後，宣布獨立的各省快速擴軍，且截留地方稅收。據時任美國駐華公使芮恩施說，民國中央政府收到各省上繳的稅款總數，不超過一九一二年前清政府預算的十分之一。

8 據胡漢民回憶，孫文任臨時大總統時，「一日，安徽都督孫毓筠以專使來，言需餉奇急，求濟於政府。先生即批給二十萬。余奉令至財政部，則金庫僅存十洋。」

9 一九一三年七月，由眾、參兩院各選出三十名議員，組成憲法起草委員會，負責制定中華民國憲法。袁世凱派人向起草委員會提出「大總統有任命國務員及駐外公使之權，無得議會同意之必要」，「大總統得參議院同意，有眾議院解散權」等。起草委員會反對袁的干涉，不予接受。十月十四日，憲法草案脫稿，堅持責任內閣和國會至上。

10 十月二十五日，袁世凱通電各省都督、民政長，攻擊憲法起草委員會由國民黨議員操縱把持，「形成國會專制」。十一月，袁以國民黨籍議員參與叛亂為由，下令解散國民黨，隨後驅逐國民黨籍議員。國會因不足法定人數而無法召開，憲法起草委員會自動解散。

11 袁世凱在對南方用兵前，就決定逐步「廢省改道」，削弱地方軍人統治。

他的企圖，配合敵人把他搞垮。蔡鍔發起護國戰爭後，袁世凱眾叛親離。段祺瑞消極抵制，馮國璋暗中與南方接洽議和，甚至發電勸袁退位。帝制一失敗，約束軍人的最後紐帶就斷了。軍人為了法統的緣故，勉強同意恢復國會政治，但他們發現國會仍然解決不了財政問題，就再度發動政變。

袁世凱雖然少年無賴，但後半生一直是富有責任感的人，在可以拆爛汙的地方，通常不會利用機會。他的敵人多次擁護他，外國人長期信任他，主要就是因為這一點。民國保全了大清的版圖，主要是因為有他。在沒有袁世凱的平行世界中，辛亥年的革命黨人不會承認滿、蒙有資格算入中國，不會反對日本占據這些地方；親貴不會同意和平退位，至少能贏得張作霖和蒙古人的支持，退到熱河或瀋陽，名正言順地建立滿洲國或滿蒙國。

他臨死前雖然已經注定失敗，仍然有能力報復敵人或是弄個爛攤子丟給他們，但他仍然寧願為北洋團體著想。他畢生仇恨日本，長期籌劃反對日本的方略[12]，把希望寄託在美國身上[13]，多多少少將國民黨視為日本代理人[14]，覺得帝制失敗主要應該歸咎於日本的反對[15]。歷史比戲劇更富有戲劇性，居然讓國民黨負責執行他的政治遺囑。

12 《顧維鈞回憶錄》：「袁世凱總統是幕後的真正談判者……在中日交涉中，不僅是何者可接受何者應拒絕等原則問題由他決定，他而且還規定了對付日本公使的戰略。……整個談判過程中，每次會晤的紀錄均立即送呈大總統。他也仔細閱讀，並作批示，如「此項回答似過於明確」或「此項必須答以否」。」時任國務院參議兼總統府祕書曾叔度《我所經手的「二十一條」內幕》：「他（袁世凱）說：「我已籌劃好了：（一）購地租地，我叫他一寸地都買不到手；（二）雜居，我叫他一走出附屬地，就遇到生命危險；（三）至於警察顧問用日本人，我用雖用他，每月給他幾個錢罷了，至於顧不顧、問不問，權卻在我。我看用行政手段可以破壞條約，用法律破壞不了。其他各條，我都有破壞之法。」」

13 「二十一條」交涉中，袁世凱故意將談判內容洩露出去，以爭取國際支持。袁的英文祕書顧維鈞「每天在外交部開完會後，如不是當天下午，至晚在第二天便去見美國公使芮恩施和英國公使朱爾典」。

14 孫文為了反袁，對日本首相大隈重信許以重利，希望換取日方支持。「二十一條」交涉中，日方多次威脅袁世凱，倘不同意日方要求，就將支持孫文的顛覆活動。一九一六年，大隈內閣決定倒袁，孫文立即委派居正前往剛被日軍占據的青島成立「中華革命黨東北軍」，得到日軍支持，獲得大量武器彈藥，一度攻占了山東昌樂、安邱、高密等縣。

15 袁世凱死前，自撰輓聯：為日本去一大敵，看中國再造共和。

一五、時代夾縫中的犧牲品
——端方

端方（1861-1911）出身滿洲正白旗托忒克氏，從小浸淫儒術，但沒有像倭仁、梁濟[1]一樣，心悅誠服地奉行儒家基本價值觀。他祖父中過進士。他自幼過繼給伯父桂清。桂清是翰林院侍讀學士和國史館總校對，曾經負責監督宗室的教育（覺羅學）。端方自己年輕時也中過舉人，後來又特別喜歡附庸風雅、玩弄金石、興辦學堂、收買古籍。從這些表面現象看，他似乎頗有家學，其實不然。八旗核心享有天子近臣的特權，端方一家又久駐京畿，搭便車走捷徑的機會實在太多，很難像外省的滿、蒙後裔一樣潛心儒學。桂清對端方影響最大，但自己的學歷又沒有多少含金量。桂清出身筆貼式，也就是辦公室文員。滿洲筆貼式招考的難度很低，跟三吳人文薈萃之區的鄉試不在同一水準上。桂清在翰林院沒有混多久，雖然享有帝師的虛名，自己也清楚自己不能跟倭仁、李鴻藻之類的醇儒比，活動到內務府任職。內務府名譽不好，卻比翰林院實惠得多。正如清末北京俗語所謂的「樹小牆新畫不古，此人必是內務府」。

端方在這種身體力行的家教中長大，雖然口頭不能不講尊儒崇禮的大道理，實際上眼睛雪亮，不會跟書呆子一般見識。他雖然中了舉，還要捐班，得到員外郎的職稱，不去州府候補，卻在宮廷尋找機會。一八八九年，光緒皇帝大婚。他負責籌辦，盡心盡責，得到了皇太后與皇帝的歡心。這種差使沒有過硬的關係，是誰也撈不到手的。李蓮英為人謹慎，也認為他值得培養。顯然，內務府家庭特別擅長辦皇差。不久，東陵工程的重任又落到他頭上。他仍然不負重望，獲得三品頂戴的殊榮。當然，這種工程本身的油水已經構成了足夠充分的獎賞。

戊戌變法時，端方創辦了農工商局。他像往常一樣幹練，卻沒有像往常一樣幸運。政變後，他的機構遭到裁撤。他並不是真正的維新派，只是擅長辦理新事務而已，再加上八旗自家人的身分和李蓮英的斡旋，很快就重新得寵，外放陝西布政使。聯軍入京，

1 倭仁（1804-1871），烏齊格里氏，蒙古正紅旗人，同治帝師、理學家。梁濟（1858-1818），元室後裔，梁漱溟之父，殉清投水而死。

兩宮西狩。他及時接駕，準備周到，奠定了後半生的榮華富貴。慈禧年齡越大，就越念私人感情。庚子年的逃亡是她畢生的最低點，誰在這時勤王接駕，她都會終生難忘。岑春煊、鹿傳霖[2]、端方的仕途都是在這時奠定的，可以說庚子後的政局決定了西安的流亡。御駕回鑾後，端方從河南布政使調任湖北巡撫，隨後代理湖廣和兩江總督，變成了李鴻章和左宗棠的繼承人。在比較正統的儒生看來，從曾國藩到李鴻章、從李鴻章到張之洞、從張之洞到端方之流的演變無疑是朝政日衰、人才凋零的證明。內務府出身的風塵俗吏居然敢接宿儒名將的遺缺，大清的氣運顯然是一天不如一天了。

端方知道自己不是合格的士大夫，附庸風雅的舉動也瞞不過真正的內行，但他也不是混日子的庸人，至少並不缺乏精明幹練的特質，懂得走最適合自己的道路。新政是大勢所趨，比儒家的老一套更有前途。他在舊學方面積累不多，反而更方便轉型。他在南京任內，曾奏請創辦暨南大學的前身暨南學堂，鼓勵西學研究，贏得了不錯的風評。至少在朝廷心目中，他是大臣當中比較了解西學的人才。尤其重要的是，他懂得怎樣體貼朝廷的尷尬處境，更懂得替朝廷顧面子、找說法。太后既要論證戊戌變法不對，又要論證庚子排外也不對，自己沒有辯證法的頭腦，還得在臣民面前維持一貫正確的形象，日子其實並不好過。體貼的大臣要學會怎樣面不改色地說出以下的話。皇太后和皇帝其實從來沒有什麼分歧，一切謠言都是不懷好意的壞人和外國人製造的。皇太后和皇帝過去主張新政，現在同樣主張新政；過去肅清了藉新政名義行顛覆之實的壞人，現在同樣警惕他們的破壞活動。所有忠臣都要懂得區分真正的新政和貌似新政的顛覆活動，絕對不要懷疑皇太后和皇帝始終如一的英明和團結。母慈子孝，天下太平。大清臣民絕不會辜負這樣幸福的時代。端方懂得怎樣將擁護新政和反對新黨有機地結合起來，自然就變成了晚清親貴立憲派的核心人物。沒有前述的巧妙理論，慈禧絕不可能同意籌備諮議局。

一九零五年，朝廷派端方、載澤、戴鴻慈、徐世昌和紹英五大臣出洋考察各國憲政。幾乎就在同時，科舉制宣告廢除。這兩件事結合在一起，造成了天崩地裂的效果。絕大多數臣民和士子經此一擊，完全喪失了方向感。即使改朝換代，都不會造成這樣可怕的混亂。從某種意義上講，經歷這種劇變的世代是注定要倒霉的。無論怎樣調整改革或革命的方式，轉型期都少不了犧牲品。除了京師和沿海的中上層人物，沒有多少人真正有能力適應新環境。嚴復正確地指出：自從商鞅廢井田、開阡陌以來，華夏還沒有領教過

2 鹿傳霖（1836-1910），清末重臣。《清史稿・卷四百三十八・列傳二百二十五》：「拳匪亂作，傳霖募三營入衛，奔及乘輿於大同。至太原，授兩廣總督。旋命入直軍機。」

如此巨變[3]。後果肯定空前重大，已經超出了他敢於判斷的範圍。兩千年來，很少有什麼判斷比這更為準確。五大臣經過正陽門車站，遭到革命黨的炸彈襲擊[4]，不得不改道海路，從秦皇島和上海出發，不過他們的任務還是圓滿完成了。考察團遊歷日本、美國、英國、法國、德國、丹麥、瑞典、挪威、奧地利、俄國十國，於次年八月回國。迄今為止，他們留下的考察報告仍然是西方憲政研究的最可靠的紀錄，概括英、美、法、德、日、俄的政體特徵，都能抓住要點。雖然同樣的研究在此後百年層出不窮，但可信度反而每況愈下了。

主要原因有二。即使在西方，憲政的黃金時代也是在第一次世界大戰以前。其一，「短暫的二十世紀」以憲政破壞和暴政橫行為主要特徵，即使冷戰的結束也沒有完全恢復一戰以前的盛況。二十世紀的東方人仍然認為西方是憲政的楷模，主要因為西方的地板高於東方的天花板，橫向比較的優勢足以掩飾縱向發展的惡化和退化。其二，後來的考察者不如他們在晚清的前輩誠實。五大臣確實想弄清西方政體的奧祕，他們的報告是寫給自己人看的。後人的目的通常是忽悠政治家或民眾，塑造一個有利於某種眼前政治目標的西方形象。

端方根據他們的考察，向朝廷提交了《請定國是以安大計摺》，建議朝廷以日本明治憲法為藍本，盡快制定自己的憲法，穩定國本。他自己還編撰了一部《歐美政治要義》，在新派官僚當中贏得了不小的名聲。不過流亡者的圈子裡傳言，這些偉大著作的真正作者其實是梁啟超和楊度。他們通過熊希齡，收取了高額的槍手費。無論如何，端方好名而手腕不夠純熟，往往把美談變成話柄，證據甚多，不限於此。他保護古籍，興建江南圖書館，但收買古書的辦事人員往往惡形惡狀，引起士大夫的反感，他也睜一眼閉一眼。他自稱陶淵明後人[5]，興辦陶氏學堂——即在北京開辦的新式小學堂，投資相當豐厚，學生（多半是本家子弟）卻頑劣不堪，未能實現辦學的初衷。他在南京任內，開闢了女性出洋留學的先例；在武昌任內，開闢幼稚園建設的先例。他愛慕西洋新事物，出於至誠，甚至在慈禧太后葬禮上拍照，遭到朝廷的懲罰。雖然他在大清境內的官聲不佳，西方人卻相當佩服他擁抱新事物的熱忱。他最後遇害時，只有西方人為他呼冤。他死後，《字林西報》、《紐約時報》等都感慨於一代改革者死於貪財士兵之手。

3 《教育與國家之關係》：「此事乃吾國數千年中莫大之舉動，言其重要，直無異占者之廢封建、開阡陌。造因如此，結果何如，非吾黨淺學微識者所敢妄道。」

4 由於遇襲而耽擱，後來真正出洋的五大臣是載澤、戴鴻慈、端方、山東布政使尚其亨、順天府丞李盛鐸。

5 他自號陶齋，端方死前，面對亂兵，說自己本是漢人，姓陶，先人在滿清入關時入了旗籍。

端方在晚清複雜多變的派系鬥爭中，一度跟袁世凱的關係較好，跟岑春煊、盛宣懷和趙爾豐[6]的關係都不太好。他最後奉命署理四川總督，查辦被保路同志軍包圍的趙爾豐，很可能出自朋黨鬥爭的需要，結果造成了嚴重的後果。趙爾豐有理由覺得，鐵路國有化是他反對的政策，開槍鎮壓請願的紳士是朝廷的旨意，朝廷卻把責任推給他承擔，派他的敵人查辦他，因此自然不肯出力鎮壓。端方也知道他在成都不受歡迎，遲遲不肯前進。軍至資州，武昌起義在他背後爆發。麾下的鄂軍軍心已變，很想殺掉他，跟革命黨議和，返回武昌。端方進退失據，自知處境危險。他病急亂投醫，以金帛收買附近的棒匪為臂助，結果又得罪了資州的紳糧[7]。後者害怕棒匪一旦進城，就會糜爛地方，願意資助鄂軍回鄂，除掉端方這個禍源。

一九一一年十一月二十七日，端方和他的弟弟端錦都在兵變中喪生。他雖然淺薄、貪婪、虛榮，但並沒有多少真正的罪惡。論辦理新政的工作能力，他比後來的民國人物更勝一籌。論破壞性的陰謀詭計，他也不比清末民初的大多數政治家更為惡劣。誰都沒有理由認為，他格外對不起巴蜀父老。他的死是他的身分和境遇造成的，所謂「匹夫無罪懷璧其罪」。置他於絕境的民國人物在不算太久的未來，也將陷入同類的困境。他給世界留下的主要遺產，就是他的收藏品。多年以後，舊書市場和古玩市場會時不時出現幾件「陶齋」的遺產，證明他終究沒有完全虛度此生。

6 趙爾豐（1845-1911），漢軍正藍旗人，在川滇邊務大臣任上推行改土歸流，一九一一年任四川總督，因激起變亂被朝廷免職，後被殺。

7 梁溪坐觀老人《清代野記．卷中．端忠敏死事始末》：「先是，端之議行期也，尚未得成都獨立信。至初五日，資州牧以省電告，遂決意還京，資州眾紳環而請曰：「公毋行。公若反正，則成都唾手可得，即眾亦必以都督舉公，且公之兵所以譁囂者，以公不反正也。若一變計，則皆為心腹矣。」端不可。眾紳又請曰：「公如慮成都不能容，則即於資州樹白幟，某等可函致省紳來資州擁公為主，公幸勿疑。」端歎曰：「我果如此，何以對慈禧太后、德宗皇帝於地下哉！我計決矣，君等毋為我慮也。」皆太息而散。端自入資州後，無日不作還京計，使早日行，亦可無事，乃一因借銀未至，二因有投誠土寇周姓約初四日率眾來降，遂待之。不料初五日一聞川省獨立之信，而禍不旋踵矣。」

一六、「憨直」——曹錕

曹錕（1862-1938，天津大沽口人）本是毅軍哨官，在馬玉昆[1]的遼東戰役後投奔袁世凱。毅軍是甲午戰爭當中沒有崩潰的少數淮軍分支，後來又參加了庚子戰爭，表現都不像特別精銳的部隊，但以打不散的團結性為特長。馬玉昆當時是沙場宿將，袁世凱則是銳意革新的局外人。年輕的曹錕以忠厚和勤勉著稱，卻很少有人讚賞他的遠見卓識。他這次選擇如果是為了尋找能夠破格用人的東道主，本來是頗為明智的，然而他當時的動機似乎更像出於私人交誼，而且在小站也沒有急於上進的跡象。他慷慨大方但近乎濫好人，除了特別難侍候的角色，幾乎是每個人的朋友。他的升職是緩慢而有條不紊的，跟他的性格很相似。他用人不疑、有財不貪、有功肯讓，因此頗得軍心，但在刻薄人的眼中，也可以解釋為能力不足。辛亥戰役證明這種說法不太正確，因為他指揮的太原戰役是民國初年少有的歐洲式正規戰。南北議和，第三鎮（後來的第三師）返回京畿。他們的譁變迫使袁世凱留在北京，召集張家口的姜桂題[2]入關平亂。鑑於第三師是北洋的核心，而姜桂題乃是「毅軍」鮑超的舊部，要外圍得多，所以曹錕在幕後扮演的角色引起了眾多猜疑。

第三師在二次革命中為袁世凱擊潰了湘軍，卻未能在護國戰爭中擊潰滇軍。隨著曹錕地位的上升，第三師交給了吳佩孚。曹錕的後半生事業，跟吳佩孚難以區別。二人既有性格的互補，又有價值觀的契合。曹錕喜歡說自己是大帥，吳佩孚也是大帥，有功勞要分給部下，栽培部下做大帥。吳佩孚則以關雲長待劉皇叔為榮，自詡不以成敗利鈍為轉移的忠臣。直皖分裂、直奉分裂大半是吳佩孚勇往直前的結果，直系最初的勝利和最後的失敗，吳佩孚的冒險主義都要負最大責任。而曹錕都是直到最後關頭才不得不改變妥協的初衷。然而如果沒有曹錕，直系能不能存在都成問題。吳佩孚自始至終遭到直系其他將領的厭惡，需要曹錕出面斡旋。如果沒有曹錕，他更有可能淪為馮玉祥式的孤將，而且還沒有馮玉祥的機會主義手腕，大概會在歷史上轉瞬即逝。

1 馬玉昆（？-1908），晚清名將，參加過剿捻、抗擊阿古柏、甲午戰爭和庚子之役。
2 姜桂題（1843-1922）初為捻軍，投降僧格林沁，繼而加入鮑超的「毅軍」，後歸北洋。

曹錕留下的最大爭議在於所謂的賄選，但此事與其說證明了他的敗壞，不如說證明了他的憨直。他不願做名不正言不順的僭主，堅持追求合法的名分。這種天真的感情其實就是法統的力量所在，正如妻妾有別的迂腐才是婚姻的力量所在。法統的敗壞出自相反的原因，也就是只認實權不認正統的馬基維利主義。曹錕部下付給舊國會議員的津貼，能不能算賄賂，其實完全是個立場問題。議員宣稱，這是他們應得的辦公費和差旅費[3]，而且根據他們自己制定的標準，他們本來應該得到更多。如果你承認舊國會本身的合法性，這裡面就只存在適當不適當的問題，因為財政權永遠都是國會專屬的特權。如果國會認為五千大洋還不夠支付天南海北的辛勞，那麼給實際出席的議員另發五萬大洋的欠條都在他們的權限之內。如果你不承認舊國會本身的合法性，就應該連他們非法占據議事堂期間的租金和茶水費一併追討。何況有一點可以肯定，一九二三年國會會議科的支付[4]用於交換議員的出席，而非投票[5]。議員只要出席就能領到支票，投票卻是祕密舉行的。支持曹錕的主流派只擔心出席議員不足法定人數，不擔心得不到多數票，甚至致電國民黨議員，請求他們前來投孫文一票[6]。如果這筆錢的性質可以定為賄賂，賄賂的目標也不是為了擁戴曹錕，而是為了爭取分散在各省的議員返回北京。北京看守政府通過國會會議科付給出席議員的五千塊錢，能在一九一三年制定的《議院法》中找到依據。孫文—段祺瑞—張作霖「三角聯盟」通過楊宇霆和盧永祥的私人途徑，付給不出席議員的五千到一萬大洋，似乎更加缺少法律依據。

賄選問題如此沸沸揚揚，不能簡單地解釋為反直系勢力的幕後活動。後者無疑希望借助宣傳手段打擊曹錕，卻沒有理由在各種攻擊手段之間厚此薄彼。如果他們寧願發掘

---

3 自一九一三年以來，第一屆國會不但多次被解散，而且歲費「三個月只能發一個月，而一個月又只是發七成」，國會議員欠薪數量巨大，因此國會議員索薪風潮頻頻迭起。

4 資料顯示，支票發出前直方曾「疏通異黨」，並「邀集三十六政團」討論支款額度，「經兩旬期間之切實協商」，確定為五千元，由國會會議科以支票形式簽發。

5 身與其事的陳垣三十年後檢討既往，稱曹錕系「利用補發欠薪的名義，凡參與選舉者就在出席時交給你五千元支票一張」；既係「補發欠薪，受之何愧」，故接受了支票。

領取了五千元支票的議員汪建剛表示，「雖然接受了眾議院會議科所送補發的歲費五千元，但並未附帶什麼條件，也沒有在選票上寫過曹錕的名字，自認為比較乾淨，常常向人撇清。」

屬於反直營壘、按理不會投曹錕贊成票的政學系議員駱繼漢，在各政團商議是否領取支票時明確表示：「曹氏既有這番盛意，我們也不必過分鳴高。」他算了一筆賬：眾議員任期三年，應得歲費與旅費共一萬五千六百元，扣除護法時期已領之生活維持費，單是北京開會期間的旅費和歲費，「政府欠我們的數字也有五千元以上」，因而主張領取支票並按自己的想法投了票。

此外，還有一部分議員認為曹氏既無袁、段之才，亦無袁、段之凶，推為總統，或有利於國會對政府的監督，並藉此完成制憲，將國家帶入憲政軌道，故投票支持曹錕。可見其投票與接受支票並不發生直接聯繫。

6 葉夏聲致電國民黨議員，要求「出席選孫」。對此前曾「拆臺」後又出席大選的議員，直方亦有「投票自由，票價照付」的承諾。

在法律上並無充分依據的賄選，卻放過了在憲法和法律上都是證據確鑿的驅黎（元洪）兵變，那很可能是因為當時的社會普遍具有畸形的價值觀，對賄賂的敏感性高於強暴。從憲法上講，舊國會和黎元洪大總統是不可分割的整體。要麼兩者都合法，要麼兩者都不合法。兩次法統重光，舊國會的恢復都自動導致黎大總統的復辟。舊國會居然坐視直系軍人趕走自己選舉和召集自己的黎大總統，然後宣布自己仍然有合法權力選舉黎元洪的敵人為黎元洪的繼承人。這種怪事的荒謬之處猶如妻子坐視強姦犯趕走了丈夫，然後覺得自己有權為強姦犯舉行一場合法的婚禮。賄選的指控者比他們更荒謬，不去追問強姦犯有沒有資格補辦婚禮，卻要大肆鼓譟說鑽石戒指給這場婚禮帶來了買賣婚姻的嫌疑，彷彿女人「貪慕錢財嫁人」是件很了不起的罪行，比「協助強姦犯占據親夫的家業」嚴重得多。在細枝末節的程序問題就足以引起內戰的時代，如此根本錯謬的理解居然能夠構成敵對各方的共識，既奇怪又理所當然，既可悲又公平合理。他們，或者不如說我們，通過這樣的手段，在隱祕的世界法庭上，為自己下達了這樣的判決：天下可以搶到，但不能買到。如果你搶到天下，就有權自稱擁有天下的愛戴。如果你買到天下，就無權冒稱擁有天下的愛戴。晚期羅馬的禁衛軍和晚期埃及的馬姆魯克[7]擁有完全相同的共識，他們統治的對象同樣是極其墮落的文明餘燼。

蠻族和早期文明往往遭到奴役，但很少浸染畏威而不懷德的價值觀。灰燼是煙花的自然產物，不可能產生於煙花盛開之前。在煙花盛開之際，人類固有的弱點使他們不可能避免灰燼的產生。在煙花熄滅之後，末人無法逃避並非完全由自己造成的局面。他們享受不到煙花，卻擺脫不了灰燼。倒錯的價值觀來自煙花的極盛時期，那時的幸運兒容易幻想文明的資源無窮無盡，足以將卑劣的人性上升到神明的完美，引進了謀殺「好」的敵人「更好」。原始儒家就是這樣的啟蒙者（啟蒙者的意思就是煙花的點燃者），發明了「春秋責備賢者」和「五十步笑百步」的邏輯。他們當然沒有打算讓「不賢者」和「百步」占「賢者」和「五十步」的便宜，只是覺得：「好」離「更好」已經如此之近，為什麼不能更上一層樓；「不好」離「好」仍然如此之遠，似乎不值得浪費寶貴的關注。不過他們這種做法，肯定已經冒犯了神明。神明不允許此岸世界存在完美，這是人類極少數不證自明的公理之一。如果你攻擊賢者，賢者就會改進。如果你攻擊不賢者，不賢者就會報復。如果你是經過啟蒙的理性人，就會只做前一件事。如果你的社會是經過啟

7　羅馬帝國後期，皇帝常由近衛軍擁戴產生。馬姆魯克是埃及阿尤布王朝的一支奴隸兵，後來隨著阿尤布王朝的解體逐漸成為強大的軍事統治集團，並建立了自己的王朝，統治埃及達三百年之久。一五一七年馬姆魯克王朝被鄂圖曼帝國覆滅，但馬姆魯克集團仍有很大勢力。直到一八一一年埃及的新統治者穆罕默德阿里帕夏對他們進行大屠殺，馬姆魯克集團才被消滅。

蒙的理性社會，「五十步笑百步」就會逐漸演化成「百步笑五十步」。在這場遊戲的終點，我們非常熟悉的社會出現了。如果你想得到人民的愛戴，最好的方法就是使他們感到恐懼。如果你企圖用恩惠收買他們，實際上更有可能得到更多的敵人。因為你已經證明自己不大可能傷害他們，因此攻擊你就變成了一種只有機遇沒有風險的選項了。驅黎（元洪）兵變沒有給曹錕帶來多大的困擾，賄選卻做到了。他付給國會的幾百萬大洋，論購買力相當於現代的幾億人民幣，在一九二零年代是一筆足以立國或滅國的鉅款，如果沒有把握一定能夠培養幾個吳佩孚，至少絕對有把握收買幾個馮玉祥。他如果把這筆錢省下來練兵，甚至更惡毒地多搜刮一筆練兵費，不難在戰勝以後運用附逆的威脅，脅迫出大多數民眾的歡呼讚美。他失敗以後，就很少有人願意為法統做出如此巨大而徒勞的犧牲了。他雖然不像黎元洪那樣大體屬於無責任受害者，但不幸的是他遭到的抹黑主要不是因為他壞，而是因為他不夠壞。

腐敗一般不是民主的敵人，因為民主以其定義就是腐敗的規範化。腐敗一詞在羅馬的意義，就是政治家用恩惠收買選民的投票。率領羅馬人民打敗羅馬的敵人，將敵人的土地財產分給羅馬人民，符合羅馬共和國的傳統道德。掏自己的腰包為人民舉辦鬥獸和競技表演，立遺囑將自己的財產分給人民，這樣拉票就不符合羅馬共和國的傳統道德了。

近代西方的民主和腐敗同樣意味著討好人民，只是後者的討好手段不夠規範而已。當然這種人民只屬於蠻族或早期文明，這時的人民仍然懷德而不畏威。也就是說這時的人民是一個緊密的階級團體，通常是普通部落武士或其政治後裔。他們由於宗教迷信或傳統習慣，有巨大的團結力和抵抗力，因此既值得收買，又難以勒索。這種政治格局如果能夠產生規範的政治理論，就會得到民主的稱號，但是即使沒有產生規範的政治理論，也不大會影響基本格局。華夏各邦在西周和春秋早期，曾經出現非常類似的格局。國人和百工雖然沒有產生大憲章和元老院，但他們通常是國君和貴族收買的對象，而非勒索的對象。

晚期文明的人民不再是組織或階級團體，而是囚徒博弈格局下的原子化個人。他們沒有什麼團結力和抵抗力，又容易被勒索，因此不值得收買。轉變的關鍵在於蘇格拉底式的啟蒙，解構了社會凝聚力所繫的習慣。這些習慣在理性的無情解剖之下，最終都會追溯到非理性的源頭：宗教、迷信、歷史經驗、感情、直覺、生物本能之類。長期迷信時期經過達爾文式考驗形成的團體或階級，除魅以後很容易瓦解為散沙。有機的共同體（有機其實就是理性分析不了的意思）只能通過自己的代表依據特殊的習慣法治理，理性的散沙則適合通過外來的官吏依據普遍的成文法治理。後一種狀態等價於專制主義或外來征服，這兩者在社會組織意義上沒有什麼區別。人口眾多的地方社會服從寥寥無幾的外來官吏，顯然是因為所有成員都預期自己的鄰居可能幫助外人反對自己。如果所有成員都預期自己的鄰居會幫助自己反對外人，這樣的社會就只能通過自己的代表來統治了。

曹錕沒有能力區別兩種不同的人民，不足為奇。近代中國的知識分子和人民同樣不能、而且不願面對一種可怕的可能性。西方民主在中國根基不穩，不是因為中國太落後，而是中國太先進。如果外來蠻族和外來宗教像日耳曼人和基督教一樣消滅或替代了秦政的灰燼，外教蠻族武士—平民階級的政治繼承人可能在黎元洪和曹錕失敗的地方成功。黎元洪的政治德行使他有可能成為這種人民的華盛頓，曹錕的政治德行使他有可能成為這種人民的艾倫・伯爾[8]。但在實際發生的歷史中，他們都只能在西方人及其法律保護的租界內度過餘生。

8 艾倫・伯爾（Aaron Burr，1756-1836）參加過獨立戰爭、當選過紐約州議員、紐約州總檢察長以及國會參議員。他在一八零零年與傑佛遜搭檔競選總統、副總統，結果他們都贏得七十三張選舉人票，最後由眾議院經過三十六輪投票，選定傑弗遜為總統、伯爾為副總統。艾倫・伯爾曾被控以叛國罪，但最後無罪釋放。

一七、國民黨必須除掉的民國國父——唐紹儀

唐紹儀（1862-1938，廣東香山縣人）出身於上海的廣東商人家庭，他的家族參加了李鴻章為解決海軍用煤等問題而興辦、總部設於天津英租界內的開平礦務局，及由李鴻章創辦於上海的輪船招商局之前期創辦。他自己是大清派往美國的第三批幼童留學生之一，讀過哥倫比亞大學和天津洋務學堂，回國後在天津稅務衙門當差。他如果順著這條道路發展下去，多半會變成張蔭桓[1]一流人物。朝鮮危機[2]改變了他的軌跡，使他遇見了袁世凱。

1 張蔭桓（1837-1900），晚清名臣，擅長交涉，辦事幹練，先後受到閻敬銘、丁寶楨及李鴻章的賞識與器重，由捐班出身的地方洋務派官員而躋身卿貳，成為清季才具非凡、肩負重職的朝廷大員。

2 一八八四年十二月四日，朝鮮激進派開化黨人聯合日軍發動武力政變，後被袁世凱等人率領的清軍鎮壓。這時，唐紹儀作為德國人穆麟德的隨員，臨危不懼，持槍堅守穆麟德宅，袁世凱與他一見傾心。

其時韓王李熙以小宗入繼大宗，本生父「大院君」李昰應（1820-1898，朝鮮高宗李熙的生父，守舊派實權人物）秉國。「大院君」和國王的關係，跟醇親王和光緒皇帝的關係一模一樣（父子），本身就足以引起清廷的疑忌，因為類似的局面曾經引起明朝的憲法危機。光緒和嘉靖繼位，僅僅因為大宗絕嗣。他們的任務就是為大宗繼統，也就是說人丁旺盛的小宗讓出一個兒子，讓他認伯父為父親，替長房生個孫子傳遞香火，奉養長房的遺孀。如果過繼的繼承人一旦接管家業就撕毀諾言，繼續承認血緣上的父親，在宗法的意義上，等於發動了一場不流血的靖難之變。依據春秋筆法，繼承權的紊亂可以寫成「亡國」，也就是說參與這種違憲舉動的士大夫獲得了亂臣賊子的資格，應該遭到遺臭萬年的懲罰。食言而肥的新君不僅是僭主，而且是個依靠欺騙、而非努力的篡位者，為百姓和後世做出了傷風敗俗的惡劣示範。儒家秩序衰敗後，比較淺薄的評論家不再能夠理解其中的憲法意義，反倒將巧取豪奪的僭主和趨炎附勢的小人當成人性的保衛者，將遭到欺騙的受害者和比較正派的儒生說成壓抑人性的劊子手。其實興獻王[3]和醇王父子如果當真珍惜天然感情超過富貴，是可以繼續做親王的，朝廷不至於找不到其他願意繼承皇位的親王。愛德華八世在類似的情況下，就光明磊落地選擇了做溫莎公爵[4]。如果他想兩頭占便宜，那就不配做紳士。歐洲君主必須是紳士，春秋諸侯必須是君子。秦政以後的儒生試圖假裝自己生活在孔子時代，仍然有能力強迫皇帝非做君子不可，結果經常落到類似方孝孺[5]的下場。方孝孺和大禮儀事件的楊升庵[6]如果有這樣的機會，無疑也會積極壓抑廣大文藝青年的人性和個性，但在涉及皇帝和皇位繼承權的問題上，個性解放並不是最恰當的判斷標準。皇帝個性解放的最有力辯護，莫過於趙高那篇建議二世想怎麼幹就怎麼幹的論文。

眾所周知，慈禧不是明武宗的夏皇后那種好欺侮的角色。她在安排醇王一支繼統的同時，就對光緒父子展開了周密的部署。醇王因為蒙受利用自然感情篡權的嫌疑，不敢

3 朱祐杬（1476-1519），明憲宗第四子，明世宗之父，明孝宗異母弟。明武宗朱厚照駕崩以後，由於沒有合法子嗣，祐杬次子朱厚熜入繼大統，是為明世宗。世宗追祐杬為「皇考」，以孝宗為「皇伯考」，與群臣鬥爭，罷黜、拷打二百人，杖斃十數人，是為大禮議事件。大禮議事件發生於明世宗登基不久後。許多大臣認為世宗繼位的合法性來自於他過繼給明孝宗，應認孝宗為父，世宗卻只認孝宗為伯父，要追認自己的生父為先皇，由此發生衝突。忤逆世宗意願的官員被悉數削職。

4 政府和教會均反對愛德華八世迎娶離過婚的辛普森夫人，愛德華八世如果一意孤行引起政府辭職，即違背作為君主立憲政體下國王保持政治中立的基本憲法方針，所以他選擇退位，成為英國和英聯邦歷史上唯一自動退位的國王。遜位後被其弟喬治六世封為溫莎公爵。

5 方孝孺（1357-1402），明初醇儒，輔佐建文帝，謀劃削藩，靖難之變後拒絕與朱棣合作，被誅十族。

6 楊升庵（1488-1559），正德六年（一五一一年）狀元，翰林院修撰，「大禮議」事件中觸怒明世宗，被罷官杖責，並終身流放雲南。

像以前的恭王那樣勇於任事，結果繼統反而大大增加了慈禧的權力。這種布局有一項副作用，朝廷對類似醇王的角色都充滿不公正的猜忌。可憐的大院君恰好處在這個位置上，吃了慈禧本人最討厭的暗虧。他扶植侄女閔妃[7]，本來是為了在國王身邊安插自己人。結果閔妃自己專擅朝政，反過來排擠他。他利用壬午兵變[8]，試圖奪回權力。大清卻出於心理投射，把所有責任放在他頭上。北洋水師跨海征東，將他捉到保定軟禁。醇王一度覺得應該放他回去，慈禧冷笑說：「扣押他，就是要給那些企圖仗著本生父資格干涉朝政的不軌之徒一個警告。」醇王嚇得要死，因為符合這種條件的人只有他一個。

北洋水師進駐朝鮮，造成了一系列連鎖反應，其中包括甲午戰爭、英日同盟、東清鐵路[9]、福澤的《脫亞論》[10]和唐紹儀—袁世凱的友誼。大清在大多數時間內，滿足於禮儀性的宗主權，不大積極干涉具體事務。壬午之亂後，朝廷騎虎難下。朝鮮幾乎變成了大清的行省，部分原因在於：李鴻章的改革開放已經積累了一定的資源，而朝鮮仍然一片空白。北洋通過招商銀行，為瀕臨破產的朝鮮王室籌款。北洋派出軍事顧問，為朝鮮訓練新軍。北洋駐紮官操縱朝鮮內政，廢立宗室和大臣。袁世凱建議改朝鮮為行省。閔妃向俄國人求救。原先最守舊的大院君轉向日本。在北洋艦隊的淫威下，早期清、日、韓提攜的理想主義論調煙消雲散。日本在朝鮮遭受屈辱，刺激福澤寫出了著名的《脫亞論》。美國秉承維護弱小民族的一貫精神，擔心大清吞併朝鮮，轉而支持日本干涉。英國秉承比肯斯菲爾德[11]的現實主義精神，不在乎朝鮮歸誰，卻樂見李鴻章表面上的成就，希望大清發揮遠東土耳其的作用，阻止俄國染指朝鮮。李鴻章自己知道自己只有虛架子，希望借助各國平衡保護朝鮮，卻有苦說不出，在朝廷、英國人、俄國人、日本人和朝鮮人的共同驅使下，不得不一步一步擴大他非常害怕的干涉。甲午戰爭是李鴻章虛張聲勢的自然結果，但他如果不虛張聲勢，怎麼才能在朝廷內部證明改革的必要性呢？又怎能唬住英國人和日本人？是泡沫，總有戳破的一天。出來混，早晚要還的。英國人發現大

---

7 閔妃（1851-1895），朝鮮高宗的王妃，死後諡號明成皇后，驪興閔氏外戚集團的核心人物。

8 一八八二年，朝鮮軍人因餉米糾紛發動兵變，扶植大院君執政，然而不久即被清國吳長慶、馬建忠、袁世凱平定，清方將大院君帶回中國，軟禁於直隸保定。

9 沙俄修築的從俄國赤塔經滿洲里、哈爾濱、綏芬河到達符拉迪沃斯托克的西伯利亞鐵路在清國境內的一段。

10 《脫亞論》是一八八五年三月十六日（明治十八年）在日本報章《時事新報》發表的著名不署名短文，現在普遍認為是福澤諭吉所作。他認為支那、朝鮮是不思革新、頑固守舊的惡友，「當今之策，我國不應猶豫，與其坐等鄰國的開明，共同振興亞洲，不如脫離其行列，而與西洋文明國共進退。對待支那、朝鮮的方法，也不必因其為鄰國而特別予以同情，只要模仿西洋人對他們的態度方式對付即可。與壞朋友親近的人也難免近墨者黑，我們要從內心謝絕亞細亞東方的壞朋友。」

11 比肯斯菲爾德（（Benjamin Disraeli，1st Earl of Beaconsfield，1804-1881），英國保守黨領袖、三屆內閣財政大臣，兩度出任首相（一八六八年至一八七四年、一八七四年至一八八零年），他對俄強硬，有力地遏制了俄羅斯的擴張。

清原來是個教不好的劣等生，秉其一貫的現實主義風格，轉而扶植自學成才的優等生日本。只要代理人能夠阻止俄國南下，誰當代理人又有什麼區別。美國人看到大清搖搖欲墜，秉其維護弱小民族的一貫精神，反過來維護大清免遭日本和俄國的肢解。袁世凱和唐紹儀在朝鮮的漩渦中嶄露頭角，主要的作用就是將李鴻章拖下水。

壬午之亂後，朝鮮稅務、外交、軍事都由李鴻章派出的顧問操縱。袁世凱進駐朝鮮三軍府，編練親衛軍和鎮撫軍。唐紹儀協助穆麟德[12]，為朝鮮籌辦海關。馬建忠[13]進駐王廷，主持外交。朝鮮自清軍圍攻仁祖[14]以來，從來沒有經受過如此的屈辱，反彈是意料之中的事情。袁世凱和唐紹儀都是熱烈的大國主義者，將朝廷的霸權和個人的野心視為一物，喜歡利用朝廷公開的揚威政策，破壞李鴻章暗中推動的收縮政策。隨著緩衝餘地的消失，朝鮮留學生和親日派合流。他們自稱開化黨，借助郵政局成立典禮，襲擊大清顧問。袁世凱先斬後奏，入宮控制了國王，平息了甲申政變。他發現唐紹儀持槍守衛穆麟德的家門，叛軍不敢進門，表示由衷地讚賞。政變平息後，袁世凱請求李鴻章乘勝追擊，兼併朝鮮，李鴻章不予理睬，反而奪走了袁世凱的兵權。開化黨沒有一蹶不振，不久就聯合美國人福久（美國駐朝鮮公使），提出要朝鮮完全獨立。朝鮮朝野普遍覺得美國人才是弱者的真朋友，希望逐步收回主權。一八八八年以後，朝鮮王室開始對抗大清。

第一步是以海關收入為抵押，向列強借款，從而擺脫北洋的財政束縛。第二步是舉駐美大使朴定陽[15]為外務大臣，推動韓、美親善，鼓勵美、日駐軍王京（即今首爾）。袁世凱在朝鮮的處境每況愈下，美國人、俄國人和日本人都把他看成眼中釘，朝廷對他的支持日益減少，但他和唐紹儀的友誼越來越深厚。他請假回國時，向李鴻章推薦唐紹儀做他的代理人。唐紹儀介紹朝鮮女子閔氏嫁給袁世凱為妾，實際上還為他們充當聯絡人。甲午戰爭最終爆發時，袁世凱的地位近乎罪魁禍首。他下旗回國時，再次推薦唐紹儀做他的代理人。唐紹儀親自帶槍護送袁世凱，登上回國的軍艦。

戰後，大清承認朝鮮王國獨立。唐紹儀擔任大清帝國駐大韓帝國的總領事，目睹了

12 穆麟德（1847—1901），普魯士貴族，他提倡的滿文轉寫方案至今廣為滿語研究的語言學家採用。他曾出使中國，並為李鴻章所託前往朝鮮，曾撰文建議為當年夾在清朝、日本和沙俄之間的朝鮮半島訂立為中立地區。曾為閔妃顧問。一九零一年死於寧波。

13 馬建忠（1845-1900），清末洋務派重要官員、維新思想家、外交家、語言學家。其所著《文通》是第一部中國人編寫的全面系統的漢語語法著作。

14 朝鮮仁祖（1595-1649），李氏朝鮮的第十六代君主，名倧。仁祖在位時，清朝與明朝不斷發生戰爭，朝鮮也捲入戰爭當中。滿清面對明朝與朝鮮的夾擊，決定向較弱的朝鮮開刀。皇太極入侵朝鮮，朝鮮被迫議和，向滿清歲貢。

15 朴定陽（1842-1905），朝鮮王朝後期大臣，他是十九世紀末朝鮮親美開化派（貞洞派）的代表人物。

天下體系的末日。庚子戰爭爆發，李鴻章復出。唐紹儀首先去兩廣為李鴻章服務，然後去山東為袁世凱效力。辛丑以後，袁世凱逐漸繼承了李鴻章、榮祿[16]的政治遺產。唐紹儀身為袁世凱的右臂，歷任天津海關道、外務部侍郎、郵傳部尚書、鐵道總公司督辦、奉天巡撫和赴美專使，政治地位水漲船高。日俄戰爭結束後，日本將東北大部分地區交給大清。他是主要的接收代表，也是東北建省的主要籌劃者。大清帝國和英印帝國關於西藏問題的交涉，他也是主要負責人。辛亥革命後，他在南北談判中擔任北方代表。民國成立，他主持第一屆舉國一致政府[17]。他可能對共和的魔力抱有過大的希望，當時許多老練的政治家都陷入了同樣的幻想。幻想破滅時，他已經無法回頭了。他也可能懷有濃厚的粵人共同體觀念，把共和看作實現自己內心傾向的機會。無論如何，袁世凱認定他挾國民黨自重。北洋能夠允許過去的敵人攻擊，不能原諒過去的朋友背叛。伍廷芳[18]可以在北京入閣組閣，唐紹儀只能在廣州和上海活動。不過他在北方和外交圈的潛勢力並沒有消失，這也是國民黨和西南必須借重他的原因。很難判斷他到底參加了多少祕密交涉，更難判斷他在這些交涉中到底是為哪一方效力。只有一點可以肯定，「在朝」和「在野」、「外交」和「內交」對他是不大有區別的。北伐前後，他的行為模式也沒有明顯改變。一方面，他是一位出售交涉技巧和關係網絡的掮客。掮客不能深入任何一方的組織核心，也沒有固定的雇主和立場。另一方面，他在無法避免的分裂當中多半會支持同鄉。滇、桂壓迫廣東時，他支持孫文。國民黨江、浙人士壓迫西南時，他又站在西南一方。蔣介石最終平定了兩廣事變，消除了粵人最後的割據機會，他才回到南京國民政府一方，或者不如說最終放棄了政治野心。抗戰爆發時，唐紹儀最後一次出山。他的斡旋失敗後，拒絕隨蔣介石內遷。在當時的語境中，這就意味著拒絕承認國民政府的唯一性，保留了另立政統的行動自由。唐紹儀身為民國諸國父之一，比吳佩孚或任何北洋舊人更有資格宣布法統重光。這種假設的可能性當時還是國民黨最大的夢魘，因為他們反對法統重光遠不像反對滿洲皇帝或共產主義那樣理直氣壯。國民黨的地位要求他們必須爭奪法統，卻沒有必要爭奪君統或共產主義的正確路線。除非是統戰或消滅法統的所有體現者，否則國民黨在意識形態上就沒有安全感。因此，軍統必須除掉唐紹儀。這次暗殺就其本身和政治意義，都酷似史達林對托洛斯基的刺殺。一九三八年九月三十日，軍統特工冒充古董商進入唐紹儀家，用利斧將其劈成重傷，不治而死。

16 榮祿（1836-1903），字仲華，瓜爾佳氏，滿洲正白旗人。慈禧的親信，溥儀的外公，滿洲親貴中罕有的幹才。曾任兵部尚書、直隸總督兼北洋大臣、文華殿大學士，庇護並提拔了袁世凱。

17 一九一二年三月十三日，中華民國第一屆內閣組閣成功，唐紹儀為國務總理。因辦理向外國借款事宜受挫，而袁世凱也多次越權行事，他於六月十五日提出辭職。

18 伍廷芳（1842-1922），外交家，首位取得外國律師資格的華人，香港首名華人大律師和首名華人立法局非官守議員。南北議和中代表南方政府。

一八、「純德」——黎元洪

黎元洪（1864-1928，湖北黃陂人）是安徽商人的子弟，缺乏科舉文化的薰陶，這是他報考北洋水師學堂的重要原因。依據當時的標準，北洋水師的待遇是相當優厚的，但因為不是「兩榜正途」，通常只有無心或無力走士大夫路線的家庭才會考慮。而如果他們做出這樣的選擇，則很容易被主流社會視為胸無大志或走投無路。

英國顧問說，北洋水師主要有兩種人。第一種是福建人，多半是商賈子弟，一向遭到中央帝國和儒家士大夫排斥。他們講官話還不如講英語流利，對朝廷和戰爭都毫無興趣，把軍隊當作賺錢的另一種方式，但至少還熟悉水性。嚴復、薩鎮冰[1]和方伯謙[2]都來自這個集團。第二種是中原人，多半是黃淮地區的遊民冒險家，屬於宋、明以來主流社會「好男不當兵」的典型代表，在天下太平的時候比較可能做江湖好漢，在天下大亂的時候做皇帝或反賊都有可能。李鴻章招募他們原本是為了鎮壓太平天國和捻軍，但由於新式海軍人才奇缺，以及解散流氓無產者軍隊具有極大的社會危險性，也就是說，無餉可領的士兵除了做賊以外，通常什麼都做不了，朝廷很可能不得不盡快招募新軍，鎮壓這些老兵組成的盜匪或幫會，再加上新式海軍人才奇缺，因此把他們塞進任何有餉可領的地方，都不失為大臣公忠體國的證明。

這些人在智力上屬於大清社會的最底層或接近最底層，訓練他們掌握包括漢文在內的任何文字，都會面臨幾乎不可克服的困難，即使他們真有任何學習欲望，但這一點並不確定。較之畏戰如畏虎的福建人（其實只是經濟理性人的正確計算），他們具備剽悍不畏死的好處，然而這種特徵來自底層人命賤的殘酷現實和想擄掠發財的寶貴希望，「破城大掠三日」對流氓無產者而言就像買馬票中大獎對勞動階級、一舉中狀元對讀書

1 薩鎮冰（1859-1952）福建福州人，曾任天津水師學堂教習，在此與黎元洪結下師生之誼。一九零五年任總理南北洋海軍兼廣東水師提督。辛亥革命後，奉命率海軍艦隊沿江而上，攻擊武漢革命軍。黎元洪致函薩鎮冰，勸他率軍起義。而湖北革命軍政府民政長湯化龍亦致函其弟湯薌銘（薩鎮冰副手），勸其反正。薩鎮冰稱病離艦，湯薌銘立即宣布艦隊起義。

2 方伯謙（1853-1894），福建侯官人，北洋水師將領，曾任「濟遠」號管帶，甲午戰爭中因「臨陣退縮」罪被斬首。

人一樣不可或缺，不可能稍加損害而不影響戰鬥力和社會結構，貴族紳士為榮譽而戰的勇氣對他們比外星人更加不可理解，戈登將軍[3]絕不會歡迎他們加入自己的軍隊。可惜他們是一批旱鴨子，怕暈船的程度常常超過怕死，因此發揮不了這個僅有的優點。

丁汝昌就是他們的傑出代表，較之大多數同儕，他至少為人比較厚道，但以任何標準衡量，都稱不上廉正或能幹。他們的蠻橫和剽悍幾乎無法分割，往往將報復社會和階級鬥爭視為正義的體現。由於他們的存在，北洋水師的官兵很不願意接受英國提督的要求，大部分時間留在水上。由於提督丁汝昌同樣或更加害怕暈船，他們的願望以維護國家主權的名義得以伸張。自從不識時務的琅威理[4]滾蛋以後，帝國主義不再干涉大清內政，北洋水師的訓練水準，也就相應地降低到符合大清基本國情和淮軍騎兵傳統的程度，直到吉野號出現為止。黎元洪準備託付終生的對象，就是這樣一支軍隊。

一八八三年，黎元洪來到天津的北洋水師。他體現了本分商人最好的家教，敦厚實在，勤勉踏實，重視細節，不愛多管閒事，沒有士大夫誇誕虛浮的習氣，但是對抽象知識的智力和學習能力實在不能令人恭維。他在學校最喜歡引擎，跟他的出身和為人很有關係。從他的性格特徵看，他做工程師比做軍人合適。相比之下，嚴復在英國留學的時候，充分發揮了文人好高騖遠、不務正業、尤其不愛體育和軍事的特長，把西洋文學和政治理論鑽研得很透徹，尤其酷愛批評國家大政，彷彿不是學海軍而是學新聞，日常生活不像活潑好動的少年士官生，倒像一動不動的菩薩像。這種性格即使沒有遭到上司的打擊排擠，也不像是能發展成勇將的材料。歷史往往比小說更離奇，嚴復居然恰好是黎元洪的教習。他給這位學生的評價是「德高才疏」，的確很有知人之明。

黎元洪既不是淮系，又不是福建系，為人又不善鑽營，得不到美差肥缺是很正常的。畢業後，他在廣東水師的廣甲艦任職。這艘軍艦是福州船政局的產品，由馬尾船廠生產。由於技術和經費的限制，左宗棠和沈葆楨[5]的繼承人沒有能力生產鐵甲巨艦。廣甲艦是山寨貨。船身基本上是木製的，這樣的配置對付海盜足夠了，對付鎮遠這樣的鐵甲巨艦

3 戈登將軍（Charles George Gordon，1833-1885），騎士精神在殖民時代的道成肉身。他曾助李鴻章攻克蘇州，因李背信殺降而與其鬧翻；在蘇丹總督任上，曾「單刀赴會」，與敵方談判；馬赫迪暴亂時，他優先疏散婦孺，自己力戰至死。

4 琅威理（1843-1906），英國海軍軍官，曾兩度擔任清朝北洋水師副提督銜總監督。一八九零年在「撤旗事件」中被「定遠」管帶劉步蟾羞辱，事後李鴻章表示支持劉步蟾的行為，琅威理遂辭職返英。

5 沈葆楨（1820-1879），福建侯官人，林則徐之婿。一八六七年接替左宗棠任福建船政大臣，一八七五年任兩江總督、南洋大臣，督辦南洋海防。

只能坐以待斃。即使在穹甲巡洋艦當中，廣甲艦也是劣質產品，航速和馬力不過是致遠、靖遠艦的四分之三左右，口徑一百五十毫米的主砲只有一門。廣東水師之所以需要這樣的產品，是因為他們沒有承擔拱衛京畿的重任。黎元洪之所以被派駐這樣的地方，是因為沒有人打算栽培他做第二個劉步蟾，他自己又是太安分守己的人。

然而造化弄人，廣東水師雖然認為甲午戰爭是李鴻章私人的活動，仍然不得不出兵支援，並選中了廣甲艦。這艘軍艦像大多數過時的山寨貨一樣經得住折騰，臨時安置了三門克虜伯大砲，江南製造局又補充了四門副砲，產生了一塊古今中外俱全的大補丁。黎元洪就在這塊補丁上擔任二管輪（輪機長的首席助理工程師），由於進攻時火力不足，逃跑時速度不夠，終於全船覆沒。黎元洪水性很好，浮海得救，但朝廷遷怒殘兵敗將，下令他們自行解散，彷彿以後再也用不著海軍似的。

這時，劉坤一[6]北上勤王，廣州水師的創始人張之洞代理他的職務，駐節南京，攝行南洋大臣職權，興致勃勃、眼高手低地編練「自強軍」。黎元洪投奔這位理論上的老上司，奉命修建獅子山、幕府山砲臺。黎工程師發揮謹慎周密的特長，花錢少而辦事快，使志大才疏的浪費大王張之洞不得不服，稱他智勇深沉。工程完竣後，黎元洪順理成章地接任砲臺總教習。劉坤一從山海關返回南京，張之洞很不樂意地返回武昌任所，留下了砲臺，帶走了黎元洪。此後湖北新軍的締造，黎元洪厥功至偉。他在湖北軍界的地位雖然不及張之洞的「丫姑爺」張彪[7]，但他做的具體工作比任何人都多。湖北新軍和艦隊的核心（包括所謂「六楚四湖」）、漢陽兵工廠和鋼鐵廠都在他手中成型。湖北陸軍小學堂和留日學生大多受他提攜，包括他理論上的黃陂[8]同鄉藍天蔚[9]。

一九零六年，黎元洪就任湖北新軍第二十一混成協協統。這個軍銜比較接近光榮革命時期的上校，是能夠獨立作戰的最小軍事單位。在此期間，他再次證明了端謹的品性。

---

6 劉坤一（1830-1902），早期為湘軍將領，後長期擔任兩江總督、南洋大臣。戊戌政變後，劉坤一堅決反對廢黜光緒帝，使慈禧太后有所忌憚；甲午戰爭時，劉坤一率軍出駐山海關；庚子之變後，劉坤一積極組織東南互保。

7 張彪（1860-1927），山西榆次人，張之洞親信，曾任湖北提督、第八鎮統制。張彪在當時湖北軍政界的地位僅次於總督，高於協統黎元洪。

8 黃陂其實是黎家僑居的第二故鄉，黎家原先也不是書香門第，但該地在清末文風頗盛，黎元洪大有附庸風雅之意，培養自己雖然沒有什麼明顯的成就，至少成功將他的後人變成了士大夫的同儕。重文輕武的舊思想或自卑感在清末民初的武人當中非常普遍，以至於他們的子孫經常彌補先輩的遺憾，反功利地擠進行將滅亡的士大夫階級。民國早期的門面之所以能夠維持，與其說是因為舶來的法統神聖性，不如說是因為武人將針對士大夫的習慣性敬畏移到了民國身上，隨著舊思想老將的凋零，少壯軍人越來越輕視法統和一切文治。

他不擅長鑽營，除非別人主動把權力送進他手裡。張之洞離開湖北以後，陳夔龍和瑞澂[10]無法複製他的親和力，而這種親和力使張之洞的粗疏和浪費變得可以原諒了。

如果以技術官僚的標準衡量，大清最後五年的執政能力稱得上前無古人後無來者。辛亥年湖北藩庫的白銀之多，跟張之洞留下的巨額債務形成了鮮明的對照。然而政治主要是溝通和協調的問題，張之洞的繼承人在這些方面確實非常低能。張之洞的詩「君臣末世自乖離」[11]一語成讖，官府、紳界和軍界似乎變成了幾個自成體系的獨立王國。各個王國流行的話語相去甚遠，以至於榮辱賞罰喪失了正常的功能。克雷洛夫寓言當中，天鵝和梭子魚一起拉車的故事應驗了。武昌起義與其說本身非常重要，不如說只是在東倒西歪的大車上隨意扭了一下，失去最後一點點平衡，立刻就垮臺了。黎元洪作為眾所周知的體面人，自然不會願意收拾並非自己造成的殘局；然而正因為他是眾所周知的體面人，所以互不信任的各方都相當積極地把責任推給他。

武昌起義後的最初幾個月，軍政府主要關心兩件事。第一是無所不在的財政問題；第二是各府縣的權力問題。軍事問題表面上重要，其實卻是財政問題的一個側面。北京之所以沒有立刻發兵南下，搶在各省響應之前一舉蕩平叛亂的源頭，關鍵就在於湖北藩庫的大量銀兩。武昌軍政府能夠迅速將軍隊擴大五倍，主要依靠這筆資本。北京的參謀人員發現：為了應付如此龐大的敵人，需要動員的人力和財力遠遠超出了最初的預案。他們為此耽誤了異常寶貴的幾個月時間，等到大軍准備就緒，革命軍已經攻占了十八省的三分之二，包括主要的稅收來源，列強控制的海關和鹽務不願介入戰爭，置北廷於絕境。這時，北軍在戰場上的勝利已經沒有任何意義。

財政豐裕是清末新政的重大成就，不是湖北獨有的現象。林則徐或曾國藩當初如果擁有這樣的資源，歷史的走向就會完全不同。然而各省紳士跟朝廷離心離德，原因恰好就在這裡，應驗了儒家「財聚則民散」的古訓。當然這裡的「民」不能解釋為革命黨動員的遊民無產者，只能解釋成產生了羅澤南和湯壽潛[12]的地主資本家。黎元洪出山的重

9 藍天蔚（1878-1921），湖北黃陂人。早年入張之洞新軍，一九零二年赴日本留學，與同時期留學的吳祿貞、張紹曾並稱「士官三傑」。歸國後任第二混成協統領，駐防奉天。辛亥革命時與吳、張密謀回應，功敗垂成。

10 陳夔龍（1857-1948），曾任湖廣總督、直隸總督。瑞澂（1864-1912），滿洲正黃旗人。一九一零年任湖廣總督。一九一一年十月，革命黨起義計劃暴露時，他猶疑不決；起義發動時，他逃之夭夭。

11 一九零九年，張之洞重病即將不起時，作《讀白樂天「以心感人人心歸」樂府句》：「誠感人心心乃歸，君臣末世自乖離；須知人感天方感，淚灑香山諷喻詩。」

12 羅澤南（1807-1856），湘軍原始班底的建立者，理學家。湯壽潛（1856-1917），原名震，清末立憲派的領袖人物，

要性在於：他具備有產階級讚賞的德行，是議紳們可以信任的對象。叛軍如果擁戴純正的革命黨人，很可能會出現焦達峰在長沙的局面（在亂中被殺）。都督府擠滿了沐猴而冠的幫會弟兄、江湖草寇，商人的人身和財產安全得不得保障，紛紛關店逃走。租界裡擠滿了逃難的民眾，懇求列強出兵維持秩序。這種脆弱的中間狀態不可能持久。革命政權要麼一不做二不休，依靠無產者組成的主力軍，徹底粉碎私有財產的條條框框，鎮壓有產階級的消極抵抗和公開顛覆；要麼乾脆將政權交給有產者能夠信任的人。湖南和貴州的軍政府兩者都做不到，很快就招致了譚延闓和唐繼堯的政變。譚人鳳[13]正確地指出：鄂軍在政治上的審慎，主要體現於及時選擇了黎元洪。

黎元洪在辛亥以前和以後的表現都證明，他相當厭惡權力的負擔。跟有些（企圖抹殺他的貢獻或罪責的）說法相反，辛亥以後的一年時間是他最活躍和最關鍵的時期。他迅速完成了集中財權和軍權的任務，不僅證明了他的管理和組織才能，更證明他擅長理解自己的地位和任務。鄂軍收編各地軍政分府，異常順利。軍政分府大多是自封的，許多軍政分府掌握在敵視有產者的激進分子手中，例如詹大悲（1887-1927，與孫文關係密切的湖北革命黨人）的漢口軍政府。黎元洪跟湯化龍[14]和議會爭奪財政權，手段和成效同樣驚人。他證明自己只要願意，並非不具備玩弄馬基維利主義的能力。所以他後來的克制和退讓不能簡單地解釋為庸懦，更有可能出於顧全大局的責任感和自我犧牲精神。獨立各省大多在這兩大難題上陷入可悲的混亂，都督滿街走、司令窮如狗。「桃李不言，下自成蹊。」沒有什麼比對照更能說明問題了。

鄂軍的模型並不是沒有問題，在某些方面甚至可以說是後患無窮。鄂軍都督府作為起義各省推戴的中華民國臨時政府，示範效應不是黎元洪個人的低調所能限制的。他畢竟是一位優秀的專業軍官和組織者，覺得良治和集權沒有明顯的區別。財權和事權的集中將湖北變成了一個法蘭西式集權共和國，允許武昌中央政府對各地行使專斷權力。這種模式最初的推廣，與其說是刻意設計的結果，不如說是首義威望造成的盲從效應，但還是造成了自相矛盾的憲法問題。各省對南京或北京的中央政府行使類似日耳曼邦聯主體的權力，包括戰爭與議和的權力；對自己的州縣行使雅各賓專政的權力，包括武斷任免和武斷徵斂的權力。這種上層美國、下層法國的憲制確實是世界憲法史罕見的怪胎，

因爭路權、修鐵路而名重一時。辛亥革命時積極回應，出任浙江都督。中華民國臨時政府成立後，任勸募公債總理。

13 譚人鳳（1860-1920），同盟會早期會員和重要骨幹，武昌首義時參與都督府工作，並敦促湘軍援鄂。

14 湯化龍（1874-1918），清末為湖北諮議局議長，武昌起義後出任民政長，對穩定政局意義重大。

國本不定是理所當然的。

不過，我們必須對黎元洪的處境有同情的理解。他習慣於低估自己，有理由認為無政府主義的威脅非常嚴重。只要能夠避免江湖流寇對士大夫的逆向專政，沒有什麼代價是不值得付出的。他畢生的特徵是超乎尋常的仁慈和寬厚，對冒犯自己的人缺乏報復欲；然而對危及社會穩定和良民安全的張獻忠、洪秀全式人物，即使是朋友也要堅決鎮壓。章太炎心滿意足地頌揚他屠殺了一萬多名不可救藥的盜匪，解江漢人民於倒懸。他集中權力，主要不是為了自己，而是為了社會，隨時願意讓位給更加勝任的人。他認為袁世凱是這種人，其實這是當時體面人士的共識。袁世凱辜負了他的信任，正如辜負了段祺瑞和蔡鍔性質相同的期望。當時黎元洪和段、蔡的政治訴求差別很小，只是他的個人表現欲望比後二者小得多，正如他的機會和實力比他們大得多。他如果有意做吳佩孚、唐生智[15]一流的人物，無論個人軍事能力和政治素質都要強得多。我們不要忘記：後來的軍閥大多是半路出家的業餘軍官，成功的原因不是專業軍事能力而是不肯錯過任何機會的虛榮和自私。相形之下，不斷主動放棄機會的黎元洪就顯得格外高風亮節。

南京光復後，各省代表會議遷往南京。臨時參議院成立，意味著鄂軍都督府喪失了代行中華民國臨時政府的職權。臨時參議院缺乏必要的審慎，在大元帥和副元帥的人選問題上出爾反爾，激化了寧、漢之間的矛盾。同盟會用並非完全正當和體面的手段，在滬、寧、杭三角區擊潰了光復會的勢力。陶成章[16]一死，朋友和餘黨相繼投入鄂軍的懷抱。陳其美運用他的江湖關係，擠走了淞滬士紳青睞的前盟友李平書[17]。三吳士紳和前清舊吏痛心側目，不遜於湘楚士紳看到焦達鋒招徠的哥老會弟兄登堂入室。他們雖然已經有了程德全[18]和湯壽潛，但仍然缺少具有全國聲望和革命正統性的代理人。承擔這種任務，誰還能夠比大元帥和首義英雄更合適呢？蘇、鄂合流，勢在必行。

15 唐生智（1889-1970），保定軍校畢業後被分配至湖南軍中，後逐漸擴充勢力，並勾結國共，占據湖南。黨軍北伐，唐生智成為主力之一。

16 陶成章（1878-1912），光復會創始人之一，於孫文一系矛盾很深。最後被受陳其美指使的蔣介石、王竹卿暗殺於上海廣慈醫院。

17 李平書（1854-1927），清末官員，武昌起義後轉向革命，在上海光復之役中，和陳其美一同領導起義。上海光復後擔任滬軍都府民政總長兼江南製造局局長，苦心經營上海的各項建設，二次革命爆發時，陳其美在上海組織討袁軍，李平書等以維持地方治安為宗旨，聯合上海縣商會、教育會、救火聯合會、商團公會組成上海保衛局，標榜中立未果，被迫東渡日本，三年後才重返上海。

18 程德全（1860-1930），曾擔任清朝奉天巡撫、江蘇巡撫，辛亥革命中響應革命，任江蘇都督、南京臨時政府內務總長等職務，後退出政壇隱居上海。

一九一二年五月九日，民社和中華民國聯合會（統一黨）合併為共和黨。民社是鄂軍的政治組織，由首義功臣黎元洪、孫武（1879-1939，武昌起義策劃者之一）、張振武（1877-1912，武昌起義的組織者和領導者之一）等人組成，接收了舊共進會的大部分班底。統一黨由章炳麟、張謇、程德全等人創立，幾乎就是三吳紳商的政治代理人。新共和黨吸收了民國公會、國民黨、共和建設討論會和國民協進會等小黨，隱然形成對抗同盟會的局面。民國公會大體上是舊光復會的殘餘。國民黨不是宋教仁後來創立的同名政黨，而是三吳教育界人士的清談組織。共和建設討論會大多是法國人所謂的「政略派」，行為模式比較接近後來的政學系，喜歡以高超的政治技術員自居，卻致命地缺少基本盤。國民協進會大多是北京的立憲派人士，在思想上親近梁啟超系統，在政治上和組織上卻並非如此。新黨大量借用梁啟超從日本引進的國家主義理論，自然會跟梁啟超的民主黨接近。宋教仁的新國民黨成立後，共和黨和民主黨終於合併為著名的進步黨。黎元洪以副總統之尊，出任理事長（名義上的黨首），但他始終滿足於將自己的威望借給這幾個政黨，無意經營黨務。

南北和談之所以能夠迅速成功，主要因為各方都指望將真正困難的問題留給以後的選舉。於是選舉自然變成了麻煩的開始，而非終結。從財政的角度看，辛亥革命是一場災難。清末新政以犧牲儒家藏富於民的舊觀念為代價，實現了豐亨豫大的夢想。宣統年間，朝廷歲入經常超過白銀二億兩。乾隆年間的四千萬兩白銀歲入，相形之下不值一提。新型財政主要是客卿的功績，關稅、鹽稅、厘金和田賦各居四分之一，但前兩項無疑構成朝廷的真正命脈。一方面，西洋專業人員的廉潔和效率無人能及；另一方面，貿易的飛速發展不斷擴展了稅收基礎。尤其重要的是，這些收入能夠以整數交付中央政府。厘金和田賦的徵收充滿了腐敗和混亂，沒有多少增加的餘地，而且過於分散，落入各級地方政府手中，難以利用。辛亥軍事擴張，一下吃掉了來之不易的新增歲入。

比較負責任的政治家（或者說有產者的政治代理人）自然會覺得，裁抑軍人乃是恢復健全財政的不二法門。黎元洪在裁撤鄂軍的過程中，領略了太大的痛苦，自然會同情袁世凱的類似努力，希望他能夠擔起自己不能勝任的重負。共和黨和進步黨的國家主義，無論在梁啟超和他的日本老師心目中是什麼意思，在黎元洪和蔡鍔這種人眼中只能而且只應該是「秩序黨」的商標。國民黨在善後大借款[19]當中的攪局表現，增加了「秩序黨」

19 一九一三年北洋政府向英、法、德、俄、日五國銀行團借款二千五百萬鎊，年息五厘，分四十七年償清，以解決國庫空虛問題。

早已存在的不安，促使他們倒向袁世凱。孫文、陳其美誤判形勢，指望支持辛亥革命的力量自動支持二次革命，結果一敗塗地。袁世凱誤判形勢，指望反對二次革命的力量自動支持洪憲帝制，結果同樣一敗塗地。在這一系列震盪中，黎元洪和蔡鍔的效忠對象其實都是相同的，但前者總是低調，後者總是誇張。

第一次法統重光將黎元洪推上了大總統的位置，相當於各方默認以「秩序黨」為最大公約數的共識政治。這是黎元洪畢生事業的最高峰，也是中華民國曾經擁有的最佳機會。然而，憲法危機和軍事政變接踵而來。黎元洪每一次復位，都會落入比前一次更加脆弱的地位。在這些糾紛當中，黎元洪並不是沒有錯誤，但他總是比欺侮他的人錯誤更少，沒有辜負「黎菩薩」的名聲。他的垮臺給社會留下了極壞的示範效應，對他自己卻不失為幸事。中華民國不再需要黎元洪，實際上就預示中華民國很快就不再需要法統了。黎元洪把自己的信用和名望借給中華民國，其實是一種沒有多少回報的公益活動。他為人穩健，待朋友厚道，辦事周到細緻。這種性格和行為模式最適合經營實業，只要有穩定的環境和公正的法律就不大可能不成功。當時，租界無疑是最符合這些條件的地方。黎元洪退出政界後，在天津租界經商。他的人格和信用引來了大批投資者，包括許多蒙古王公。「黎菩薩」沒有讓他們失望。只要在他能夠控制的範圍內，信任他就是發財的保證。然而好景不長，驅使他逃離北京的洪水仍在繼續上漲。最後，租界避難所不復存在。黎元洪曾經竭力鎮壓的江湖人物——這是他唯一心狠手辣的行動，張振武就是為此而死的[20]——以革命家的名義攫取了政權，以任意解釋的政治理由侵犯私有財產，奪走了他的大部分家業，從反面證明了他當年的擔心多麼英明。

厚道人難以生存，掠奪者卻理直氣壯。這時愚夫愚婦都很清楚黑暗的時代即將來臨，知識分子卻很可能自欺欺人地將底線的螺旋下降解釋成歷史的新紀元，嘲笑不肯搶先破壞底線的好人愚不可及。黎元洪在此後的幾十年內，遭到的就是這樣的待遇。他黯然去世時，仍然深得人心。國民政府還不敢公然毀棄中華民國的名義，為自己的受害者舉行了國葬。洪水在他死後繼續上升，終於將當年的革命先鋒變成了落伍者和鬥爭對象。在中華民國的名義都不能維持以後，他的墳墓也沒有逃過紅衛兵的侮辱。在曾經為民國效力的眾多名流當中，沒有人比他更有資格代表民國最好的一面。「章瘋子」（章炳麟）鄙

20 一九一二年八月十一日，張振武偕湖北將校團團長方維等武昌首義將校十三人，及隨從三十餘人乘火車到北平赴任總統顧問等職。張振武一離開武昌，黎元洪即密電袁世凱：張振武「蠱惑軍士，勾結土匪，破壞共和，昌謀不軌……伏乞將張振武立予正法，其隨行方維，係屬同惡相濟，並乞一律處決，以昭炯戒。」袁世凱於八月十五日簽發了捕殺張振武的軍令，當晚將其與方維逮捕，次日均處死。

視幾乎所有的同時代人，唯獨欽佩黎元洪的「純德」，將他視為華夏衣冠和民國法統的最後傳人，在輓聯中表示：「繼大明太祖而興，玉步未更，佞寇豈能干正統；與五色國旗俱盡，鼎湖一去，譙周從此是元勳。」

一九、好部下和壞領導——段祺瑞

段祺瑞是第一批受過正規訓練的中國軍人，嚴復和北洋水師將領的同儕，因此論輩分比大多數北洋陸軍將領高。而在李鴻章和左宗棠的湘、淮軍中，儒將通常認為：民兵只要學三個月的瞄準，就可以上戰場了。

一八八五年，他在北洋武備學堂學砲兵。一八八九年，他留學德國。這時的德國是毛奇神話[1]的發源地、全世界陸軍的麥加，日本和拉美的軍官都到這裡觀摩、進修。袁世凱小站練兵的時候，招徠他參加。後人往往認為，他從此加入了袁世凱的幕府。不過，

1 毛奇（Helmuth Karl Bernhard von Moltke，1800-1891），也稱老毛奇，普魯士和德意志名將，陸軍元帥，參謀本部制度的發揚光大者。他精通大戰略，一切計畫和行動都能與俾斯麥的外交政策相配合，每戰必勝，從未敗北，是普魯士統一德國的頭號軍事功臣。他強調先發制人，迅速進攻，集中優勢兵力，分進合擊，特別注重鐵路在戰爭中的作用，在軍事思想、制訂計畫和指揮作戰三個方面都取得了極高的成就，被各國軍界視作一代宗師。

段祺瑞自己可能不是這麼認為的。新式軍官的素養不同於湘、淮軍人，部分就在於他們的職業道德不一樣。新軍軍官有意識地強調他們跟民兵領袖的區別，猶如戈登將軍不肯承認華爾和白奇文[2]是他的同儕。職業道德的關鍵在於克己的榮譽，瞧不起舊軍的私人色彩，喜歡在客戶面前自居價值中立的軍事技術人員。民國成立後，這種職業道德的水準反而降低了。段祺瑞的特點就是職業性，不跟上司共進退。他回國以後，並不像淮軍前輩一樣回鄉招兵，然後遊說朝廷任用，而是耐心等待符合他標準的新軍。無論誰做他的領導，他都照樣辦事。依照民國對軍閥的定義，他這種表現就不能算作袁世凱的軍閥系統。袁世凱器重他的專業能力，籠絡備至。但袁世凱一九零九年垮臺的時候，第四鎮統領段祺瑞只是改任第六鎮。

官制改革引起了一系列連鎖反應。大運河廢弛已久，然而漕運總督和一應官署仍然長期沒有裁撤，現在終於淪為改革最沒有爭議的犧牲品。此舉造成的政治真空如何填補，當時的名流沒有達成共識。最激進的意見主張索性恢復古徐州的建制，糾正明太祖武斷破壞自然疆界造成的惡果。瞿鴻禨主導的軍機處不想走這麼遠，決定用江北提督取代漕運總督，綏靖這片群盜如麻的地區[3]。段祺瑞以侍郎銜兼任江北提督，駐節清江浦。這時從理論上講，他已經是大清武臣之首，在文主武從的基本原則下，不可能再升遷了。

嚴復早就指出：新軍將領接受過西洋高等教育，知識水平比科舉文官高得多，如果繼續用文主武從的舊規矩限制他們，彷彿他們仍然是「好男不當兵」丘八文盲，不僅有失公正，而且在政治上極不審慎。段祺瑞的侍郎官銜就是制度上的突破，預示下一輪改革不能繼續迴避這方面的敏感問題。

然而，歷史留給大清的時間已經不多了，現實需要比理論更有力。武昌起義打破了一切成例，朝廷病急亂求醫，委派段祺瑞為湖廣總督。民國肇造，政權完全落入新軍

2 華爾（Frederick Townsend Ward，1831-1862），美國浪人，「常勝軍」第一任隊長，他戰死後，白齊文（Henry Andres Burgevine，1836-1865）接任。一八六三年初，李鴻章撤掉白齊文，派英軍官奧加倫暫行接替，三月下旬由著名的戈登（Charles George Gordon，1833-1885）接任。戈登為科班軍人，瞧不上出身浪人的前任。

3 明洪武初年建都應天府（今南京），以應天府、蘇州府、鳳陽府等十四個府級單位為直隸。明成祖朱棣遷都後，原京師地區改稱南直隸，原轄區基本不變。清順治二年（1645年）沿明制設江南承宣布政使司，廢除南京國都地位，巡撫衙門設於江寧府。到清朝中後期，江蘇境內形成了二督一撫三個中心的格局：兩江總督駐江寧，江蘇巡撫駐蘇州，漕運總督駐江北淮安之清江。晚清漕運衰落，在裁廢漕運總督的過程中出現了蘇淮分省問題。光緒三十年（1904年），張謇擬就《徐州應建行省議》，建議以徐州為中心，從蘇、魯、豫、皖四省各分出一些州縣，劃為徐州行省。朝廷否定了徐州建省計畫，決定蘇淮分省：裁撤漕運總督，將其缺改為江淮巡撫，「與江蘇巡撫分治，仍歸兩江總督兼轄。」但蘇淮分省遭到輿論的強烈反對，幾經波折，最後「收回江淮設省成命，裁撤漕督，於徐州地方添設提督一缺，以資重鎮」。

軍官手中。依據亨丁頓的理論，他們是現代化進行時國家唯一真正現代化的力量，天然擁有「吾曹不出如蒼生何」的自信。二次革命實際上是一次篩選，正規化程度最高的北洋軍聯合正規化程度較高的各省軍隊，掃蕩了正規化程度最低的各省軍隊。蔡鍔、尹昌衡[4]和黎元洪這樣比較專業的軍官站在北洋一方，很大程度上是出於敵視浪人的階級本能，因為他們剛剛為了維護有產階級的利益，費了很大力氣來屠殺和清洗革命黨人放進政府的會黨和煽動家，實在不願意再受二茬罪。他們願意為穩定、秩序和財產權而戰，卻不願意為帝制或共和而戰。袁世凱高估或錯誤理解了他們並非無條件的忠誠，放棄了秩序維護者的角色，結果遭到迅速的拋棄。護國戰爭的階級結構跟二次革命一模一樣，只是麻煩製造者由孫文變成了袁世凱，由段祺瑞公開主導、蔡鍔暗中配合變成了蔡鍔公開主導、段祺瑞暗中配合。

第一次法統重光體現了西方晚近的共識政治：各主流黨派以拋棄本黨極端分子為代價，跟敵對黨派的溫和分子達成默契。溫和派與溫和派之間的綱領差異趨向縮小，降低了政權更迭的危險性。這種局面沒能長期維持，責任不在一方。舊國會解散的悲劇不是任何一個集團刻意設計的陰謀，而是各方缺乏良好協調造成的交通事故。良好協調是長期經驗積累的產物，主要取決於成文法不能體現的默會知識。段祺瑞在此期間的表現證明，他驚人地缺乏管理能力和知人之明。

許多專業人員都是這樣，高度依賴現成的支持系統。在支持系統不完備的情況下，他們的表現還不如江湖人物和業餘愛好者。負責人的職務要求他必須知人善任，而非自己有能力。就此衡量，段祺瑞明顯屬於好部下和壞領導，欺騙他比欺騙袁世凱容易得多。除了飛揚跋扈的徐樹錚以外，他提拔的人不是庸才就是叛徒。許多人還身兼兩者，例如靳雲鵬和段芝貴。所謂的皖系沒有吳佩孚這樣的核心大將，更多地存在於攻擊者的口中，沒有給他們名義上的領袖帶來什麼好處。段祺瑞濫用了用人不疑的格言，隨意授權近臣以他的名義行事，各個小組的舉動往往相互衝突，他卻不負指導和協調的責任。張敬堯在湖南做了什麼，他並不清楚，但張敬堯倒臺造成的後果，照樣落在他頭上。通常算在他或皖系頭上的政績，其實主要是交通系和研究系[5]的傑作。這些人在段政府當中的地

4 尹昌衡（1884-1953），四川彭縣（今彭州市）升平鎮人，四川武備學堂畢業後赴日留學，回國後任廣西陸軍小學堂監督、四川陸軍速成學堂總教習，辛亥革命時處死總督趙爾豐，成為四川都督府都督，後改任川邊經略使。一九一三年底被袁世凱招至北京後軟禁，袁死後被黎元洪釋放，從此閒居。

5 段祺瑞執政時，曹汝霖、陸宗輿、章宗祥等結成「新交通系」（相對於梁士詒的「舊交通系」），幫助段祺瑞辦理借款、包辦國債。梁啟超、湯化龍等的「研究系」在討伐張勳復辟時與段祺瑞走到一起，段祺瑞執政以後，「研究系」要人紛紛入閣。但好景不長，段祺瑞用自己的嫡系班底組織安福國會後，「研究系」被邊緣化。

位比較邊緣，通常遭到比較內圈人士的阻撓破壞，而且同樣很少依據段總理本人的宗旨辦事，並不介意在段政府倒臺時落井下石。

段祺瑞沒有意識到自己的真實處境。他是一位有名無實的強人，對北洋諸將只能行使元老的權力，沒有硬碰硬解決問題的資本。面子一旦撕破，羈縻的權力就會蕩然無存。他這種類型的政治家最需要法統的無形力量保護，而他卻為了純屬意氣用事的理由破壞法統。法統一旦不再令人敬畏，總理還可能令人敬畏嗎？

《參戰案》的糾紛開始時，段政府擁有大約四成的國會議員支持者。其餘六成議員大多沒有明確的態度，堅決反對的極少數主要是出於人事派系的恩怨。孫洪伊的黨徒主要是忍受不了徐樹錚的態度，黎元洪的支持者主要是忍受不了段祺瑞的態度。反對政策本身的議員幾乎找不出來。徐樹錚年輕而好事，喜歡自我表現，一再獨占發言時間，讓眾多長輩覺得自己很沒面子。段祺瑞則是天生沉默寡言，勝任不了院外活動集團的任務，他的表述簡短而生硬，得罪了幾乎所有的同黨。國會出於教訓段祺瑞的目的，用程序擱置的手段對付他，也就是不願意留下明確反對《參戰案》本身的紀錄。日後的廣州非常國會由最激烈的反段人士組成，通過同一項《參戰案》一點沒有問題。國會這種做法確實是意氣用事，但段祺瑞的反報復更加意氣用事。他指望早已被自己得罪的大總統解散國會，其實國會的態度很大程度上就是為了替大總統出一口惡氣。大總統的拒絕本來可以用來轉移責任，他卻乾脆連大總統一起反對。法統威靈掃地，府院雙方都是犧牲品。而且由於段祺瑞的既得利益較多，他實際上是最主要的受害者。法統重光初期走投無路的極端勢力由此得到機會，反而占據了歷史的中心地位。

段祺瑞致命地缺乏政治判斷力，突出地表現在他沒有吸取教訓的能力。他三次組織政府，每一次的政權基礎都比前一次更狹窄。他為了排除前次障礙而採取的補救措施，每一次都給他造成了更大的障礙。每一次的調解人跟他本人打過交道後，都會變成他的敵人。徐世昌曾經出面調解府院之爭，在大總統任內卻比黎元洪更擅長暗中破壞段政府的基礎。張作霖試圖調解皖、直之爭，見過段祺瑞以後就完全倒向直系。從他的出身和背景看，他比任何人都更不適合扮演革命者的角色。然而他卻通過臨時執政府，將斷絕法統的責任攬在自己頭上，從此消滅了自己東山再起的機會。

黎元洪對一九一二年約法、吳佩孚對一九二三年憲法忠心耿耿，才能保持超越尋常軍官的政治影響力，甚至在身敗以後仍然能夠凝聚遺民志士的忠誠和敬佩。而段祺瑞為討好馮玉祥而自稱「革命政府」，此後已經注定兩頭不是人。如果他稍有遠見，不可能看不出臨時執政府是張作霖和馮玉祥的妥協。張作霖對北洋傳統猶有敬畏，馮玉祥已經決心把執政府當作人肉盾牌。段祺瑞如果依靠張作霖，很可能暫時被馮玉祥趕出北京，但張作霖很可能擁護他做名義上的北洋共主，無須組織軍政府性質的大元帥政府了。這樣的政府是否能夠抵抗北伐，猶在未定之中，但吸引閻錫山和抗擊馮玉祥的地位無疑比大元帥政府有利得多。然而，段祺瑞一如既往地選擇了對自己最不利的路線。

「革命政府」的「革命」字樣並不是一句空話，意味著廢除法統和條約義務，重啟戰爭狀態。撕毀《辛丑條約》，只有在執政府廢除法統之後才有可能。破壞京、津非軍事區，意味著重啟踐踏國際準則的義和拳戰爭。以十九世紀的國際習慣，這種行徑相當於德國政府公開為希特勒平反。當然，執政府（或者不如說劫持執政府的馮玉祥）沒有資格跟德國相比。他們的地位更接近可憐的黎巴嫩政府，在真主黨的威脅下進攻以色列的非軍事區，為伊朗充當人肉盾牌，卻獨擋以色列的報復。三一八事件前夜，蘇聯、馮玉祥和日本分別扮演了伊朗、真主黨和以色列角色。直到抗戰前夜，除了蔣介石取代段祺瑞，共產黨取代馮玉祥以外，基本格局沒有多少變化。日本軍隊不出所料地報復，執政府不出所料地無法抵抗。這時，李大釗和徐謙（也就是著名的北方局）領導的學生運動及時逼宮。

任何稍有歷史常識的讀者都會明白，段祺瑞在這種情況下根本不是強者。他與其說像濫殺婦女兒童的波斯皇帝，不如說像報復蒙古使節的南宋皇帝。國、共兩黨不派馮玉祥和鹿鍾麟逼宮，卻派來了劉和珍[6]，其實是一種踐踏江湖道義的行徑，跟賴比瑞亞前總統泰勒[7]派兒童團殘殺俘虜一樣。曹丕和忽必烈逼宮的時候，至少允許蒙塵天子保持受害者的形象和喊冤叫屈的資格。兒童團代替大臣和軍官，目的就是要剝奪失敗者的最後一點安慰。兒童團的主人卻可以得到雙重的利益：不需要為政治代理人的錯誤和罪行

6 劉和珍（1904-1926），女師大學生自治會主席，驅楊風潮的主要參加者，三一八事件中喪生。她的好友、一同喪生的楊德群（1902-1926）是國民黨員。

7 泰勒（Charles McArthur Ghankay Taylor，1948- ），非洲軍閥，一九九七年至二零零三年八月十一日間任賴比瑞亞總統。一九九一年，他扶植起一支名為「革命聯合陣線」的獅子山反政府武裝，他以低價購入冷戰後大量過剩的東歐軍火，再轉運獅子山換成鑽石，這些鑽石帶來更多軍火、給養和美元。在他的操縱下，該武裝和塞政府血戰十一年，造成近三十萬人死亡。泰勒大肆擴軍，賴比瑞亞約十分之一的兒童被他抓去當兵。娃娃兵只要被抓來，就逼迫他們殺人、強姦，讓他們從此難以自拔。二零零三年七月，美國強烈要求泰勒下臺，並停止對賴比瑞亞的經濟援助。八月泰勒辭職，逃亡奈及利亞。十一月，美國國會下決議獎賞二百萬美元捕獲泰勒。二零零六年三月二十九日泰勒試圖逃入喀麥隆，在邊境被捕。他被關押在海牙聯合國監獄中，受獅子山特別法庭審判。二零一二年五月三十日被裁定謀殺、強姦及強迫兒童當兵等十一項罪成，判處入獄五十年。

負責，還可以誣告對方殘殺平民，彷彿他們的代理人可以在執行政治任務的同時享受平民的權利。

當然，這種無賴手段肯定會導致西歐政治倫理的瓦解。後者的實質就是嚴格區分文武官員和普通民眾的權利義務，從而為平民換取了免遭政治軍事行動傷害的特權。如果有人能夠同時享有文武官員的權力和普通民眾的權利，實際上就是在世界舞臺上用張獻忠淘汰宋襄公。這種人經常活得足夠長，親身領教自己創造的世界；甚至經常活得太長，足以恬不知恥地冒充無辜受害者。李大釗、魯迅和劉和珍如果能夠活到王明、周作人和丁玲的壽數，恐怕沒有任何高妙的手段能夠屏蔽他們暮年的恥辱和痛苦。林昭[8]如果像劉胡蘭一樣死於土改工作組時代，大概也會從自由女神幻想小說的主角淪為女烈SM幻想小說的主角。張國燾在這種人當中，就算是下場最好的，主要因為他以免費搭便車的方式，享受了西方文明施捨給弱勢團體的恩惠。在西方文明主宰的世界上，民眾譴責偶然的暴行。在非西方文明主宰的世界上，民眾感激偶然的仁慈。劉和珍的世界仍然屬於前者，丁玲的世界已經屬於後者。

段祺瑞沒有在大沽口事件[9]以前及時引退，已經錯過了最佳的下臺時間。馮玉祥私刑處死他唯一能幹的親信徐樹錚以後，他仍然戀棧不去，只能視為不可救藥的愚庸。然而他在三一八事件以後繼續堅持，卻不失馬基維利主義的好學生，因為他自己已經橫豎做不成正面人物，讓馮玉祥落到同樣下場就是他能夠指望的唯一成功。劉和珍逼宮勝利，等於馮玉祥不戰而勝。鹿鍾麟帶兵殺進執政府[10]，等於剝奪了馮玉祥又占便宜又賣乖的機會，其實就是段祺瑞的勝利。政治家的成敗有許多不同的評判標準，想盡可能保護自

---

8 林昭（1932-1968），原名彭令昭，林昭是筆名。蘇州人。一九五零年蘇南新聞專科學校畢業後參加農村土改，一九五七年在反右運動中被劃為右派，從一九六零年起被以「陰謀推翻人民民主專政罪，反革命罪」長期關押，飽受虐待，在獄中寫了近二十萬字的血書。一九六八年四月二十九日被槍決。五月一日，公安人員來到林昭母親家，索取五分錢子彈費。

9 一九二六年三月九日，國民軍在大沽口設置水雷封鎖港口。三月十日，英、法、日、美、意等國駐華使館開會，抗議國民軍封鎖大沽口違反《辛丑合約》，要求撤除一切入京障礙。國民軍於三月十二日宣布開放大沽口岸，可是當日下午，日本驅逐艦在進入大沽口時，國民軍又鳴槍示警，雙方發生交火。事後，日本政府以破壞《辛丑合約》為由向中國提出抗議，並聯合《辛丑合約》八個簽字國的公使，於三月十六日發出最後通牒，提出「拆除大沽口國防工事、北京至出海口的交通不得發生任何障礙」等要求，並限北京段祺瑞臨時執政府在四十八小時以內答覆。十七日，八國軍艦雲集大沽口進行示威。隨後，國共兩黨發動學生運動衝擊政府，即導致劉和珍等人喪生的三一八事件。此事導致段祺瑞成為眾矢之的。

10 一九二六年一月，馮玉祥下野去蘇聯尋求援助，張之江任國民軍總司令，鹿鍾麟任國民軍前敵總司令（後任東路總司令）。三月十九日，蘇聯顧問做出決定，在國民軍撤出北京之前趕走段祺瑞。為此，必須勸馮玉祥任命鹿鍾麟為警備司令。四月九日，回京的鹿鍾麟派兵包圍了執政府和吉兆胡同段宅。第二天發布布告，說段祺瑞「禍國殃民，無所不至」，驅逐了段祺瑞。

己，還是想盡可能傷害敵人，各有不同的玩法。段祺瑞最後的玩法表明，他已經根本不想東山再起了。

他的晚年是節制和體面的，因為他的缺陷主要不在道德方面。他這種人如果生在比較正常的社會，很容易成為優秀的軍官，足以發揮技術能力，卻不會暴露判斷力的弱點。他客串政治家，主要是時勢所逼和資歷所致，實際上害了他，也害了他的國家。他犯下的罪行比大多數同時代人更少，犯下的錯誤卻比大多數同時代人更多。然而正如塔列朗親王[11]所說，有些錯誤比罪行更嚴重。歷史對他極其慷慨，對他的前人和後人卻非常吝嗇。他用普普通通的愚庸葬送的機會窗口，無數大智大勇之士用無限的犧牲都無法贖回。

11 塔列朗（Charles Maurice de Talleyrand-Périgord，1754-1838），法國外交家，人稱「變色龍」，歷仕多朝而屹立不倒。他手段高超，在法國戰敗之時仍能利用列強之間的矛盾保護法國的利益。撰有回憶錄。

二〇、自相矛盾的老頑童——吳稚暉

吳稚暉（1865—1953）是國民黨內的老頑童式人物，繼承了明代唐寅、徐渭式的狂生傳統。他身為舉人，提倡西學；身為江蘇人，卻喜歡廣東人和太平軍[1]；鼓吹無政府主義，同時堅決反對左派，不僅包括蘇聯和共產主義，而且包括改組派[2]和黨內的小資產階級社會主義者。世界上很難找到這樣自相矛盾的角色。他的家庭和私人社交圈始終是傳統文人的模式，至晚年不改。

1 江蘇人看到「粵匪」心膽俱裂。太平軍攻進江蘇，燒殺擄掠無所不為，猶如亞美尼亞人看待土耳其人。鄂圖曼土耳其人多次對亞美尼亞人進行屠殺。

2 國民黨改組派成立於一九二八年，陳公博、顧孟餘等發起，他們擁戴汪精衛，反對蔣介石，主張改組國民黨——「代表農工小市民的利益」，「確定工農小資產階級的聯合戰線」，「扶助民眾行使政權」，「建設國家資本」，「組織農村的合作事業」，「促進工人的紅利制」，「實現經濟平等」。

一九零三年，上海士紳在張園模擬國會。吳稚暉發表演說，痛罵清廷，倡言革命，《蘇報》轉載，一時朝野震動[3]。而支持清廷的辜鴻銘（1857-1928）大罵這群冒充歐洲人的敗類，說他們汙染了東洋的德行。其實，他和吳稚暉形成了奇異的對照。他的教育和思想基本上來自西方——「生在南洋，學在西洋，婚在東洋，仕在北洋」——卻極力反對西化的浪潮。吳稚暉對西學的理解非常表面化，卻極力鼓吹西化。魯迅所謂的「老新黨」[4]，就是指吳稚暉這樣的人。吳稚暉的攻擊其實根本沒有內容，只是言辭激烈而已。他說中國人麻木如豬狗、線裝書應該扔進茅坑，要的就是痛快淋漓的感覺[5]。然而，讀者和觀眾需要的就是立場。他這樣暴得大名，造就了比自己更強大的意象形態。此後幾十年，他一直定格在這個形象上：簡單粗暴、冷嘲熱諷，只講立場、不問緣由。

張園演說構成了《蘇報》案的伏筆[6]，吳稚暉不得不流亡香港。不過，最大的輸家仍然是清室。他們居然為皇帝和皇太后的名譽權對簿公堂，僅此一點就足以嚴重損毀皇權的神聖形象了。上海租界是當時世界上言論最自由的地方之一。如果吳稚暉在英格蘭，用東京留學生罵慈禧太后的輕薄言辭罵女房東，估計是逃不了巨額罰款的。吳稚暉在倫敦結識了孫文，隨後加入同盟會。一九零六年，他和李石曾、張靜江在法國創辦了《新世紀》。從此以後，他的人脈沒有多少變化。作為國民黨的元老，他的身分既崇高又自由。他始終有巨大的權威，卻沒有、也不想有權力。

吳稚暉開創了許多重要變革，但他照例只會停留很短的時間，然後迅速轉向新的興趣點。這是他的性格使然：好奇求新，沒有耐性，淺嘗輒止，見異思遷。辛亥革命成功後，同盟會為憲法和人事糾紛焦頭爛額。他卻萬事不操心，身穿中西合璧的戲裝，以丑角身分登臺。這不是他第一次表現頑童性格，更不是最後一次。這種角色無形中保護了他，卻不是他故意追求的結果。在他自己心目中，他始終是國民黨的人。他的忠誠不針對綱領，而是針對人。他把年輕一代的國民黨人當作自己的子弟，以肆無忌憚的態度保

3 一九零三年五月十一日《蘇報》：「愛國學社特開議會於張園，初會議拒法事，再會議拒俄事，三會則議聯合中國國民總會，設義勇隊以拒外侮為目的。三次到者均不下數百人。」

4 魯迅《準風月談・重三感舊》：「光緒末年的所謂「新黨」，民國初年，就叫他們「老新黨」。甲午戰敗，他們自以為覺悟了，於是要「維新」，便是三四十歲的中年人，也看《學算筆談》，看《化學鑒原》；還要學英文，學日文，硬著舌頭，怪聲怪氣的朗誦著，對人毫無愧色，那目的是要看「洋書」，看洋書的緣故是要給中國圖「富強」。……待到排滿學說播布開來，許多人就成為革命黨了，還是因為要給中國圖富強，而以為此事必自排滿始。」

5 略舉一例，吳稚暉《豬生狗養之中國人》：「梁賊、梁強盜、梁烏龜、梁豬、梁狗、梁畜生、所謂梁啟超者，……」（作者按：下文全是髒話，略去不錄。）

6 在愛國學社的影響下，《蘇報》「以鼓吹革命為己事」，最後被清政府查封。

護和訓斥他們，彷彿舊式家庭的老僕對小主人。後者默許他這樣做，因為他是極少數蔑視利祿的人，沒有人懷疑他動機的純潔。

清末新黨和五四以後的新派人物屬於非常不同的類型，思想趨向和生活方式都油水相斥。很少有人能身兼二者，吳稚暉卻是其中之一。他既是反對鴉片、線裝書和八股文的先鋒，又是推動拼音文字、無政府主義和勤工儉學的先鋒[7]。「老新黨」的誠實和淺薄，在他身上表現得非常明顯。他的作品長期暢銷，對青年的思想影響甚大，至少比後來的魯迅要大得多，但除了拼音文字以外，從來沒有超出時論和雜文的水準。他長期鼓吹克魯泡特金[8]的無政府共產主義，卻把希望寄託在機器生產力的進步上，宣稱科學和教育能解決一切問題，在低水平上迴避了克魯泡特金當年曾經回應過的各種質疑[9]。

蘇聯以前的無政府共產主義者給世界留下了兩種印象。一種是到處扔炸彈的恐怖分子，另一種是無害的幻想家。克魯泡特金和吳稚暉給人的印象都是後一種。他開創的勤工儉學運動產生了另外一種共產主義者。他最初企圖擺出長輩提攜後輩的架子，但很快就發現：在後者的革命計劃中，共產主義只需要二十年就能實現。他驚愕地說：「我的無政府主義需要幾百年時間，故而現在可以跟三民主義相安無事。按照他們的時間表，國民黨豈不是只剩下十九年壽命？」[10]不足為奇，他加入了西山會議派。這一派都是無錢無槍的元老，只有祈求孫總理在天之靈保佑，將他的徒子徒孫從蘇聯的魔掌中救出。

---

7 吳稚暉是鼓吹廢除漢字的先驅，持續幾十年研究、推廣漢字注音。他也認為教育是實現無政府主義的重要途徑。一九一五年，他與蔡元培等人組織成立「留法勤工儉學會」，以「勤於作工，儉以求學」為目的，號召廣大青年去法國半工半讀，一九一六年又與法國政府合作成立了「華法教育會」。在這一背景下，周恩來等人赴法「勤工儉學」。

8 克魯泡特金（1842-1921），俄國無政府共產主義者。他認為互助是人類生存下來並不斷進化的原因，未來社會將是通過自由契約組織起來的城鄉各自治公社的聯盟。他歡迎革命，但反對布爾什維克製造革命。

9 吳稚暉《與友人書論新世紀》：「《新世紀》之大旨，曰眾生一切平等，自由而不放任，無法律以束縛鉗制之，而所行所為，皆不悖乎至理。為善出於自然，而非出於強迫也。唯然，故無所謂政府，無所謂種界，更無所謂國家。」吳稚暉想像的這個新社會，物質文明十分發達，凡勞動都歸機器，每人每日只要工作兩小時，人們享用的東西應有盡有，使人各取所需。全世界共用一種語言，百分之八十的經費用於教授人們生活科學知識，百分之二十的經費用於教授人們無政府思想。

10 吳稚暉《吳敬恆致中央監察委員會請查辦共產黨函》：「（一九二七年三月六日晚），本委員告陳首領（陳獨秀）：「研究共產學說，自為共產黨之責。若實行共產，五六年前蘇俄代表越飛，在廣州語孫總理，略在二百年之後。以我理想，二百年尚嫌不足。」陳首領笑我太迂，我言：「急切輕掛招牌，正是贗鼎。」陳說：「你更瘋顛。請問中國現在的共和不是偽的麼？但你以為康有為之復辟，與偽共和孰優？」本委員遂知中國共產黨欲實行偽共產，意在言外。因突然提問，問陳首領：「你定中國實行列寧式共產主義是若干年？」彼不遲疑而答曰：「二十年。」余作駭極之情狀，隨即將陳首領所定二十年中國可實行列寧式共產主義一語，請楊委員（楊銓）於隔座特別注意時，羅首領（羅亦農）似怪陳首領直率，合座默然。本委員即亂以閒話曰：「如此國民黨生命止剩十九年了。前時，總理答越飛，國民黨國民革命完成應需三十年，若你們共產黨急迫至些，未免取得國民黨的生命太快了一點，應當通點商量才好。」」

四一二清黨以後，他和蔡元培力挺蔣介石，把後者看成撥亂反正的唯一希望。

吳稚暉在國民黨和國民黨政府內擔任過許多掛名職位，包括監察委員和資政，但從不上任。他不蓄私財，所得薪俸都用來興辦教育。林森[11]去世後，蔣介石想請他出任國民政府主席。他拒絕了，理由是不耐禮儀（包括西裝領帶）約束。陪都重慶陷入惡性通貨膨脹，他依靠賣字補貼生活（他是著名的書法家）。蔣介石佩服他的清高，只在他八十大壽的時候送了一盒蛋糕，以師事之。一九四六年制憲國大召開時，代表們推舉這位元老為主席，將《中華民國憲法》遞交給蔣介石。蔣介石的事業陷入最低谷的時候，他追隨蔣介石赴臺。蔣經國後來回憶說，吳稚暉當時對他說：「你想成功，就會成功。你不想成功，就永遠不會成功。」一九五三年，吳稚暉在臺北去世。蔣介石父子和國民黨老人感念至深，給他留下了許多紀念物，包括吳稚暉公園、稚暉中學和銅像。但隨著臺灣本土意識的興盛，他的遺跡漸漸淡出人們的視野。

11 林森（1868-1943），西山會議派領袖之一，一九三一年十二月二十三日出任國民政府主席，一九四三年八月一日因車禍去世。

二一、「僑界領袖」——孫中山

孫文的政治活動已經眾所周知，因此無須介紹。他的性格特徵是毅力超強，但理解力並不出眾。這兩者是有聯繫的，因為百折不撓的精神有兩種可能的原因。其一是當事人了解同儕所不了解的東西，但他沒有辦法、或是根本不想向同儕解釋。其二是當事人不了解同儕了解的東西，而且沒有辦法、或是根本不想理解。他主要是第二種情況，由於偏執而堅定，由於堅定而熬過難關，得到新的機會，然後再次由於偏執而失去這些機會[1]。

1　一九一三年宋教仁遇刺，黃興等人認為武力反袁不現實，應該依靠法律問責，孫文認為法律不可靠，無視雙方實力懸殊，堅持武力反袁，「非去袁不可」；「二次革命」失敗後，孫文不顧眾多元老、戰友的反對，一意孤行另組以服從他為第一要旨的中華革命黨；一九一七年，孫文與桂、滇軍閥合作進行護法運動，他堅持元首制，桂、滇軍閥和國民黨穩健派人士均不滿意。後軍政府改組之後，孫文大權旁落，他並未妥協和退讓，而是選擇徹底退出。

作為思想家，他像梁啟超一樣膚淺，但沒有梁啟超廣博。作為革命家，他懂得怎樣激發同儕努力，同時絕不吝惜自己的努力所得。作為組織家，他連中級軍官的能力都沒有。作為行政人員，他缺乏最起碼的責任心。作為政治家，他是嚴於責人、寬於待己的馬基維利主義者。作為憲法制定者，他的水準相當於優秀的專欄作家，但這不是貶義詞，因為這種水平確實已經足夠了。憲法制定者主要是必須把握關鍵問題的敏感性，他在這方面是夠格的，錯誤也只是因為馬基維利主義的需要。作為立法者，他沒有超出業餘愛好者的水準。

他始終是熾烈的愛國者，但他所愛的國自有特殊涵義。他早年的愛國主義跟廣東、南洋的幫會傳統關係密切，將反對大清朝廷和反對士大夫文化結合在一起，有濃厚的江湖氣息和嶺南氣息。他將長江流域的居民視為比較可疑的異類，對更北方的居民連基本概念都沒有。這種認同感具有先天的自相矛盾性，理想的「大漢天聲」似乎離不開兩廣的地域自豪感。江東士大夫似乎比較接近明清的文化主流，卻很難跟粵人的排外性相容。洪秀全自以為是大漢的解放者，卻相繼得罪了湘紳和吳紳，一點都不是偶然。產生孫文的民間文化苗圃和產生洪秀全的苗圃即使不是完全重合，也是非常相近。

在主流士大夫眼中，他差不多就是一位僑社領袖。這種人往往比內地人更愛國，但他們想像中的國完全不像內地所在的國。如果有人想理解他的認知世界，就要首先忘記海峽兩岸的所有歷史書，將大腦恢復到空白狀態，然後盡可能進入南非和哥斯大黎加華人社區（不包括一九九零年代以後的少量新移民）的氛圍，就能大致進入他的角色、理解他的行動了。這種人一開始就沒有統治大清遺產的可能，也不願意做大清的繼承人。革命對他而言，具有改造和清汙的意義。民族主義對他們而言，具有強烈的血統意義。他不喜歡儒家的普世主義，儒家的普世主義者也不喜歡他。國民黨後來試圖將他塑造成道統的繼承人，主要是為了強調共產主義的外來性質，並不符合他早年的表述。

他那種民族主義如果真正落實，就會引發出客家人和廣府人的自豪感，但會各自發展，只有用排斥北方人的共同感情才能將他們團結起來。孫文利用這種感情，阻止了北洋軍閥的南下，也因此沒有辦法北伐成功。他晚年指望列寧主義能夠改造國民黨，結果只是將優勢轉移到江浙人手中，激起了反復發作的粵變和西南政務委員會[2]的綏靖政策。

2 一九三零年中原大戰後，蔣介石權力膨脹。一九三一年湯山事件（蔣介石軟禁胡漢民）後，國民黨內的反蔣勢力南下廣州。當年十二月三十日和三十一日，反蔣派在廣州成立的國民黨中央黨部和國民政府舉行兩次聯席會議，他希望太多，不同的希望相互衝突；眼高手低，為資源不能支持的理想犧牲了資源能夠支持的理想。他塑造了國民黨，把這些性格特徵遺傳給國民黨，直至今日。

鑑於蔣介石下野和寧粵合作新情況，決定取消中央黨部和國民政府名稱，另外成立國民黨西南執行部、國民政府西南政務委員會、軍事委員會西南分會等三個機構，處理西南的黨務、政務、軍務。表面上全國黨政復歸於統一，但兩廣仍維持半獨立局面。一九三六年五月，胡漢民病逝，蔣介石藉機試圖取消兩廣的半獨立地位。當年六月一日，國民黨西南執行部和國民政府西南政務委員會通電全國，攻擊蔣介石中央對抗日不作為，並積極聯絡包括中共在內的各支反蔣勢力，與蔣介石周旋、對抗。

二二、陰差陽錯的革命家
——蔡元培

蔡元培（1868-1940）前三十年的生平無異於曾國藩時代的士大夫，由兩榜正途的進士起家，二十五歲授翰林院庶吉士，三年後散館授翰林院編修，時年二十有七。戊戌政變開創了未經審判而誅殺士大夫的惡例[1]，蔡元培憤而辭職。他回到紹興老家，任紹興中西學堂監督。這是清流派表現風骨的典型做法，只講原則不講利害，結果卻比玩弄權術更明智，恰好避開了兩年後的庚子之亂。

一九零二年，他和章炳麟在上海創立了中國教育協會。同年，他留學日本。清國留

1 戊戌政變後，慈禧下令將康廣仁、楊深秀、譚嗣同、林旭、楊銳、劉光第六人「即行處斬」，屬於違反祖制的不審而誅。

學生在日本發動拒俄義勇軍[2]，引起了大清駐日公使館的警惕。他們向日本警方施加壓力，取締這些危險的活動。蔡元培像以後的許多流亡者一樣，發現外國政府並不是行俠仗義的理想主義者，而是有奶便是娘的勢利眼，再次憤怒地決裂。他回到上海，創辦了《警鐘日報》（原名《俄事警聞》），開始鼓吹革命。光復會兩年後（一九零四年）成立，他是創始成員。同盟會次年（一九零五年）成立，他又欣然加入。這兩個組織很快變成死對頭[3]，但他幾乎沒有受到影響。這種神奇的能力是他畢生的主要特點，也是他的主要資本。

一九零七年，他留學德國，首先在柏林學德語，然後在萊比錫大學讀哲學和民族學。辛亥革命爆發後，他中斷學業回國。較之胡適提前回國擔任北大教授（一九一七年，胡適並未獲得博士學位就頂著博士頭銜回國任教），他提前回國擔任南京和北京政府教育總長的經歷似乎更加不可思議。同盟會內閣倒臺後，他重返歐洲研究哲學和美學。一九一三年，他在里昂成立了中法大學。這所學校酷似東京振武學堂[4]的人文版，實際上是為法文不太流利的亞洲學生準備的預科班。一九二零年，他和老朋友李石曾（1881-1973，與蔡同為國民黨元老，故宮博物院創建人之一）將北京的幾所法文培訓班併入中法大學。後來，中法大學的「法」字變得完全有名無實了。

蔡元培在歐洲期間，經歷了歐洲教育改革之爭。大學本來是中世紀的法人團體，其地位相當於封建體系下的自治市鎮；多半是教會建立或保護的，最初的教師大半是神職人員；最初的學科設置以神學為核心，不足為奇。清末民初第一批和教學質量最高的大學都是西方傳教士建立的，道科或神學仍然居於核心地位。張之洞設計官辦大學學制的時候，為了跟基督教競爭，堅持設立相當於道科的經學。世俗的高等人文教育，無論理論還是實踐都是從十九世紀中葉的德國開始的。除牛津、劍橋、哈佛這些中古傳統深厚的名校，大多數大學都是十九世紀晚期模仿德國的產物。教育學作為學科的興起，本身就是新舊傳統鬥爭的結果。鬥爭的焦點之一就在神學作為必修課的存廢問題上，蔡元培的教育理念在當時的歐洲也屬新潮。「以美育代宗教」（《以美育代宗教說》，載於一九一七年八月《新青年》三卷六號）、男女合校之類[5]主張，在牛津這樣的大學根

2 辛丑條約簽訂後，俄國軍隊賴在滿洲不走，並於一九零三年進一步增兵，逼迫清廷簽訂密約。留日學生為此組織拒俄義勇軍。

3 一九零八年，陶成章前往南洋向華僑募集經費，請孫文作函介紹，遭孫拒絕，兩會逐漸交惡。辛亥之後，兩會在經費、權位、正統等問題上屢生糾葛，關係更加形同水火。最終同盟會製造了一系列血案，導致光復會瓦解。

4 專為中國陸軍留學生開辦的預科軍事學校，為日本陸軍參謀本部所屬。創辦於一九零零年，原名成城學校，一九零三年改名振武學校，開辦到一九一四年。蔣中正、蔡鍔、陳獨秀、閻錫山、孫傳芳等都曾就讀於此。

5 北大最初不招收女學生，五四時期，許多女學生要求入學北大，蔡元培公開表示支持，但不久他因故暫離北大。

本行不通，新派人士至多只能自籌資金創辦新學院或獨立大學，在中華民國卻不費吹灰之力就做到了，而且很快就演變成教育部對教會學校、舊派學校、寺廟財產的搶劫和迫害——從民初到國民政府時代，這種迫害不斷升級。

跟新派人士的說法相反，潰敗的儒家社會抵抗新思想的能力和激烈程度，都遠遠不如天主教會、新教會和伊斯蘭教組織。新思想本身的優劣是另外一回事，抵抗新思想的激烈程度就是傳統社會組織度的可靠指標，散沙程度越高，抵抗力越低。類似的情況出現在高度官僚化的埃及，他們從異教皈依基督教，從基督教皈依伊斯蘭教，速度都是最快的。相反，撒克遜蠻族和黎巴嫩山民無論皈依還是放棄任何一種宗教，都要經過激烈的鬥爭，改換門庭的速度總是比他們的順民鄰居更慢。

蔡元培在北大的革新是幾種因素陰差陽錯的結果。徐世昌——北洋時代唯一文職出身的總統——政府的力量不足以直接約束軍閥，但足以延攬清流，在社會上製造尊文抑武的氣氛，形成有之聊勝於無的柔性規訓。羅素、杜威這樣的西方進步人士，看到他們尚未出師的弟子做到了自己做不到的事情，頗感欣慰。這些弟子確實很像歌德描寫的魔法師學徒，看到師父念咒語讓掃帚運水，不勝羨慕，就如法炮製，結果只知道啟動咒語，不知道結束咒語，眼看就要被勤奮的掃帚淹死。西方教育改革者針對的主要目標，在弟子這裡都不存在。他們希望削弱基督教對教育的影響，消除人文教育對技術教育的歧視，解除統一語言對民俗方言的壓制。結果，反對教會學校的運動，在中國促成了教育的國有化和政治化，嚴重損害了思想自由。

晚清以來的教育體制本來就有濃厚的速成班性質，進一步去人文化的結果可想而知。民俗復興本來應該解放韓子雲（清末民初北方昆弋班名旦）和黃小配（清末民初廣東知名報人、通俗小說家）的傳統，將吳語和粵語發展為羽翼豐滿的在地文學，就像芬蘭文學和愛沙尼亞文學的發展軌跡一樣，結果卻人為製造了一種根本沒有民間性質的塑料官話，依靠教育部的力量強制推行。

文言和白話都是新文化運動譴責的、脫離群眾的、強制統一的死語言，唯一區別

一九二零年，代理文科學長陶孟和准許九名女生入校旁聽，引起社會上的議論和教育部的批評，總統徐世昌親自警告北大當局，認為國立學校應該保持「崇高的道德水準」。但當時並無法律明文禁止男女合校，回到北大的蔡元培憑這一點，沒有請求政府的許可，便批准了那九名女生註冊為北大正式學生。

在於後者比前者還要單薄得多。新文化人物鼓吹的那種活在販夫走卒口頭的蘇白或京片子，遭到了遠比科舉—文言時代更加苛刻的壓制。這種掛羊頭賣狗肉的做法自有道理，因為大清的文言相當於神聖羅馬帝國的拉丁文，適合天下體系的國際主義交流。新學用方言創造民族文學，目的就是要瓦解天下體系。前者的溝通發生在橫向的士大夫共同體內部，犧牲了士大夫和草根民眾的縱向交流。後者的溝通發生在縱向的國民共同體內部，犧牲了各民族士大夫和各民族民眾之間的橫向交流。白話文則是一個四不像，橫向交流不如文言，縱向交流不如方言，比文言更需要政治力量的武斷扶植，像五族共和的中國或多元一體的中華一樣，上也上不得，下也下不得，對於帝國太小，對民族國家又太大。

近代遠東的歷史就在這種無法解決的悖論中展開，自然會造成類似神聖羅馬帝國給中歐遺留的政治災區。文人喜歡將一切責任推給政治家，其實自己比政治家更加知錯不改。林語堂寫過一篇諷刺小品〈一張字條的寫法〉，描寫自己同類的可笑嘴臉。他老人家為了修理紗窗，試圖給木匠寫一張字條，用盡了新文化的各種文體，包括新派作家當中最流行的普羅大眾體，結果溝通障礙跟桐城派古文和文選派駢文一模一樣，「大眾」的木匠完全不懂，最後還是只有用土語傳話。

一九二二年的「好人內閣」[6]倒臺後，蔡元培再度掛冠而去。他對越演越烈的輿論政治感到厭倦，預見到自戀的文人會招來自己無法控制的麻煩，很高興回到德國去讀他心愛的民族學。這時，他還沒有預見到自己即將扮演的角色。北伐成功後，老朋友邀請他回國。其間的政治光譜發生了巨大的偏移，使他從開明派變成了法西斯派。從他的角度看，他的國民黨已經被布爾什維克劫持了。除了救黨，他暫時不再關心別的。四一二清黨期間以及之後，他和吳稚暉[7]、李石曾等四大元老一直是蔣介石最堅定的支持者[8]。

6 一九二二年直系贏得第一次直奉戰爭，控制了北京政府，推出了王寵惠、顧維鈞、羅文幹等名流組成的「好人內閣」。但財政困難和直系內部紛爭使這個內閣僅維持了兩個月。

7 吳稚暉（1865-1953），曾與蔡元培、張靜江、李石曾並稱為國民黨內四大元老。他是一個許多主張和做派都自相矛盾的狂生，激進風潮的先驅。

8 從一九二七年三月底至四月中旬，國民黨中央監察委員會的部分成員在上海多次策劃清黨，這一系列祕密會議的主席就是蔡元培。三月二十八日的預備會議上，吳稚暉首先發言，稱中共謀反，應行糾察，開展「護黨救國運動」。蔡元培立刻表示贊成，提出把共產黨人從國民黨中清除出去。四月二日正式開會，吳稚暉提交查辦共黨的呈文之後，蔡元培隨即向大家出示兩份材料作為證據。一份是中共自二大以來「陰謀破壞國民黨」的種種決議和通告，另一份是中共在浙江「阻止入黨」、「煽惑民眾」、「擾亂後方」、「搗毀米舖」、「壓迫工人」等若干條罪狀。經他同意，會上還審定了既有毛澤東、周恩來、陳獨秀等中共領袖，也有柳亞子、徐謙、鄧演達等國民黨左派人士的黑名單，將近兩百人。與會者一致決定咨請中央執行委員會立即採取緊急措施，將這些首要危險分子，「就地知照治安機關，分別看管，制止活動。」四月九日，蔡元培同吳稚暉、張靜江、李石曾等人一起發出三千餘字的「護黨救國」聯名通電，痛斥聯共政策的種種荒謬，嚴詞指責工農運動，號召「全體同志念黨國之危機，凜喪亡之無日，披　纓冠，共圖匡濟；扶危定傾，端視此舉」。

危機緩和以後，他又喪失了政治興趣。在此期間，他成立了中央研究院和國立藝術院（杭州中國美院前身）。

蔣介石扣押胡漢民以後[9]，元老們才不再信任他。一方面，吳稚暉是胡漢民安全的擔保人。蔣介石翻臉不認人，陷元老於不義。另一方面，在元老們眼中，蔣介石本來就是不學無術的晚輩軍人，不如胡漢民、汪兆銘屬於自己的同類。隨著蔣、蔡關係的惡化，國民政府開始剋扣中央研究院的經費。蔡元培則把自己的名字借給宋慶齡的民權保障同盟，作為回敬。這個同盟是共產國際的外圍組織，宋慶齡本人也是蘇聯向國民黨內各派系和共產黨匯款的中轉人[10]。蔡元培對此不可能完全不知情，他正在保護幾年前親自要求蔣介石斬草除根的同一類人。蔣介石對黨內的長輩比較尊重，但心裡覺得蔡元培是偽君子，並把這種看法寫進了日記。

抗戰爆發後，蔡元培移居香港。一九四零年，他在香港去世。三、四十年代的教育界大體在他的卵翼之下，由於後來環境的急劇惡化而形成了某種神話。從制度史角度看，他打斷了晚清以來移植西方傳統學制的步驟，開啟了本土化和統一化的進程，對他自己喜愛的兼容並包原則構成了越來越嚴重的威脅。他在這一進程的早期去世，因此沒有承受不可避免的後果。

9 胡漢民是孫文死後國民黨內的頭號大老，與異軍突起的蔣介石矛盾很深，最後以一九三一年二月二十八日的「湯山事件」——蔣介石扣押胡漢民並將其送至湯山軟禁——收場。

10 據廖承志回憶，一九三三年五月間，宋慶齡曾自稱「代表共產國際最高方面」與他祕密接頭。據俄羅斯當代歷史文獻保管與研究中心檔案，一九三四年六月，共產國際聯絡局派往遠東的一名代表在向其上級匯報的備忘錄裡說：「關於孫夫人的問題。她是個好同志。可以留在黨內。她願意獻出一切。她對祕密工作有著很深刻的理解。她在極其困難的條件下出色地召開了世界反帝反資大會。而她一旦成為公開的黨員，她就會失去其特有的價值了。」一九三六年十二月五日，紅軍抵陝後張聞天向駐共產國際代表王明、康生拍發的第二份電報中說：「你們答應在十一月底在滬交款，究竟實行了沒有？第一次交了多少？是否交給了孫夫人？我們派人於本月十五日由西安乘飛機到滬取款，決不可使落空。八、九萬人靠此吃飯。」

二三、「中華民國遺民」

——章太炎

章太炎（1869-1936，浙江餘杭人）的「太炎」和「介石」、「精衛」一樣，代表了主人的追求。「太炎」的意思是「追隨顧炎武」，實現先烈的遺志，將華夏從「客帝」（外來政權）手中解放出來。他出身漢學世家，深明經義，企圖創造性地重新解釋《春秋》尊王攘夷之義，喚醒江東士大夫沉睡已久的羞恥心，將反客為主的敵人趕出山海關。

一八九八年，他在蘇州出版了《訄書》的第一版[1]。一九零零年，他在辜鴻銘痛罵的張園國會上，當眾剪下辮子，表示跟滿洲人不共戴天[2]。他的理論是：「自古以用異國之材為客卿，而今始有客帝。客帝者何也？曰：如滿洲之主中夏是也……共和二千七百四十一年，章炳麟曰：余自戊、己違難，與尊清者遊，而作《客帝》。飾苟且之心，棄本崇教，其違於形勢遠矣！且漢帝雖孱弱，賴其同胤，臣民猶或死之。滿洲賤族，民輕之，根於骨髓，其外視亡異歐美。故聯軍之陷宛平，民稱「順民」，朝士以分主五城，食其廩祿，伏節而死義者，亡一於漢種。非人人闒茸庸態，同異無所擇，孰甘其死？由是言之，滿洲弗逐，欲士之愛國，民之敵愾，不可得也。浸微浸削，亦終為歐美之陪隸已矣。」從這些內容看，他的排滿主義確實更接近南明志士和少年左宗棠。張園國會的議長容閎和副議長嚴復明顯比他更親近西洋的代議制理論，反而不一定非拒絕立憲君主制不可。如果說國粹就是保守，西洋就是革新，那麼章太炎就是保守派，嚴復則是革新派。如果說革命重建就是激進，和平演變就是保守，那麼章太炎就是激進派，嚴復才是保守派。什麼是保守，什麼是激進，都是要看所指對象的。不管泛泛地抬高保守、貶低激進還是相反，無非都是給不求甚解的公眾增加混亂而已。

大清的官吏和公眾一樣不求甚解，不知道這些敵對勢力當中誰最危險。好在歷史已

1 《訄書》為章太炎自編論文集，一八九九年冬在蘇州付梓，翌年七月出版，此為初刻本。後經增刪，於一九零四年在東京出版了重訂本。

2 馮自由《革命逸史·張園之國會》：「（唐）才常……嘗於六月間假庚子拳匪事變人民須自行保種救國為辭，邀請滬上當代名流開大會於張園，美其名曰國會。……公推香山容閎為會長，侯官嚴復為副會長，才常為總幹事……逮開會後，首招畢永年、章炳麟二人之反對……炳麟責才常不當一面排滿一面勤王，既不承認滿清政府，又稱擁戴光緒皇帝，實屬大相矛盾，決無成事之理。因宣言脫社，割辮示絕。」

經為他們提供了現成的選擇。祖宗的智慧看似簡單粗暴，其實恰好提供了最低成本的甄別技術：誰留辮子，誰就是順民；誰剪辮子，誰就是反賊。鑑定誰的理論更反賊，需要一定的理論水平，而且連雍正爺和乾隆爺的意見都不一致（雍正刊行《大義覺迷錄》而乾隆禁毀），普通公務員缺乏這樣的能力和興趣。容閎這種黃皮白心的香蕉人，說出的話連湘軍大老都不大聽得懂。能夠聽懂的人當中，至少三分之二是遠東口岸的基督教傳教士。章太炎的古文刻意模仿先秦，一般只讀科舉教輔書的文人都看不懂[3]。所以他的振振有辭，與其說是慘遭迫害，不如說是很難爭取觀眾。他一剪辮子，傳播效應立刻就不一樣了。魯迅小說中的九斤老太太和祥林嫂的鄉親們聽到天賦人權，只會聯想到添福妊犬；聽到春秋大義，只會聯想到關二爺忠義讀春秋；一聽到剪辮子，豐富的想像力就會一發而不可收拾。啊，天地會！啊，反清復明！啊，崇禎皇帝和朱三太子！啊，白盔白甲！啊，滿門抄斬！啊，攀龍附鳳！十八路反王！真命天子……。章太炎立刻變成了知名人士，同時毫不令人奇怪地在大清混不下去了，不得不東渡日本。

章太炎在日本發明了「中華民國」的概念，為革命黨人搶占了意識形態鬥爭的制高點[4]。大清本來以正統自居，把革命黨列為境外敵對勢力（尤其是日本）扶植的顛覆分子；經過章太炎的創造性逆襲，自己反而淪為最大的境外敵對勢力和華夏文明的宿敵。

原來的顛覆分子搖身一變，反轉為大明江山和華夏文明的孤臣孽子與正統繼承人。《帝韓》和《正疆》[5]更進一步，巧妙地開發歷史資源和現實政治，宣稱韓國和日本才是大明正統和華夏衣冠的魂器。如果沒有東洋的避難所，文明人的子孫早已淪為茹毛飲血的蠻族。

這一擊正中江東士大夫的隱痛，讓大清吃定了啞巴虧。尤其重要的是，這種思想病

---

3 《訄書》古奧難解，影響有限。魯迅在《關於太炎先生二三事》中回憶道：「我讀不斷，當然也看不懂，恐怕那時的青年，這樣的多得很。」

4 一九零四年，孫文在美國用英語發表《中國問題之真解決》演講時，用了「中華民國」一詞的英譯：National Republic of China。一九零六年十二月二日，同盟會在東京召開紀念《民報》創刊一周年大會，孫文在演講時，第一次用漢語提出「中華民國」這個名稱。次年，章太炎在《民報》第十七號上發表〈中華民國解〉一文，引經據典，論證只有「中華民國」才是最好最恰當的國號。一九三六年，魯迅在〈關於太炎先生二三事〉中說：「至於今，唯我們的「中華民國」之稱，尚係發源於先生（指章太炎）的《中華民國解》，為巨大的紀念而已，然而知道這一重公案者，恐怕也已經不多了。」

5 《訄書・帝韓第三十四》（初刻本）：「吾嘗域攘奪於滿洲，而朝鮮猶戴其故主……今衡朝鮮，與宋、齊諸主則不異；衡諸南宋，其四維則猶在……自永曆喪亡以至庚子，二百三十有九年，諸夏之常主，自非朝鮮，抑孰有具位者乎？」

《正疆論》：「鄭氏之得臺灣也，與日本同……滿洲之盜臺灣也，與荷蘭同……以支那與日本較，則吾寧親支那；以日本與滿洲較，則吾寧親日本。」

毒非常容易複製。任何三家村學究和小報編輯都能廉價掌握，當成自己獨到的發明來傳播。朱舜水[6]本來是很不重要的邊緣人，鄭成功在吳梅村時代的名聲不比流寇強多少，現在卻像卡拉維爾角空軍基地的火箭一樣飛升，不到十年就變成了僅次於孔子的文化英雄。當然，最大的受益人肯定是革命黨。他們和日本泛亞主義者的政治軍事聯盟原本是外務省和列強監視的對象，由此昇華為一種近乎神聖的事業。

章太炎發現了輿論戰爭和中等教育人群——報刊讀者——的重要性，決定去上海租界大顯身手，引起了著名的《蘇報》案。《蘇報》的作風是簡單粗暴地侮辱滿洲人，在共同體和邊界都混沌不清的地方製造裂痕或邊界。大清如果懂得感情煉金術的奧祕，就會明白最佳策略莫過於忍氣吞聲，避免引起任何人的注意。無論如何反擊，反擊的事實本身就會加速邊界的清晰化。對方的目標不是想要吵贏，而是想要製造分裂。租界自治體本著司法獨立的原則，把大逆案變成了名譽毀謗官司[7]。大清因此遭到的損害，比公款資助一百家《蘇報》都要大。

章太炎再次回到日本以後，發現他釋放的思想病毒已經比自己還要強大了。「韃虜」、「華夏」與「漢奸貳臣」、「黃帝子孫」的二元對立已經深入人心，「日親滿疏」

已經變成了歷史和現實的金科玉律。自古以來不動腦筋的群眾早已忘記思想病毒的發明家，以為這些思想框架都是自古以來天經地義的。大清的支持者雖然表現比建國以來的任何時代都要溫良恭儉讓，卻發現建國時期的罪孽都落到自己頭上了，無論自我澄清或

---

6 朱之瑜（1600-1682），號舜水，明末儒者，曾參與抗清活動，失敗後流亡日本，受水戶藩主德川光　邀請講學，對後來的「水戶學」影響深遠。

7 一九零三年六月，《蘇報》先後發表〈哀哉無國之民〉、〈客民篇〉、〈駁革命駁議〉、〈殺人主義〉等十幾篇言辭激烈的評論；刊登〈讀革命軍〉、〈革命軍序〉等文，極力推薦鄒容的〈革命軍〉。六月二十九日，《蘇報》又以顯著位置刊出章太炎的〈康有為與覺羅君之關係〉，文中說：「然則公理之未明，即以革命明之；舊俗之俱在，即以革命去之。革命非天雄大黃之猛劑，而實補瀉兼備之良藥矣。……載湉小丑，未辨菽麥。」此文一出，《蘇報》發行量迅速飆升。

同日，在清政府的一再要求下，租界工部局發出對章太炎、鄒容等人的拘票。領班軍機大臣奕劻的代表聯芳、上海道臺袁樹勳等清政府官員，就多次向租界提出將人犯交給清政府並處以極刑的要求；兩江總督魏光燾致信美國駐上海總領事古納，要求租界當局將章太炎、鄒容等人交給清政府。但租界方以中國政府草菅人命為由拒絕交出《蘇報》案犯，由英租界會審公廨組織額外公堂具體負責審理。

審判中，在律師的點撥下，章太炎和鄒容都極力為自己作無罪辯護。清廷對章的指控主要集中在「載湉小丑，未辨菽麥」上，稱其「詆毀聖上，呼為小丑，立心犯上，罪無可逭」，章回應說：「根據外國觀念，通常稱呼統治者私人名字，在中國有三個滿族皇帝常常被稱呼私人名字。我不明白為什麼我不可以這樣做。至於以「載湉」二字稱呼現在的皇帝，他當了皇帝後名字沒有改變，現在也不需要再改名字。」對於「小丑」一詞，他則如此解釋：「根據我的翻譯，應該是「小孩子」。」鄒容除了承認《革命軍》是自己所作外，其餘則一概不承認。經過多次庭審，一九零四年五月二十一日，會審公廨以「言語紕謬」罪判處章監禁三年，鄒兩年，自去年到案之日起算，期滿後逐出租界。

是主動切割，成本都比簡單粗暴的二元對立高得多。梁啟超沒有多少理由熱愛大清，但不能忘情於大清的版圖，看清了「黃帝子孫」的理論早晚會導致帝國的解體，決定發明「中華帝國」、「中華民族」的同生態位概念，與「中華民國」、「黃帝子孫」展開競爭，從而抑制後者。雙方的支持者大戰了N個回合，總體後果對革命黨有利。有一點相當重要，你只有在理解了梁啟超的意思以後，才有可能支持（也有可能不支持）他。而章太炎的支持者根本不用理解他的意思，只需要討厭「滿洲賤種」就足夠了。

朝廷尤其沒有意識到，在陌生的新媒體世界上，自己是極少數中的極少數。他們生活在聖旨和邸報的世界裡，總覺得讀者都是戰戰兢兢的奴才。他們集中火力攻擊梁啟超「保中國不保大清」的險惡用心，生怕有人毀謗長白山時代的優良傳統和滿、蒙核心的中流砥柱作用，強調大明的腐敗邪惡和入關的順天應人，表明絕不允許第二個李鴻章出現的堅定決心，為章太炎的朋友們幫了大忙。梁啟超企圖模糊大清和中國的邊界，朝廷英明而正確地揭露了他謀朝篡位的不軌之心。然而讀者一旦相信大清和中國可以切割，就會覺得大清沒有多少存在的必要。

事情發展到這一步，章太炎本人的存在其實已經不再重要了。如果他的目的是報復揚州十日的血海深仇，任務其實已經完成。大清除非有勇氣重返長白山，否則怎麼都逃不脫他發動的思想細菌戰。無論朝廷做什麼或者不做什麼，啞巴虧都已經吃定。如果章太炎的目標只是要建立一個符合自己心意的中華民國，那就證明他一點自知之明都沒有。如果他在一九零五年的人生最高峰去世，後來的歷史進程不會發生絲毫改變。輿論領袖一旦完成了釋放思想病毒的使命，後半生的下場就會像人老珠黃的歌女一樣不值得注意[8]。

章太炎在一九零五年以後的政治活動，基本上就是跟他的老朋友作對[9]。啟蒙者的

---

8 思想病毒的力量在於自我繁殖，不斷根據環境變異。發明者的存在純屬多餘，發布標準解釋只會無用或有害。知識分子由於自戀的天性，很少有人像過氣歌星那樣行為得體。他們站在歷史的風口上，發現自己像豬一樣會飛，然後就像豬一樣忘記了自己是誰，以為風向理所當然應該由自己控制。托馬斯·潘恩在《常識》暢銷的時代，儼然像國王一樣呼風喚雨，甚至不無理由地認為，華盛頓欠了他的恩情。戰爭的風暴一旦結束，公眾就不再有興趣聽取他的政論或任何人的政論。紅人一旦喪失萬眾矚目的感覺，就會覺得全世界都對不起自己。他痛罵華盛頓忘恩負義，其實後者只是沒有理他。維吉尼亞鄉紳已經金盆洗手，退休老人頂多會跟親戚和鄉鄰來往。邱吉爾能夠容忍英國人忘恩負義——二戰即將結束時，邱吉爾在大選中落敗，美國人民的啟蒙者卻不能。貴族和遊士的德行不同，很大程度上是先天就注定的。

9 一九零六年六月，章太炎出獄，孫文派人將他迎至日本，加入同盟會，主編《民報》。一九零七年三月，東京證券商鈴木五郎資助孫文一萬元，另外，日本外務省亦祕密交付他八千元。孫文急於將這筆錢帶往南洋，臨行前只

時代已經結束，財政和軍事才是以後的焦點。他在這些方面是一點都不稱職的，但他自己意識不到。他組織的黨派全都失敗了，部分原因在於他太擅長得罪同事。政治家的任務就是侍候自己討厭的人，而章太炎的特長恰好在於把朋友變成敵人。只有黎元洪受得了他，從側面證明了此君馳名遐邇的忠厚，以致章太炎本人都有點意外，表現出與其一貫做派不太相稱的感動，甚至愛屋及烏地宣稱，非湖北的女子不娶。他顯然生活在幻想的世界中，否則不至於覺得湖北女子嫁給他是一個重大的獎勵，因為他的心不在焉和不修邊幅眾所周知，不亞於任性的脾氣。他最後還是娶了「報仇雪恥之鄉」的同胞，在婚禮上都沒能分清鞋子的左右[10]。

袁世凱覺得章太炎既然跟革命黨鬧翻了，大概有可能擁護自己。胡瑛和許多討厭孫文的辛亥英雄禁不住袁世凱的禮賢下士，變成了帝制的支持者。章太炎一到北京，就使雙方都感到後悔。「中華民國」是章太炎的親生女兒，是他絕對不肯為任何優惠待遇犧牲的。他反對孫文一黨，跟父親討厭尋花問柳的壞女婿差不多，由於憐愛女兒的緣故，是怎麼也狠不下心讓她離婚的。袁世凱害怕放虎歸山，自己的帝國會遭到類似大清遇到的攻擊，像供養被俘的國王一樣侍候和監視他。袁世凱一死，黎元洪就派人護送他回上海。而他一旦回到局外人的位置，就恢復了敏銳的判斷力，但他已經離開了歷史的風口，不再有成千上萬的粉絲恭聽指示。黎元洪去世時，他斷言中華民國的正統從此一去不復返[11]。蔣介石準備抗戰時，他斷言國民黨只要上山就再也回不來了。他毀了大清的機會，

交給章二千元做《民報》的經費，餘款盡數帶走。章對孫產生不滿。一九零八年十月《民報》被禁，並處以罰款，若逾期未交，章就要被罰去做苦工。此事同盟會未予救援，最後由章門弟子湊錢解決。章等人有「很大憤懣」。此後，章擬將《民報》遷往美國，要求孫予以經費上的資助，孫沒有理會，章發誓「此後不再與聞《民報》之事」。不久，孫派汪精衛來東京，計劃祕密恢復《民報》。章得知後，認為孫欺人太甚，雙方關係遂正式破裂。章重建光復會，與孫互相攻擊。

10 湯國梨（1883-1980），浙江烏鎮人，能詩文，曾任吳興女校校長、神州女界協濟社編輯部部長，一九一三年與章太炎結婚。據說章太炎在婚禮上把皮鞋穿反了。

11 一九二八年六月三日，黎元洪病逝，章太炎致書前國務總理李根源：「天坼天崩，哀感何極」，並在上海為其設奠，作〈祭大總統黎公文〉。不久後，章又作一輓聯：「繼大明太祖而興，玉步未更，佞冠豈能干正統；與五色國旗俱盡，鼎湖一去，譙周從此是元勳」，下署「中華民國遺民章炳麟哀輓」。

章太炎對國共在蘇聯支持下的崛起早有警惕。一九二四年冬，馮自由、居正、田桐、馬君武等聚集章家，由章領銜發出〈護黨救國函〉，與國民黨「一大」唱對臺戲。次年二月，章又組織「辛亥同志俱樂部」，同改組後的國民黨相對抗。

一九二五年十月，章在演講中說：「我們現在所要反對的，就是要反對共產黨……共產是否適合我們的國情，還在其次，現在的共產黨，並非共產黨，我們可以直接稱它「俄黨」。」

一九二六年四月，他與一些士紳在上海組織「反赤救國大聯合」，出任理事，發布宣言，指出蘇聯「假社會革命之名，行對外侵略之實」，其在歐美未能成功而轉向中國，「勾結野心之軍閥，煽惑無識之青年。」同時，他呼籲地方分治，恢復法統。黨軍北伐，章太炎站在北方一邊，指出「馮蔣二酋，同為俄屬，馮漸受創，蔣更恣睢」，「蔣中正竊據廣東，惟赤俄鮑羅廷之命是聽；昌言國民革命，須受第三國際指揮」，勸吳佩孚「將北事付之奉晉，而直軍南下以保江上，開誠布公，解除宿釁，與南省諸軍共同討赤」；勸孫傳芳出兵援鄂，「國之廢興，在此舉也」。

但挽救不了民國，只能在餘生中自稱「中華民國遺民」，效法精神導師顧炎武和朱舜水。

他的命運在吳越士大夫當中並不特殊，南社詩人大抵是他的同類。他們是小華夏主義者，覺得梁啟超和蔣介石的建構像大清一樣邪惡，但他們自己都說不清楚，自己到底想要什麼，大明江山？華夏衣冠？還是一個歐洲意義上的新民族？他們給幼弱的民國強加了太多相互矛盾的定位，對女兒不幸的婚姻和悲慘的夭折負有極大的責任，然而如果世界上有人真愛中華民國，除了他們還能是誰呢？他們像所羅門王裁斷的嬰兒母親，因為心疼親生孩子而甘願向冒名頂替者讓步。然而世界卻沒有所羅門王的智慧，只能落得被無情地奪走了他們僅有的安慰。

一九二七年南京國民政府成立，他採取不合作態度，表示「今之拔去五色旗，宣言以黨治國者，即背叛民國之賊也」。一度遭上海黨部通緝。

二四、「中國之父」和歷史發明家——梁啟超

梁啟超（1873-1927）的規劃直接影響了整個二十世紀東亞這片土地的歷史走向。如果認為一九四九年以後種種災難的源頭在於「某種體制的錯」，只是一般水準的歷史理解力；如果認為源頭在於「國民革命」，你的方向沒錯。然而，後來發生的一切，只有一個源頭，就是「中國」這個概念的建構。

梁啟超和中國幾乎就是一回事，因為「中國」這個概念就是他創造的，創造者和創造物的命運始終難解難分[1]。他也是中國現代史學傳統的真正創始人，是此後所有歷史

1 一九零一年，梁啟超在〈中國史敘論〉中首次提出「中國民族」的概念，次年又在〈論中國學術思想變遷之大勢〉中提出「中華民族」的概念。

發明家的鼻祖和佼佼者。他通過發明歷史，成功地改變了未來。他的發明極其成功，以至於後來者不敢推翻他，不是因為技術上做不到，而是因為害怕把自己的立足點一起推翻了，就像你不敢坐在樹枝上砍樹一樣。

梁啟超在〈二十世紀太平洋歌〉中發明了四大文明古國[2]，在〈新中國未來記〉中發明了新中國。此文作於一九零二年，預言六十年後即一九六二年「新中國」達到壯盛繁榮。他決定中國應該跟英國或法國平行，不應該跟歐洲平行。他發明，或者不如說翻譯引進了國民、公德、主觀、客觀、帝國主義、民族主義的概念。胡適號稱播種者，其實等他登場時，可以播種的場地幾乎都被梁啟超播過了。在框架確定的情況下，無論支持還是反對，都會加強原有的框架。只有跳出原有的框架，才能起到真正的反對效果，但這一點很少有人做到，甚至想都想不到。

這種狀況不是梁啟超有意設計的，他其實是同時代人當中最缺乏導師欲和領袖欲的角色。他隨手播種，不大考慮成活率，技術上非常不規範，更沒有前後連貫形成思想體系的計劃，甚至自己的理解都非常膚淺，所謂「未能成佛先來渡人」，然而無心插柳的效果，卻超過了有心栽花的康有為和嚴復。他飛速追逐西方和日本的最新思想，猶如女人追逐巴黎時裝。新衣還沒有習慣，就束之高閣，趕緊搶購巴黎名媛的下一波發明。因此，他的思想是一大堆碎片的集合，彼此沒有明顯的邏輯聯繫，任何人都可以各取所需。他做了雜家，就做不了專家；做了廣博教化主，就做不了一派的宗師。這是個求仁得仁的問題，反正他已經滿足了自己的興趣。而梁啟超除了興趣以外，就沒有別的了。如果有人責問他的蕪雜和矛盾，正確的答案就是：他本來就只負責臨時介紹，其他問題都沒有想過。

戊戌變法是梁啟超發明歷史的第一次成就，迫使真實世界從原有的軌道上跳到他想像和希望的軌道上[3]。從朝廷的角度講，戊戌變法跟康、梁幾乎沒有什麼關係。皇帝在太后留下的班底之外，另外組織了一個非正規的祕書團體，經常繞過軍機處和大臣，通過這些祕書發號施令。從王朝政治的角度看，這種做法跟后妃、外戚、太監專政一樣糟糕，代表內廷侵奪外朝的權力，但幾乎所有強勢的皇帝都這樣做，構成了政體演變的主

2 「初為據亂次小康，四土先達爰濫觴：支那印度邈以隔，埃及安息鄰相望，厥名河流時代第一紀，始脫行國成建邦。」

3 梁啟超〈戊戌政變記〉、康有為〈我史〉、〈戊戌奏稿〉長期被人們當作戊戌變法的第一手史料，其實裡面多有歪曲真相的敘述。

要動力。光武帝用中書做祕書，繞過三公。雍正帝用軍機做祕書，繞過大學士。最後內廷祕書變成宰相，原來的宰相變成榮譽職位。權力轉移自然會引起衝突，皇帝必須對失敗者的反撲有所準備。光緒的問題就是未能阻止反動派（中性詞）和太后結合，結果把自己搞垮了。反動派有些是為了反對改革，有些是害怕失去權力，但也有些是出於護憲的理由，不高興祕書的非正規權力侵奪大臣的正規權力。根據儒家的憲法理論，前兩者可能是小人，最後一種人肯定是君子。

反對皇帝與太后出洋考察的禮部六堂官就是最後這一種人[4]。他們反對皇帝出遊海外的理由跟明朝大臣反對正德皇帝御駕親征的理由相同，都是因為皇帝過於重要，不能冒絲毫危險，否則就會引起「土木堡事變」[5]和「奪門之變」[6]這樣的憲法危機，害得無數官員和百姓家破人亡，帝國元氣大傷。根據傳統，王振、江彬（明武宗朱厚照寵臣，經常構陷大臣並勾引武宗尋歡作樂）之流教唆御駕輕出的人就是奸臣。彼得大帝微服出遊可能是美談，正德皇帝微服出遊就是違憲。梅龍鎮故事——講明武宗微服出遊的戀愛故事的傳統劇目，一來破壞祖宗家法，二來置御駕於危地，三來騷擾百姓，歷來都是反面教材。皇帝粗暴地處置他們，「六堂官盡撤」嚴重破壞了先例。

慈禧擺脫她討厭的大臣，一般不敢用如此武斷的做法。她罷免大臣，一般都有說得過去的公共理由，例如張佩綸戰敗或王文韶貪腐之類。如果沒有，像閻敬銘這樣，就只能禮貌地調任。如果僅僅上書反對皇帝就要「六堂官盡撤」，張佩綸、張之洞之流早就下臺一百次了。而且無論誰下臺，慈禧總會找一個分量相近的人物接替。恭親王可以下臺，但必須有醇王、禮王接替。李鴻章可以下臺，但必須有翁同龢接替。小臣王照不顧上級的反對，唆使皇帝拋棄朝廷出遊，沒有遭到懲罰。他的上級忠告皇帝注意安全，反而丟官。皇帝隨即任命品級根本不夠資格的四京卿[7]，將恭親王和文祥[8]曾經享有的大權交給他們。從儒家理論和大清家法的角度看，皇帝已經將自己放在暴君—憲法破壞者的位置上了。失敗者自然會遊說太后，認為政變是一種護憲行動。

---

4 戊戌變法之初，光緒下令，允許司員士民上書言事。時任禮部主事王照上書建議皇帝與太后出洋考察，一則顯示和睦，二則開拓眼界。禮部兩位尚書和四位侍郎不同意替王照向上轉達，認為他心懷叵測。光緒知道後，把這六名堂官全部罷免，引起慈禧不滿，為戊戌政變埋下了導火線。

5 一四四九年，宦官王振鼓動明英宗朱祁鎮御駕親征瓦剌，全軍覆沒，英宗被俘，明朝陷入恐慌中。

6 一四五七年，武將石亨、宦官曹吉祥等趁景泰帝朱祁鈺病重，擁戴太上皇朱祁鎮復辟，隨後大肆清除異己，造成朝局混亂。

7 楊銳、劉光第、林旭、譚嗣同被任命為軍機處章京，負責分看司員士民的上書，然後奏明皇帝形成旨意，較奉旨擬旨的軍機大臣有實權。

8 與恭親王同為洋務派領袖，主持總理衙門多年，臨死前上疏說議會制度「勢有難行，而義可採取」。

梁啟超的歷史完全不考慮這些因素，他創造了後人非常熟悉的方法。如果你擁護進步，即使違法和投機，你也是好人；如果你反對進步，即使合法而清白，你也是壞人。梁啟超的目標不限於此，他還要貶低四京卿的地位，將他們說成康、梁變法司令部的忠實執行者。這是非常不可能的事情，等於《紐約時報》說歐巴馬政府是他們的部下——雙方都是左翼自由派，分享許多觀點，都反對右翼保守派，僅此而已。康、梁當時非常活躍，但也只是輿論領袖，而且很少提出具體方略。四京卿需要處理具體事務，不可能依靠原則性建議辦事，更多地接受了張之洞和張蔭桓[9]的影響。從光緒的詔書看，皇帝根本沒有把康、梁當作帝師，只是要他們去外地避避風頭，辦報紙為變法做輿論準備。很明顯，皇帝並沒有讓他們做官的打算。康、梁之所以誇大自己的重要性[10]，原因恰好就是他們本來不是核心要人。

梁啟超不是變法的核心人物，卻因變法的失敗獲得了最大的利益。慈禧清算了變法的核心人物，自以為恢復了大清的憲制，卻控制不了外國的輿論。變法外圍的流亡者發動了近水樓臺的宣傳戰，將事件解釋成進步與開放、專制與排外的鬥爭。他們本來不一定勝利，但敵人幫了他們的大忙。慈禧一旦支持義和團，就在西方主流輿論面前坐實了流亡者的指控。朝廷雖然在庚子以後轉向變法，但無法扭轉國際社會對它的刻板印象。

改良派和革命黨成功地利用這種反感，動員海外華人社區，最終推翻了大清，將他們的宣傳變成了歷史，強迫以後的歷史以此為起點。其實這些宣傳真真假假，不比阿姆斯特丹出版的凡爾賽宮廷祕聞、蘇聯解體後出版的克里姆林宮祕聞可靠多少。

在這些宣傳戰中，梁啟超是主力。康有為熱衷於當教主，做不了推銷員和煽動家。梁啟超的主要敵人是革命黨，因為他們都依靠海外華人社區的捐款，構成同生態位競爭。大清是否倒臺無法預料，這塊蛋糕才是真正重要的。他們的論戰因此絕不是純粹的抽象理論，更不是尊重歷史和事實的典範，倒是有點像不規範的競選活動，以討好華人社區捐款人為原則，同時利用信息不對稱欺騙金主。雙方的鬥爭不限於演講和撰文，也包括利用幫會和日本浪人相互行刺，自然會結下不可告人的深仇[11]。只有內地少年毛澤東這種天真人士，才會僅僅依據他們公開的文章，呼籲一切革新派聯合起來，讓孫總統任用

9 時任總理衙門大臣兼戶部侍郎，在光緒與維新派之間充當聯絡者，並主持鐵路礦務總局。
10 康有為既不曾領導公車上書，也不曾領導戊戌變法，這些說法都出自他事後的作偽欺人。
11 一八九七年四月，在時務報館發生的一次爭吵中，康門弟子與章太炎大打出手，混亂中梁啟超挨了章一記耳光。一九零七年十月，梁啟超等在東京成立政聞社，召開成立大會時，張繼、陶成章等帶人到場搗亂，追毆梁啟超。一九二五年孫文病死，梁啟超前往祭悼，張繼等人仍欲揮拳毆之。

康、梁組閣——當然，他長大後就不再天真了，那是另外一回事。許多中國近代史專家研究歷史的方法，跟少年毛澤東非常相似。

辛亥革命與其說是海外兩黨在互掐之餘的努力，不如說是朝廷與其士紳支持者的內訌。無論如何，民國為流亡者提供了還鄉的機會。這是梁啟超的黃金時代。民國需要模仿西方的政體，沒有人比他更內行。然而好景不長，內地的軍紳政權痛苦地發現，自己對黨派政治並不擅長，盡管擁有大部分實際力量，卻很難贏得國會多數。一小撮黨派活動家雖然只在沿海和海外有影響，卻輕易地贏得了發號施令的地位。他們用政變作為答覆，很高興地看到對方無力對抗。梁啟超沒能像國民黨一樣，爭取日本、德國和蘇聯的外援，因此沒有辦法捲土重來。他回到了輿論製造者和思想引進者的角色，他在那裡才是強者。他在臨終前看到黨軍的北伐，預感到自己設想的「新中國」必將遭到新人的蹂躪[12]。果然，國民黨在抗戰結束前，推出了完全不同的「新中國」藍圖。蔣介石退往臺灣後，辛辣地譴責敵人的剽竊行動，卻忘了自己的概念也不是原創的。

梁啟超最深遠的遺產可能就是這套發明歷史的技術，後來所有人都以受害者自居，其實都是不同程度的受益者。只有他最初的受害者大清沒有抗議，因為大清已經沒有政治繼承人了。

12 梁啟超在一九二五年五月五日給孩子的信中寫道：「所謂工會、農會等等，整天任意宣告人的死刑，其他沒收財產等更是家常茶飯。而在這種會中（完全拿來報私怨，他們打的是「打倒土豪劣紳」旗號，其實真的土豪劣紳，早已變做黨人了，被打者只是無告的良民）主持的人，都是社會上最惡劣分子，半年以來的兩湖、最近兩個月的江西凡是稍為安分守己的人，簡直是不容有生存之餘地。這種罪惡當然十有九是由共產黨主動，但共產黨早已成了國民黨附骨之疽——或者還可以說是國民黨的靈魂——所以國民黨也不能不跟著陷在罪惡之海了。」

二五、生不逢時的關公
——吳佩孚

吳佩孚（1874-1939）出身秀才（一八九六年），後投筆從戎，一八九八年加入聶士成的部隊，在北洋武備學堂讀步兵科。他給人留下的印象是蘊藉深沉，是可造之才，因此值得進一步培養。一九零三年，他在保定陸軍學堂學習測繪。這段經歷改變了他一生的軌跡。

一九零一年以後，東北亞形勢日趨緊張。沙皇尼古拉二世撕毀了拳亂後列強一起從清國撤退的君子協定，單方面宣布成立遠東總督府[1]。依據俄羅斯在高加索和中亞的類似做法，聖彼得堡宮廷的下一步就是兼併長城以外的土地。國際社會紛紛矚目日本，希望這位後起之秀擔當起維護遠東秩序的重任。明治日本沐浴著爭當優等生的精神，迫不及待地想要向歐洲證明自己。這種強烈的表現欲望和天真的信任貫穿了日本的內外政策，構成了遠東近代化運動的基本動力。我們只有理解了這一點，才能真正理解：日本遭到凡爾賽和華盛頓的背叛以後，為什麼如此憤怒。日本人眼睜睜地看到自己的士兵被清軍挖眼、斷手、閹割，仍然像接待國賓一樣供奉投降的清軍將校，為的是博取歐洲輿論的好感。日本的僑民在庚子拳亂中受害最重，而日本的維和部隊紀律最好，即使慈禧太后都承認，皇宮和妃嬪得以保全，多虧了日本人。日本現在面臨另一次升級大考，他們完全清楚自己的地位與民意——國民慷慨激昂，準備為天皇的榮耀和世界的期望視死如歸。

大清沒有能力保護龍興之地。朝廷信賴的義和團勉強殺掉了為數不多的僑民以後，被俄國人一掃而空。當地官員將保護殘餘社會秩序的希望寄託在俄羅斯大將遲怯苛夫身上，給他立碑頌德[2]。他的遠東軍確實比流竄的清兵、拳民殘部紀律好一些，而當地官民都已經落到沒有資本顧忌面子和歷史評價的地步了。南方士大夫後來熱衷於丑化大

1 庚子事變前，正在建設中的東清鐵路南部支線的一部分被義和團破壞。辛丑條約簽訂後，列強撤軍回國。唯獨俄軍以保護鐵路為由，不僅沒有撤走，還占領了滿洲。

2 一九零零年八月，俄軍進入寧古塔城。代理副都統訥蔭為俄將遲怯苛夫立碑，為其歌功頌德。

清，沒有放過這段歷史。不過他們拿俄羅斯人沒有辦法，只有通過翻譯實現精神勝利。遲怯苛夫淪為遲怯苛夫，道理跟孫文淪為孫汶（洪水猛獸）相同。拼音文字的使用者聽不出有什麼不同，象形文字的使用者卻可以得勝回家了。日本人向袁世凱提出建議，一起打擊俄羅斯，但朝廷內部意見分歧，最後還是決定中立。袁世凱折衷處理，允許他的部下暗中祖護日本人。北洋督練公所選拔了一批幹將，配合日軍在遼東的偵察隊。吳佩孚就是其中之一，他繪圖的本領是禁得住考驗的。《吳佩孚傳》的作者岡野增次郎在此期間結識了他，兩人的友誼持續了幾十年時間。日本政府對吳佩孚的功績評價甚高，授予他旭日勳章[3]。

日、俄戰爭是吳佩孚飛黃騰達的起點，使他變成了北洋系統內部的東北通。日本的勝利給大清帶來了搭便車的機會，如果俄國勝利則肯定會使大清徹底失去關外的土地。日本人將鐵路區域和關東州以外的土地還給大清，這在當時意味著一筆巨大的歲入。北洋捷足先登，成功地將自己的代理人徐世昌安置在第一任東三省總督的位置上，從而奠定了他們對其他派系的優勢。第三鎮統制曹錕進駐吉林，發現吳佩孚的地圖對他太寶貴了，決定大用此人。吳佩孚奉命勘查清、俄邊境，成績卓著，從此變成了曹錕的左膀右臂[4]。東北巡防營練成後，第三鎮返回保定。辛亥革命後，京師陷於灤州立憲軍和燕晉聯軍[5]的包圍。吳佩孚隨曹錕作戰，擊破燕晉聯軍，深入山西省城，升任第三標標統。這場戰役很可能是吳佩孚和閻錫山畢生最專業化和歐洲化的戰爭。民國的戰爭雖然不少，卻變成了政治戰，軍事專業能力對成敗的影響不占主要地位。

南北議和後，第三鎮將山西交還給晉軍。袁世凱當時是總理大臣，調這支嫡系部隊拱衛京畿。這時，南京參議院派宋教仁、汪兆銘、蔡元培等人迎接袁世凱南下就職。南

3 一九零四年，在袁世凱的暗中支持下，日本駐華軍事顧問從北洋督練公所中選拔出包括吳佩孚在內的多名青年軍官，與日本情報人員祕密組成「中日混合偵探諜報隊」，分別到旅順、大連等地刺探俄軍情報。吳佩孚建議日軍用多艘普通漁船日夜不停地對俄艦隊進行騷擾、試探，趁其麻痹之際，再把情報船混在漁船中行駛到日本海軍指揮艦，此建議受到日軍的採納，為後來日軍殲滅俄軍陸上要塞做出了貢獻。十月，吳佩孚被俄軍逮捕，但在被押往哈爾濱的途中成功逃脫。吳佩孚後來的顧問岡野增次郎就是他在這次間諜活動中認識的。日俄戰爭後，吳佩孚因屢次立功，被日本贈予「單光旭日勛章」一枚。

4 日、俄戰爭結束後，吳佩孚進入第三鎮步隊十一標第一營任督隊官。第二年，曹錕成了第三鎮的統制。吳佩孚隨曹錕駐防吉林時，有一次曹錕要用東北地圖，結果整個第三鎮只有吳佩孚有一張在日、俄戰爭時期自己繪製的東北地圖，由此曹錕對吳佩孚開始關注，派吳佩孚到與俄國交界的吉林興凱湖測量、繪圖。

5 一九一一年十月二十九日，剛由東北率兵開到灤州的新編陸軍第二十鎮統制張紹曾發動兵諫。清廷迫於形勢，賜張紹曾侍郎銜，任命他為宣撫大臣，又派吳祿貞到灤州「撫慰第二十鎮官兵」。吳祿貞到灤州後，與張紹曾等密謀。隨後灤州打出「立憲軍」的大旗。十一月四日，吳祿貞與山西民軍領袖閻錫山在娘子關會談，決定建立「燕晉聯軍」，截斷京漢鐵路，然後合兵揮師北上，直搗北京。十一月七日，吳祿貞突遭刺殺。他的遇害使「燕晉聯軍」同灤州、奉天反清軍隊南北夾擊、直搗清廷的計畫化為泡影。

苑的第三鎮士兵突然索餉譁變，大肆搶劫北京市民。袁世凱調駐守長城的姜桂題[6]所部，入京平亂。這次叛亂來得如此及時，給袁世凱提供了留在北京的充分理由，使南方代表無話可說，因此國民黨一直堅持叛亂是袁世凱自己製造的。第三鎮在北洋內部聲譽卓著，確實不是那種容易譁變的烏合之眾。全國軍隊統編後，第三鎮改組為第三師。第三標改組為第三團，吳佩孚任團長。二次革命時，第三師進攻湖南。湘軍沒有認真抵抗，第三師兵不血刃地進駐岳州。戰後，吳佩孚升任第六旅旅長。護國戰爭爆發後，袁世凱如法炮製地派第三師入川平亂。吳佩孚真正的考驗開始了。

第三師從岳陽出發，走水路到重慶。喘息未定，蔡鍔的護國軍已到敘府。蔡鍔的朋友戴戡[7]入據貴陽，出兵遵義，掖重慶側背。袁世凱派段祺瑞的朋友張敬堯[8]指揮征滇諸軍，但段祺瑞仍然不肯合作。張敬堯在重慶召開軍事會議，將第三師派到最危險的瀘州前線，派馮玉祥進駐內江，自己坐鎮重慶。第三師剛到瀘州，川軍劉存厚[9]就響應蔡鍔。吳佩孚腹背受敵，但他能夠利用砲兵和高地的優勢。川滇兩軍缺乏配合，犯了將兵力漸次投入戰場的錯誤，以致功敗垂成。袁世凱聞訊，封吳佩孚為三等男爵。然而北軍的勝利非常短暫，蔡鍔親征江安。北軍後勤兵站長陳慶被俘，輜重盡失。戰線趨於穩定，雙方都不敢輕易發動消耗巨大的攻堅戰。袁世凱在這時去世，消除了雙方繼續作戰的理由。

第一次法統重光以後，第三師返回保定。

府院相爭和張勳復辟期間，曹錕、吳佩孚都支持段祺瑞。黎元洪倒臺，舉國一致政府瓦解。護法軍政府在廣州成立，湖南變成主戰場。第三師再次南下，攻陷了長沙、衡陽。段祺瑞一如既往地不會做人，導致了北洋內部的進一步分裂。他原以為支持新國會選舉北洋元老徐世昌為大總統，事情會比黎元洪時代更好辦，結果恰好相反。吳佩孚在曹錕的默許下，跟湘軍達成協議，私自回軍保定，於是湖南全省重新回到南方勢力手中。但曹錕和張作霖段祺瑞覺得吳佩孚的做法已經超過了他能夠容忍的底線，非討伐不可。但曹錕和張作霖對段的回應是：反而要求段祺瑞的親信徐樹錚[10]下臺，雙方終於決裂。

---

6 姜桂題（1843-1922），初為捻軍，投降僧格林沁，繼而加入宋慶的毅軍，後歸北洋。

7 戴戡（1880-1917），早年留日，與蔡鍔同入梁啟超的政聞社。辛亥後在貴、川歷任多個要職，洪憲帝制時與梁、蔡一同反袁。後死於四川內亂。

8 張敬堯（1881-1933），段祺瑞的老下屬。護國戰爭爆發後被任命為第二路軍司令。一九一七—一九一九年任湖南督軍期間為害三湘，聲名狼藉。

9 劉存厚（1885-1960），留日期間加入同盟會，回國後任職於雲南武備學堂，參與光復雲南。護國戰爭中響應蔡鍔。一九一七年任四川督軍，後逐漸失勢，但仍能控制綏定一帶。黨軍北伐，吳佩孚兵潰後無所歸依，被劉存厚庇護收留。一九三三年因剿匪戰敗被蔣免職。一九四九年在老同學閻錫山幫助下去臺灣。

10 徐樹錚（1880-1925），段祺瑞最重要的心腹幹將，段一生的主要事業，如聯名奏請清帝退位、抵制洪憲帝制、段祺瑞依靠中日軍事協定，用日本提供的優惠貸款購置武器，訓練參戰軍支援歐洲戰場。日本顧問認為參戰軍草率組成、訓練不足，但段祺瑞不能再等了。他派段芝貴──原為袁世凱親信，袁死後追隨段祺瑞──指揮西路軍，進攻吳佩孚；徐樹錚指揮東路軍，進攻曹銳──曹銳是曹錕的弟弟，此時執掌直隸。段芝貴無所作為，諸將離心。真正在前線作戰的總指揮曲同豐[11]在松林店遇伏，不願意擴大傷亡，要求停戰。雙方在保定舉行了歐洲式的停戰儀式。曲同豐將軍刀交給曹錕，表示不再對貴軍採取敵對行動。曹錕接受軍刀，向貴總指揮的英勇致敬。自宋襄公和子路[12]的時代結束以後，東方兩千年來還沒有出現過如此文明的戰爭。徐樹錚已經在東線獲勝，聞訊停戰。段祺瑞通電下野，直奉聯軍瓜分了參戰軍的武器。

吳佩孚既是這場戰爭的起因，又是這場戰爭的主力，從此躍升為全國性重量級人物。但他也得罪了張作霖，後者覺得自己和曹錕稱兄道弟，吳佩孚這樣的部將沒有資格插進來。吳佩孚繼承了第三師的衣缽，也引起了曹銳和曹家親族的猜疑。他以直魯豫巡閱副使的名義開府洛陽，直系從此形成了洛派與津保派（曹家親族）分流的狀態。此時，湖北自治會企圖效法湖南，借助湘軍的力量，將聯省自治的範圍擴大到本省。而鄂督王占元[13]因其個人的貪婪得罪了湖北的士紳，王占元屬於求田問舍的性格，更樂意趁機帶著錢去租界安閒度日，並不戀棧。故湘軍北上。吳佩孚派兵南下，趕走了湘軍，將親信蕭耀南安置在武昌。

徐世昌—梁士詒[14]政府在直奉兩系的夾縫中勉強維持，忌憚吳佩孚更甚於張作霖——這時的吳佩孚等於占據了段祺瑞以前的政治生態位，而張作霖處在曹錕以前的生態位。吳佩孚的反應跟以前的段祺瑞也非常相似，企圖武力統一全國。然而奉軍的武器、人數和團結程度都占上風，不可能輕易讓步，因而新的戰爭無法避免。吳佩孚在長辛店

討伐張勳、編練參戰軍、對南方用兵，徐樹錚都是主要謀劃者或執行者。

11 曲同豐（1873-1929），與徐樹錚、靳雲鵬、傅良佐並稱為皖系「四大金剛」。

12 宋襄公不願攻擊正在渡河的楚軍，子路「君子死而冠不免」，這是封建時代貴族德性的最後閃光。仲由（公元前542至前480），字子路，孔門十哲之一，勇武豪爽，擅長政事。子路晚年擔任衛國大夫孔悝的邑宰，在他外出時衛國發生政變，子路不顧旁人勸阻，返回討伐，力戰受傷，結纓而死。

13 王占元（1861-1934），馮國璋的老部下，與李純、陳光遠並稱長江三督，抵制段祺瑞的「武力統一」。馮死後繼續與曹錕系諸將一同反段。王占元精於搜刮，馭下失當，使得湖北譁變頻發，自己被迫下野。孫傳芳原為他的部將。

14 梁士詒（1869-1933），舊交通系首領，袁世凱手下的「財神」，洪憲帝制失敗後一度隱退蟄伏，此時出任國務總理。

的戰役中運用側擊戰術，以致奉軍張景惠[15]以絕對優勢落敗，這是他軍事戎馬生涯的最高峰。這次勝利不僅削弱了張作霖，也削弱了主張和談的津保派，使第二次法統重光成為可能。

在直系內部，吳佩孚一直是舊國會最積極的支持者。他為了表示自己的原則性，將這種立場一直堅持到垮臺以後。舊國會恢復，給南方的孫文以致命一擊，此前，孫文以護法為名南下另組政府。舊國會既已恢復，孫文的活動則變得名不正言不順，他最後的支持者決定拋棄他。孫文流亡上海，走投無路。蘇俄在這時招徠他，他已經沒有什麼選擇餘地了，索性放下了護法的旗號，戲劇性地倒轉一百八十度，要求廢除法統，積極為蘇俄提供特洛伊木馬[16]。中華民國法統和遠東條約體系的崩潰、二戰和冷戰的根源，都是這匹木馬種下的。在此之前，中華民國的未來似乎不大可能比泰國更危險；在此之後，同樣不大可能比波斯尼亞更安全。

黎元洪要求諸將同意廢督裁軍才肯復職，但後者很快就撕毀了他們的承諾，天天到公府鬧事。黎元洪憤怒地出走，結束了短暫的第二次法統重光。舊國會制定的一九二三年憲法，實際滿足了一九一二年以後的所有制憲要求，從技術上講比臨時約法完美得多，然而法統的威靈從來不是依靠技術維持的，曹錕政府只能享受殘餘爝火最後的溫暖。主要責任並不在曹錕和吳佩孚，因為第一次世界大戰結束後，全世界知識界都陷入迷失狀態，列寧和墨索里尼的成就，進一步動搖了他們對十九世紀議會民主制是金科玉律的信心。毀滅的旋風從世界中心向世界邊緣席捲而來，在此之前，這股旋風已經摧毀了比民國穩固得多的幾個大國，早晚會落到「本不植高原」的民國法統頭上。

五四運動的意義就是破壞了知識界和輿論界對法統原本就很脆弱的信念，使得此後

15 張景惠（1871-1959），奉系老將，早年在本安縣八角臺鎮組織自衛團，與張作霖一見如故，主動讓賢，自居副職。第一次直奉戰爭中為奉軍西路軍司令，但他指揮失當，導致整個戰局因西路潰敗而失敗。皇姑屯事變中，他身受重傷。滿洲國建立後曾任總理大臣。

16 在扶持孫文之前，蘇俄做過爭取吳佩孚的工作。一九二二年，蘇俄特使阿道夫·阿布拉莫維奇·越飛給吳寫信：「……我們都懷著特別關注和同情的心情注視著您，您善於將哲學家的深思熟慮和老練果敢的政治家以及天才的軍事戰略家的智慧集於一身……」表示為了「便於修復兩國睦鄰關係」，希望吳佩孚承認蘇俄紅軍占領外蒙古的現實。待越飛的軍事顧問格克爾將軍結束了對洛陽的考察、返回北京後，越飛立即給史達林拍發了「絕密」級電報：「格克爾從吳佩孚那裡回來了，說從未見過這樣完美的軍事秩序：秩序和紀律極其嚴整，操練和訓練比贊許的還要好。」蘇聯政治局會議第八十六號（特字）紀錄：「中國的事態發展進程，越來越把吳佩孚和他所領導的直隸集團推到首要地位。吳佩孚正在成為核心政治領導人物，同時好像也在成為民族運動重新爆發的中心……吳佩孚的行動會造成有利的局面，必須加以利用。有必要同吳佩孚聯合，聯合的結果應當是成立新的中國政府。」但吳佩孚一直不與蘇俄人合作，蘇俄人遂將目標轉向孫文。

的反對派都覺得可以撕下維護法統的假面具了。吳佩孚對一九二三年憲法的忠誠，如果放在第一次世界大戰以前，本來可以使他立於不敗之地，在十月革命和五四運動以後，恰好足以妨礙他在失敗後捲土重來。第二次直奉戰爭的失敗對他並不構成致命打擊，但他對恢復一九二三年憲法的執著，使他一再錯過東山再起的機會。他似乎厭惡國民政府對軍閥的醜化宣傳，執意用現實利益的犧牲證明自己的節操。而問題在於，這恰好達到了宣傳家的預期目的。

北洋諸將對五色旗的忠誠一直延續到抗戰以後，構成華北抵抗國民政府的主要原因。國民政府的宣傳故意將他們內部的派系鬥爭和背叛法統的真正變節混為一談，這是極其荒謬和混亂的邏輯。所有政治集團都必須內外有別才能存在，對團體的忠誠和團體內部的鬥爭是兩碼事。吳佩孚從來沒有背叛團體和法統，段祺瑞背叛了法統而沒有背叛團體，但國民黨把兩者都背叛了，然後愚蠢地指望後人不會將背叛擴大到國族的層面。

背叛者能夠依靠降低底線而獲得更大的行動優勢，嘲笑「宋襄公」的愚蠢，宣布勝利者不受指責，直到更大的背叛者出現。一戰以後的歷史沿著這條螺旋下降的路線發展，吳佩孚稱之為「循環理」[17]。他沒有親眼看到蔣介石在國共內戰中的下場，但他若看到，一定不會感到驚奇。武昌戰役是曹錕和曲同豐喜歡的那種費厄潑賴式（fair play）戰爭在遠東的謝幕。吳佩孚的軍隊延續舊習，不願意看到超過數千人的傷亡，不肯將自己的抵抗能力發揮到極限，更不肯徹底動員和犧牲轄區的平民，因此面對開闢超限戰的北伐軍，只做了象徵性的抵抗就投降了，宣告了舊時代和吳佩孚個人政治生涯的結束[18]。蔣介石以為這是革命精神的勝利，其實只是在超限戰起點上的舊時代浪漫幻想之勝利，在他不得不親自領教的超限戰後半段——比如國共內戰，這種所謂的革命精神的勝利很快就會變得迂腐可笑。蔣介石自詡精通法蘭西大革命的歷史，卻沒有想到革命的急先鋒總會在自己發動的革命中淪為反革命。後來者之所以能夠對他不講道義，就是因為急先鋒自己破壞了道義可能存在的條件。

17 一九二四年，吳佩孚在第二次直奉戰爭中因馮玉祥倒戈背叛導致慘敗，失去了自己的主力部隊，此後雖然被華中的小軍閥們擁戴而東山再起，但實力已大不如前。一九二五年，奉系大將郭松齡與馮玉祥勾結，倒戈反奉，奉系一度情勢危急。吳得知這個消息，信口吟道：「而今始知循環理，斜倚欄杆亂點頭。」

18 中國歷史上，春秋以後最自由的時代就是民國初年，但肯定是不可持續的。只有當社會上的團體具備能力維持自治，那種自由才是可持續的。如果像民國初年那種非常鬆散的知識分子團體，一點抵抗力也沒有，那麼早晚會有什麼力量冒出來把他們打倒。傅斯年、陳寅恪是非常任性的，像撒嬌的孩子一樣自由自在，但他們只能夠在北洋軍閥面前撒嬌，在蔣介石面前撒嬌。孩子撒嬌的條件是面對寵愛他、縱容他的人。但如果有人想要整肅他們，這些士大夫是一點還手之力都沒有的。

吳佩孚的晚年幾乎全都用來炫耀自己的節操[19]，驕傲地毀掉了自己東山再起的所有機會，最後在抗戰初期去世。死得其時是件非常困難的事情，而他居然做到了。

國民政府宣傳他是因為拒絕跟日本人合作，才被日本人謀害的，可信度並不高。因為吳佩孚的愛國主義和正統主義，主要體現於鄙視國民黨和蘇聯的曖昧關係，國民黨為了自己的小利而出賣了蒙古和廣東，很難想像吳佩孚會不帶著幸災樂禍的心態看到國民黨終於落到了人肉盾牌的下場。國民黨地下組織善於暗殺北洋大員，然後嫁禍於日本人，最後將自己的犧牲品塑造成擁護自己的抗日英雄。國民黨早期的朋友和恩人唐紹儀就落到了這種下場，這種心理結構使他們特別容易懷疑和指責其他人跟自己一樣。抗戰結束多年，吳佩孚周圍的人有強烈的利益動機配合抗日英雄的塑造，然而對日本不利的證據卻沒有比當時更多。也許，他確實就是病死的。如果他死於非命，可能的嫌疑人範圍大概比他的親屬敢於承認的範圍大得多。

19 吳佩孚一直奉行「三不主義」：不住租界，不借外債，不積私財。

二六、革命黨人的德行標杆——黃興

黃興是曾國藩、左宗棠推廣的那種教育的產物，強調經濟、實學，鄙視宋明儒生的柔弱，把明末遺老當作重返先秦儒家原教旨的最恰當路線。張之洞興辦兩湖書院，吸引鄙棄八股牢籠的青年才俊。黃興雖然已中秀才，還是棄舊從新。一九零二年，他加入了湖南第一批留日學生的行列。這些湖南人在東京弘文學院[1]形成了活躍的團體，將王夫之奉為本省的英雄和華夏復興的先知。湖南在湘軍以後的特殊歷史似乎證明，他們的省份最有資格發揮普魯士在德國的作用[2]。國家主義和軍國主義在日本方興未艾，塑造了

1 東京弘文書院是日本最早專門接受中國公派留學生的學校，初創於一八九六年，一九零二年一月正式成立。書院創辦人、日本教育家嘉納治五郎曾赴清考察，多次會見湖廣總督張之洞，與兩湖政府建立起密切關係，因此該書院招收了眾多來自兩湖的留學生。

2 一九零三年，楊度發表於《新民叢報》的〈湖南少年歌〉：「……中國如今是希臘，湖南當作斯巴達，中國將為

黃興的思想底色。東京留學生組織拒俄義勇隊和軍國民教育會[3]，他都是其中的積極分子。這些活動引起了清朝官方的不滿，但這種不滿只會增加留學生反清的激烈程度。他在留學生圈內贏得的口碑是豪放寬簡，不拘小節。

黃興畢業回國後，在自己的母校鼓吹排滿的國族主義，遭到院長梁鼎芬[4]的驅逐，於是回長沙舉辦東文講習所，推廣革命黨人的宣傳小冊子。一九零四年，他用變賣家產的資金成立了華興會。胡瑛、劉揆一、宋教仁、章士釗都是會員，公舉黃興為會長。華興會提出「驅逐韃虜恢復中華」的口號，很快就在革命者的圈子裡流行起來，超出了本會的範圍。他們聯絡哥老會，計劃在慈禧太后七十大壽時進攻長沙。消息走漏後，黃興在聖公會的保護下逃亡日本。

次年五月，他在日本結識了孫文。兩人的友誼對後來的歷史影響甚大。同盟會成立時，興中會的班底不如華興會強大[5]。孫文的領袖地位得力於黃興的慷慨支持，大多數兩湖領袖並不喜歡廣東人。只要黃興不在場，這種天然的裂痕就會浮出水面。同盟會幾次掀起反對孫文的浪潮，都為黃興勸阻。孫文的朋友非常感動，覺得黃興是忠厚長者[6]。孫、黃結合，使黃興脫離了長江流域的活動。此後五年，他一直在主持兩廣的革命活動。黃花崗起義失敗，給他以沉重的打擊。他避居香港和上海租界，無意近期大舉。

德意志，湖南當作普魯士。……若道中華國果亡，除非湖南人盡死。」

3 辛丑合約簽訂後，列強撤軍回國，唯獨俄國軍隊賴在滿洲不走，並進一步增兵逼迫清廷。一九零三年四月二十九日，留日學生在東京錦輝館集會，決定成立拒俄義勇隊，黃興等二百餘人當即簽名參加。清政府獲悉後，密令逮捕回國代表，同時要求日本政府解散學生軍。五月十一日，義勇隊更名為軍國民教育會，宗旨為「養成尚武精神，實行民族主義」，施行「一曰鼓吹，二曰起義，三曰暗殺」的方法。會員二百人左右，多為華南及華中沿海地區的留日學生。軍國民教育會成立後，立即分派會員回國策動反清活動。

4 梁鼎芬（1859-1919），晚清詩人、學者，在張之洞幕府活躍多年，曾任兩湖書院院長。民國時成為遺老，為光緒帝崇陵種樹守墓。

5 一九零三年十一月四日，黃興以過生日為名，約集同仁在長沙保甲巷彭淵洵家舉行祕密會議，決定建立名為華興會的反清革命團體，對外偽託興辦礦業，稱華興公司，入會者均稱「入股」。一九零四年二月十五日，華興會藉除夕聚宴之名舉行正式成立大會。黃興被推為會長，宋教仁、劉揆一為副會長。隨後，黃興聯絡湖南哥老會首領馬福益，計劃於十一月十六日慈禧太后七十壽辰、湖南文武官員齊集省城時，以武備學堂學生為主，聯絡新軍和巡防營為策應奪取長沙，省城外哥老會分兵五路回應。事洩，黃興與大批會員東渡日本，成為後來同盟會的骨幹力量。同盟會中，原光復會領袖多與黃興更接近，立憲派人士也與他的關係更融洽。尤為重要的是，黃興幾乎直接指揮、領導了大部分的武裝行動。

6 一九零七年七月，章太炎、張繼、陶成章等人就潮州、惠州等地起義失敗和孫文分配贈款不公一事發起攻擊，逼當時代理庶務幹事的劉揆一召開特別大會，罷免孫文的總理職務，改選時在香港的黃興為總理。黃興表示：「革命為黨眾生死問題，而非個人名位問題，孫總理德高望重，諸君如求革命得有成功，乞勿誤會，而傾心擁護，且免陷興於不義。」一九零九年秋，陶成章等起草了〈孫文罪狀〉，再度倒孫，要求開會改選同盟會總理。黃興再次極力抵制。陶成章寫信給李燮和等人說：「公函已交克強兄，惟彼一力袒護孫文，真不可解。」胡漢民認為黃興極力維護孫文而不是乘機取而代之，「凡此皆非為中山個人，實為大局。」

武昌起義恰好出現在這時，說明早期革命領袖和內地的形勢已經脫節。黃興離開上海租界，趕往漢口。黎元洪在武昌閱馬場搭起拜將臺，以古禮授黃興戰時總司令印、旗和劍。當時的總司令仍然是非常鄭重的信託，沒過幾年就貶值到草臺班的地步。黎元洪搞組織管理還是稱職的，但談不上有大將之才。黃興基本上沒有協調各軍的能力，只擅長激勵他最信任的小股人馬英勇戰鬥。陽夏保衛戰失敗，主要是湘、鄂聯軍協同作戰的能力遠不及北軍。論人數、糧餉和地勢，北軍都處於劣勢；然而民軍的指揮系統已經瓦解，這才是最致命的。反攻漢口的戰役很像幾支敢死隊的分散行動，沒有在任何一點上形成局部優勢。

停戰後，他返回上海。各省代表會議一度推選他為大元帥，然後又為了黎元洪的緣故改為副元帥。南京臨時政府成立後，他出任陸軍部長。南北和談後，袁世凱委任他留守南京。留守府整頓各軍，是恢復健全財政的必要前提。黃興在這段時間的表現，贏得了中外人士的敬佩。他本來有許多玩弄權術的機會，卻沒有利用[7]。

宋教仁遇刺後，國民黨面臨分裂的危機。黃興再一次支持孫文[8]，組織江蘇討袁軍。他順利地趕走了蘇督程德全，卻無法解決軍餉補給的問題。黃興在南京的兩個月內，依靠商會斷斷續續的捐款維持，幾乎沒有打過像樣的戰鬥，就棄城出走。這種失敗的方式是他的榮耀而非恥辱，證明他沒有大多數同時代人心狠手辣[9]。他的同黨何海鳴[10]、陳其美在這方面都比他能幹得多。黃興習慣的籌款方式是募集南洋和美洲商人的捐款，維持幾百名突擊隊員的費用。這種籌款模式維持不了真正的戰爭。

孫文經過這次失敗，變得更加不擇手段，以致黃興和陳炯明都不肯加入新成立的中華革命黨。黃興退隱到美國，失去了大部分影響力，直到法統重光。段祺瑞在舉國一致政府的蜜月期，希望延攬反對派的名人，提議由黃興擔任老家湖南的都督，但他已經一病不起，不久就在上海去世。一九一七年，北京政府為他舉行了國葬。

---

7 一九一二年，黃興曾說自己「蓋自束髮讀書以來，即知立志自愛，凡一切謀利祿、爭權勢與夫寡廉鮮恥、卑鄙陰賊之念，不待禁革，早能自絕於心」。

8 據孫文回憶，宋教仁死後第五天，他和黃興等人一起討論對策。黃興說：「民國已經成立，法律非無效力，對此問題，宜持以冷靜態度，而待正當之解決。」但孫文堅持要武力討袁，黃興只好依他。

9 孫文此後一直責怪黃興不死守南京，「貿然一走，三軍無主」，才導致失敗，否則以南京「帝王之都，龍蟠虎踞」，如果「效死以守」，大江以北絕不會「聞風瓦解」。而黃興在當年七月二十六日發表的聲明中表示：「我如奮鬥到底，將使大好河山遭受破壞，即獲勝利，全國亦將糜爛，且有被列強瓜分之虞。」

10 何海鳴（1887-1944），革命黨人。二次革命時，他在黃興走後重新宣布江蘇獨立，據守南京，失敗後逃亡日本，與陳其美等人一道指責黃興「包辦革命」、「侵占公款」，鼓吹孫文加強黨魁專制、黨魁崇拜。

黃興的支持者不同於孫文的支持者，海外僑社的背景淡薄得多，包括了大批湖南和四川的鄉紳。這些人不習慣祕密活動，而且經受不起長期背井離鄉的生活。他去世後，孫文一系的革命黨日益邊緣化。黃興一系的人馬漸漸脫離了革命黨，從歷史舞臺上消失了。其中一部分變成了熊克武[11]在四川的支持者，隨著國民黨系川軍入粵，最終銷聲匿跡。黃興本人既沒有知識分子的才幹，又沒有職業軍官的技能，然而就政治德行而言，在充滿浪人的革命黨當中樹立了難以企及的標杆。他的厚重沒有得到適當的生態位，很難說是幸運還是不幸。如果天假以年、環境有利，他也許會占據閻錫山在北伐以後的類似地位。湖南可能像山西一樣，依靠元老的蔭蔽和關係網，減少戰亂，變成軍國民主義地方自治的模範。不過在這種情況下，孫、黃兩系的再度反目似乎很難避免。

11 熊克武（1885-1970）初為同盟會員，屬黃興一派。隨黃參加過廣州起義；辛亥革命時被南京臨時政府任命為蜀軍北伐總司令。一九一五年參與蔡鍔、唐繼堯討袁之役，被蔡鍔委任為第五師師長兼重慶鎮守使。一九一八年就任四川靖國軍總司令，後兼攝四川軍、民兩政。熊克武捲入四川內部混戰之中，幾次反復於南北政府之間，後又重新表示接受孫文的領導，被親吳佩孚的川軍擊敗，退出四川。一九二五年，孫文病死，胡漢民命熊克武班師回廣東休整，待機再出師北伐，熊克武留下賀龍師一萬多人在湘應變，率其餘部隊南下廣東。熊到廣州後被蔣介石等人扣押，其部眾在撤退過程中流散，部分被趙恆惕收編，部分被楊森收編。熊被釋放後，繼續擔任國民黨中央執行委員。抗戰以後，熊利用元老身分和舊的人脈在四川活動。一九四九年投共。

二七、「三國穿越者」——張作霖

張作霖（1875-1928）的軍事生涯從甲午戰爭開始。他加入宋慶[1]的毅軍，一度升至哨長，但沒有突出的戰績，不久就隨著戰爭的結束而退役。

趙家廟保險隊才是他畢生事業的真正起點，但也為他招來了無窮的毀謗。庚子之亂，關東群盜如麻、人人自危。比較負責的士紳往往就會自己捐助糧餉，招募本地丁壯巡防，因為有產者在動亂中多半損失更大。關東士紳稱這種民團為保險隊，性質上更接近於曾國藩時代的團練。張作霖的岳父趙占元聯絡鄉紳李龍石和本地的其他頭面人物，成立了趙家廟保險區。張作霖至少參加過正規戰爭，按照鄉村的標準就算軍事精英了，又有岳

1 宋慶（1820-1902），晚清名將，參加過剿捻、甲午戰爭、庚子之役。一八九四年，張作霖投宋慶部當兵。

父提攜，自然當上了保險隊長。

張作霖發跡以後公布的材料說：因為他紀律嚴明、愛民如子，在附近鄉民當中口碑極好，很快就將聯防區域擴大到中安堡。這些說法可能有諂媚的成分，但指控張作霖是土匪的濫調明顯更缺乏依據。他在趙家廟以前的歲月有沒有偷雞摸狗，由於他當時太不重要而沒有留下可靠的證據，但保險隊成立以後就肯定不是土匪了。他的保險隊最初由趙家廟鄉民供養，按各人擁有土地的面積攤派，顯然不是土匪的籌款方式。他的隊伍擴大以後，向新民銀行家借錢，以致遭到商會會長姜雨田攔路討債。商人不大可能向土匪討債，向保安討債卻是理所當然。

一九零一年，張作霖的保險隊和張景惠[2]的保險隊合併。總巡長馮麟閣[3]和「辦理南路遼河兩岸招撫局」給他頒發了官方執照，表明奉天官紳和各國領事承認了他的保險隊。在此期間，他結識了東北軍老派的骨幹張景惠、湯玉麟[4]和張作相[5]。一九零二年，兵備道張錫鑾將他的部隊改編為新民府巡警營。張作霖出任馬幫幫帶，三年後積功升為統帶，一九零七年升為奉天巡防營右路統領，一九零八年升為洮南鎮守使。他的主要功績顯然是捕盜，與其說像軍隊不如說像騎警。

這時，軍事改革已經在全國啟動。北洋新軍進駐長春，各路舊式軍隊都有行將裁撤的恐懼。如果大清長治久安，出身民團的張作霖很難再有升遷的機會。然而，袁世凱的倒臺給他帶來了意想不到的運氣。攝政王的政府為了削弱袁系勢力，大肆提拔新一代正規軍軍官藍天蔚、吳祿貞等人。後者即使不是同盟會員，也屬於當時帝國境內最激進分子的百分之一。辛亥前夜，朝廷開始感到不安，然而已經無力清洗自己培養的敵對勢力，只能依靠沒有受過正規軍事教育的舊式軍官牽制他們。東三省總督趙爾巽[6]對張作霖的

---

2 張景惠（1871-1959），奉天臺安縣人，此時也在本鎮組織自衛團，與張作霖一見如故，主動讓賢，自居副職。後成為奉系元戎，滿洲國建立後曾任總理大臣。

3 馮麟閣（1868-1926），又名德麟，奉天海城人，張作霖早期多受他提攜，後因支持張勳復辟而下野。

4 湯玉麟（1871-1949），奉天義縣人，早年落草，後成為奉系元戎。

5 張作相（1881-1949），奉天錦州人，早年落草，後成為奉系元戎。他經常被誤以為是張作霖的親兄弟。一九零七年，以年齡為序，馬龍潭、吳俊升、孫烈臣、張景惠、馮德麟、湯玉麟、張作霖、張作相八人結拜為盟兄弟。

6 趙爾巽（1844-1927），歷任多地督撫，一九一一年任東三省總督，一九一四年任清史館總裁，袁世凱稱帝時被尊為「嵩山四友」之一，一九二五年段祺瑞執政期間任善後會議議長、臨時參議院議長。一九零七年，時任盛京將軍的趙爾巽因張作霖剿匪有功，將他從新民府游擊馬隊中營管帶提拔為奉天巡防營右路統領。武昌起義爆發後，潛伏在東北的革命黨人試圖發難。張作霖幫助趙爾巽鎮服了新軍將領，並消滅了革命黨人的頭領。趙爾巽在給清廷的奏折中盛讚張作霖：「該統領不動聲色，連斃三凶，實足以快人心而彰顯戮。」清廷因此破格升賞，任張作霖為「關外練兵大臣」，賞戴花翎，並將其所部改為第二十四鎮，由張作霖任統制，不久又兼任巡防營務處總辦。因為這種知遇之恩，張作霖一直將趙爾巽尊為前輩、恩師，後來《清史稿》缺乏經費時，張作霖提供了巨額捐款。張學良曾回憶道：「我父親沒有怕的人，他就怕趙爾巽，就趙爾巽能說他。」

知遇之恩，必須在這個背景之下才能充分理解。

張作霖及其「老兄弟」大體上是《三國演義》、《說唐傳》之類通俗文化培育的產物，講究「滴水之恩，湧泉相報」，覺得英雄好漢應該像他們的理想人物王伯當一樣，明知會遭到狡猾的士大夫利用，仍然心甘情願為「忠義」價值觀而犧牲。藍天蔚、吳祿貞一類新人將抽象的政治原則置於具體的個人情義之上，在這些草莽英雄看來，即使不是忘恩負義，至少也是不可理喻。

辛亥軍興，新軍諸將推舉藍天蔚為關東都督。老謀深算的趙爾巽不肯正面攖其怒焰，宣布成立曖昧無比的東三省保安會。保安會既可以解釋為南方各省軍官和士紳組織的預備省議會，很快就會過渡到正式宣布獨立；也可以解釋為總督匯集民間力量，鎮壓叛亂保境安民的臨時機構。趙爾巽一面用模糊手段穩住革命勢力，一面密召張作霖南下勤王。張作霖進駐省城後，迅速誅殺或驅逐了立足未穩的革命黨人，但文主武從的關係從此破壞，趙爾巽實際上變成了張作霖的糧臺。朝廷風雨飄搖，自顧不暇，追認張作霖為「關外練兵大臣」，賞頂戴花翎。張作霖力勸朝廷與其在京師任人脅迫，不如東遷故都。他和關東忠臣發誓定將出兵保駕，但朝廷不敢冒險。

民國成立，南北各軍統編。袁大總統任命張作霖為二十七師師長，授中將軍銜。張作霖羽翼未成，希望借助袁世凱的支持，鞏固自己在奉天的地位，宣布擁護袁世凱稱帝。一九一六年，袁世凱封張作霖為盛京將軍。袁世凱去世時，張作霖出任奉天督軍兼省長。然而他在團練時期的老上級馮麟閣擔任二十八師師長，仍然足以跟他分庭抗禮，直到馮麟閣入關參加張勳復辟失敗，張作霖才完全控制奉天。駐守黑龍江的第一師師長許蘭洲和大總統黎元洪任命的督軍畢桂芳不和，企圖通過政變取而代之。張作霖藉調停的機會，收編了許蘭洲的軍隊，將勢力伸入黑龍江。吉林督軍孟恩遠在寬城子事件中處理不善，導致日本軍隊干涉。大總統徐世昌大為不滿，借助張作霖的武力將他罷免。於是，張作霖完全控制了關東三省。此後，他獲得了英、俄兩國對歐洲、秦人對六國享有的地緣優勢。其他人必須應對多條戰線，他只在一個方向上有敵人。其他人失敗就會無家可歸，他失敗只需要退回關外就行了。

一九一七年，張作霖任命王永江[7]為奉天財政廳長。當時奉天財政瀕臨崩潰，無力償還日本正金銀行的貸款，啟動了不負責任的濫發紙幣政策。王永江恢復了財政保守主

7 王永江（1871-1927），大連金州人，精於理財，人稱奉系的財神。

義的原則，把省幣建立在白銀儲備的基礎上。奉天銀元經過他的整頓，長期跟日元平價。一九一九年以後，奉天政府還清了日本銀行家和上海銀行家的貸款。財務信用恢復後，他在正金銀行的三百萬日元貸款支持下，發行了通常稱為奉票的紙幣。紙幣滿足了關東經濟繁榮需要的貨幣增發，銀元標準和日元儲備保證了流通貨幣的信譽。二十年代初，奉天財政保持了奇蹟般的盈餘。

與此同時，北京政府始終處在破產的邊緣。如果張作霖沒有一再發動消耗巨大而又徒勞無益的戰爭，謹慎的財政政策和迅速的經濟起飛本來可以將關東變成亞洲的美利堅。張作霖不能理解有利的前景，因為他的認知圖景停留在關雲長和趙子龍的世界中，想像不出天下還有比問鼎中原更偉大的事業，白白浪費了比任何財富都更加寶貴的機會。他的軍事成就接近頂峰時，奉天的財政狀況反而惡化了。

一九一九年，張作霖重建了陸軍講武堂。最初的學員大多是原先沒有受過正規軍事教育的在任軍官，後來擴大到士官生。一九二零年以後，張作霖極力推動奉天軍械廠的建設。他從德國進口了大批先進機器，又任命楊宇霆[8]主持重型武器的改進工作。奉軍兵精糧足，為諸軍之冠。只有他們擁有成體系的軍事教育、軍事工業和財政支持，其他各軍只能依靠斷斷續續的貸款和參差不齊的武器進口，也就是說，如果他們足夠幸運，才能得到貸款和武器。吳佩孚垮臺後，張作霖問鼎中原的道路似乎已經通行無阻[9]。奉軍沿津浦路南下，直抵上海。然而，他們高大的身材、難懂的口音、無從兌換的紙幣在關內激起了嚴重的排異反應。一盤散沙的華北民眾無力叛亂，但蘇、松士紳卻有力量聯合黃雀在後的孫傳芳，一舉將奉軍趕出江南。

南征是楊宇霆的傑作，失敗引起了奉軍內部的分裂。郭松齡[10]在南下的部署中遭到排擠，又禁不住馮玉祥的引誘，倒戈進攻奉天。由於日本人在關鍵時刻切斷了郭松齡前進的鐵路，張作霖倖免於難。郭松齡的力量來自張學良的信任和友誼，間接反映了張學良如果得勢就會發生的事情。老帥有生之年，還能同時駕馭忠心耿耿的老兄弟和野心勃勃的年輕人，然而他除了張學良不可能有其他繼承人，該發生的事情早晚會發生。

---

8 楊宇霆（1885-1929），奉天法庫人，奉系的智囊與幹將，張學良主政後被殺。
9 第二次直奉戰爭中，吳佩孚因馮玉祥倒戈背叛而戰敗。奉系勢力一路南下，不僅控制了北京政府，而且成為全國最強有力、控制地盤最廣的集團。
10 郭松齡（1883-1925），奉天東陵人，奉軍的後起之秀，曾一度投奔孫文，與張學良交誼極密。一九二五年與馮玉祥勾結，倒戈反奉，戰敗被殺。

無論如何，老帥在他最後的幾年，仍然有能力打擊郭松齡的幕後主使馮玉祥和馮玉祥的幕後主使蘇聯。他清洗北滿鐵路的蘇聯間諜，將馮玉祥趕出南口，破獲了李大釗領導的華北間諜網[11]。他准許日本人擴大南滿鐵路網，大大超出了後者簽訂《二十一條》時期的期望。他知道滿鐵的業務興隆和東北的經濟起飛是無法分割的，或者不如說前者就是後者的火車頭。他的私人投資借助東北的繁榮，盈利極為豐厚。日本外交系統希望他留在東北，避免捲入關內的衝突，他不肯接受，直到形勢迫使他不得不接受。許多故事在民間流傳，說他善於拒絕日本人的要求又能不引起衝突，但他的生平事蹟不能支持這些傳奇，毋寧說他相當願意跟日本人合作，雙方本來就沒有衝突的理由。這些故事反映的心態明顯屬於中日開戰以後，編造者發明了並不存在的美好過去，幻想世界上存在兩頭都占便宜的好事。

當然，這一切都已經跟老帥無關了。皇姑屯的千古疑案也許永遠不會有能夠說服所有敵對黨派的答案，但造成的結局是眾所周知的。張學良的繼位和郭松齡的勝利區別不大，意味著「老兄弟」的毀滅和他們竭力鎮壓的「新思想」捲土重來。張學良實現了亡友未竟的心願，將奉軍變成了東北國民革命軍，將關東反共堡壘變成了東北反帝前線，迎接等待已久的命運。

11 一九二六年三月底，李大釗和國共兩黨的北方領導機關遷入東交民巷蘇聯使館西院兵營。一九二六年夏，中華民國海陸軍大元帥張作霖正式向蘇方提出，駐華大使加拉罕「完全超越了大使本身應具備的職權範圍及國際法所公認的基本準則，因此不再承認加拉罕蘇聯駐華全權代表的身分」。加拉罕離華返蘇。蘇聯使館成了一個留守處。一九二七年三月，張作霖和各國使團接洽，要求允許北京政府軍警進入東交民巷使館區進行搜查，因為「蘇聯人正在濫用使館區的庇護，組織叛亂」。四月四日，公使團首領、荷蘭駐華公使歐登科召開祕密會議，各國同意了張作霖的要求。四月六日，張作霖派軍警對蘇聯駐華使館、遠東銀行和中東路辦事處進行了九個小時的搜捕，逮捕了藏匿其中的李大釗等六十餘名中國人以及十五名蘇聯人，截獲了一大批來不及焚毀的祕密文件以及槍枝彈藥和旗幟印信。四月十八日，京師警察廳公布了根據這些文件、由精通俄語的察哈爾外交特派員張國忱編譯的《蘇聯陰謀文證》。

二八、失敗的帝王學家——楊度

楊度（1875-1932，湖南湘潭人）是湘軍的子弟，自幼浸淫於普魯士式的驕傲。他的祖父楊禮堂追隨李續賓、曾國華[1]，在三河鎮敗死。據說太平軍清理戰場，紅藍頂子裝滿八大籮筐。楊家原本寒微，財富和聲望都來自湘軍。這批退伍軍人帶著擄掠所得的戰利品還鄉，嚴重腐蝕了他們的統帥曾國藩最珍惜的耕讀傳家、勤儉養德倫理。曾國藩半生戎馬，最怕「壞我湘軍淳樸本色」，選人以忠厚老實農家子弟為祕傳心法，然而湖湘風氣之壞，恰恰始於農家子弟擄掠兩江膏腴之地，尤其是號稱「金銀如海」的天王府。曾國藩畢生立德立功，皆有可觀，然而二者畢竟難以兩全，猶如西人之上帝與凱撒。戰爭不是通向天堂的捷徑，鄉民的淳樸禁不住戰利品的誘惑。此後幾十年，湖南變成了策士和雇傭兵的主要出口國。羅澤南[2]和曾國藩夢想的儒家理想國化為烏有，機會主義和功利主義盛行，主要就是由於他們自己的成就。哥老會和各種祕密會社的興起，對大清的滅亡負有極大責任，同樣始於湘軍老兵還鄉。楊度和毛澤東的家族都產生於湘軍及其戰利品，本身就反映了正統儒家價值觀的衰敗。

鄉賢王闓運[3]及其帝王學在他少年時發揮了啟蒙作用，《湘綺樓日記》甚至稱他為「楊賢子」，但他科舉的成績始終非常糟糕，似乎只能以遊幕為業了。這不是偶然的。策士和儒生的道路很難相合，需要完全不同的知識結構和人格結構。王闓運在湘軍諸將當中鬱鬱不得志，部分原因就在於他肆無忌憚的馬基維利主義，嚴重冒犯了曾國藩和眾儒將的敬畏之心。這些軍人看到手無縛雞之力的文人用精算師的理性客觀，討論廢立君主的大事，不僅駭然。王闓運無疑認為他的東道主愚昧無知，需要他的指點，然而他的指點只有在湘軍存在的前提下才有意義，而這支衛道之師的凝聚力就在儒家基要主義，他的奇計卻把一切價值觀視為毫無分量的遮羞布，把政治當作只需考慮實力的理性計

1 李續賓（1818-1858），湘軍悍將，常當前鋒、打硬仗，羅澤南死後統其軍，死於三河之戰。曾國華（1822-1858），曾國藩胞弟，李續賓親家，死於三河之戰。

2 羅澤南（1807-1856），理學家，湘軍基本營制的創立者，所練湘勇為湘軍的原始班底。「曾文正初募湘軍，專依羅澤南、王鑫（羅澤南弟子）。」咸豐六年戰死於武昌城外。

3 王闓運（1833-1916），號湘綺，湖南湘潭人，詩壇宗匠、經學家，熱衷帝王術，曾入曾國藩幕府，向曾勸進未果。

算。

曾國藩實際上保護了他，因為如果讓他執行自己的帝王學，幾乎不可避免地招來殺身之禍，但驕傲的文人總是像任性的兒童，把保護者當作壓迫者，以為自己的前途毀在這些嫉賢妒能的大老手中，用筆桿子進行報復。湘軍諸將看待他的《湘軍志》，猶如漢家君臣看待太史公的謗書——王闓運所撰《湘軍志》「幾動湘人公憤」——曾國荃另請王定安寫了一部《湘軍記》。楊度在這樣的家教和師教之下成長，自然會變成優秀的馬基維利主義者。這個詞包括兩種意義。第一，他是冷靜和準確的政治精算師。第二，他對精算以外的一切價值背景毫無敬畏和忌憚。

楊度如果早生二十年，他的命運大概無異於導師。然而戊戌以後的社會解體，毀滅了儒家價值觀及其載體，也就拆毀了保護和限制馬基維利主義者的安全網。他們得到了自己的機會窗口，可以肆意投身於高危事業，將自己和社會的命運當賭注。《水滸傳》裡「洪太尉誤走妖魔」的神話，其實比任何歷史更加準確地體現了這種人和社會的相互關係，以及機會窗口對他們的意義。梁啟超一八九七年在湘主講時務學堂，很快就吸引了楊度和他的小夥伴，其中包括熊希齡和蔡鍔。楊度隨後不顧王闓運的反對，一九零二年東渡日本遊學，或者不如說，去追逐氣味相投的小夥伴，包括黃興、汪兆銘、宋教仁和梁啟超。他在東京留學生的圈子裡放言高論，得罪了朝廷，因此失去了經濟特科進士的資格[4]，卻通過《新民叢報》贏得了憲政理論家的盛名。

東京法政圈的辯論對未來東亞局勢的影響，遠遠超過了北京朝廷的明爭暗鬥。五大臣出洋考察各國政體，通過熊希齡購買楊度和梁啟超的草案[5]，已經預示了大清的下場。朝廷排斥他，立憲派和革命黨卻競相籠絡他。他無意加入任何一方，主要不是出於理論的原因。他對待各種理論的態度，猶如馬基維利對待各種政治權術，是高度價值中立的，強調掌握各種理論的實際能力，同時自己不受其中任何一種理論的束縛。他的金鐵主義論[6]、湖南特殊論[7]和君主立憲論跟當時流行的軍國民主義、地方主義和改良主義區別不

4 一九零三年，留日歸來的楊度被保薦入京參加新開的經濟特科進士考試，初取一等第二名（第一名為梁士詒）。但梁士詒被人說成梁啟超的兄弟，且其名字是「梁頭康尾」（康有為字祖詒），於是梁士詒被除名。楊度受到牽連，被查出曾有不滿朝廷的言論，疑為唐才常同黨，也被除名，並受到通緝。不久，楊度二次東渡日本。

5 一九零六年，清廷派五大臣出洋考察憲政。為了交差，熊希齡赴日請楊度和梁啟超捉刀起草報告，楊度寫了〈中國憲政大綱應吸收東西各國之所長〉和〈實行憲政程式〉，梁啟超寫了〈東西各國憲政之比較〉。隨後，清廷根據他們的報告下詔預備立憲。

6 一九零七年一月二十日至五月二十日，楊度在東京的《中國新報》月刊上連載《金鐵主義說》，主張工商立國、

大，但他蔑視形式直取實質的馬基維利式犀利則無人可及。他的口才也好，在東京的飯田町寓所總是高朋滿座。他的大名傳到袁世凱的耳中，後者推薦他出任憲政編查館提調。這些職位非常適合憲政專家，卻滿足不了帝王學家的欲望。他在袁世凱身上看到了戰國策士的理想東道主，用趙匡胤黃袍加身的未來誘惑袁世凱[8]。曾國藩在類似的情況下對王闓運敬而遠之，袁世凱卻怦然心動。

袁世凱擺脫宗室和革命黨的騷擾，還需要一段時間。二次革命垮臺後，他終於可以自由行動了。楊度和梁啟超都對熊希齡的「人才內閣」寄予厚望，結果都失望了。楊度在此期間，說出了「幫忙不幫閒」的名言，就是說他不甘心做花瓶理論家，希望負起實際政治責任。然而幫閒只需要動嘴動筆，幫忙必須有汗馬功勞。直截了當地說，幫忙就是要能夠打倒一批實力派。洪憲理論上的敵人應該是共和派和其他皇室，實際上卻只能是尾大不掉的北洋功臣。袁世凱和楊度的聯盟無論用宋太祖的手段，還是明太祖的手段，都必須除掉他們，然後才能保證穩定的統治。

帝制一敗塗地，主要是因為列強、特別是日本的反對[9]。撕毀一九一二年憲法契約，本質上是一個國際協調問題。洪憲是第一次失敗的企圖，但不是最後一次。楊度事先所做的分析都針對國內的藩鎮和黨人，結論是老袁能夠壓制他們，並沒有錯得太離譜，但他居然沒有把條約體系和憲法契約的密切關係考慮進去，作為政治精算師實在不可原諒。梁啟超的估計比他全面，孫文則直截了當地投入了日本軍部的懷抱[10]。帝制一旦垮臺，楊度就淪為替罪羊，不得不再次亡命。不過新政府的追究純屬形式，只是因為總得有人負責，而楊度樹大招風又沒有實力。輿論熱點一旦轉移，一切就像從來沒有發生過。

軍事立國、責任內閣。

7 一九零三年十月四日，楊度在梁啟超主辦的《新民叢報》上發表〈湖南少年歌〉：「……中國如今是希臘，湖南當作斯巴達，中國將為德意志，湖南當作普魯士。……若道中華國果亡，除非湖南人盡死。」

8 一九一五年四月，楊度寫出〈君憲救國論〉，託同學夏壽田（為袁幕僚中三要角之一，是楊度舉薦的）密呈袁世凱。

9 一九一五年十月二十八日，日本駐華代理公使會同英、俄二使向中國外交部提出警告：「中國組織帝制，雖外觀似全國無大反對，然根據日政府所得之報告，而詳察中國之實狀，覺此種外觀僅屬皮毛，而非實際……且若中國發生亂事，不僅為中國之大不幸，且在中國有重大關係之各國，亦將受直接間接不可計量之危害，而以與中國有特殊關係之日本為尤甚，且恐東亞之公共和平亦將陷於危境……甚望中華民國大總統聽此忠告，顧念大局，而行此展緩改變國體之良計，以防不幸禍亂之發作，而鞏固遠東之和平。」

10 孫文為了反袁，對日本首相大隈重信許以重利，希望換取日方支持。「二十一條」交涉中，日方多次威脅袁世凱，倘不同意日方要求，就將支持孫文的顛覆活動。一九一六年，日本決定倒袁，孫文立即委派居正前往剛被日軍占據的青島成立「中華革命黨東北軍」，得到日軍支持，獲得大量武器彈藥，一度攻占了山東昌樂、安邱、高密等縣。

楊度的老朋友蔡鍔雖然毀了楊度的策劃，卻在遺囑中表示：出於理論偏好的復辟，不同於謀求富貴的投機[11]。楊度為了維護自己的名譽，以後就一直堅持這種解釋。這意味著極大的犧牲，因為他此次不能公開接受其他政體的延攬，否則就等於承認自己的理論偏好不過是謀求富貴的藉口。他甚至連張勳復辟都不肯支持，因為大清不肯改組為中華帝國。然而堅持原則對帝王學家而言，並不是一種榮耀。他不肯公開做政治理論家，卻願意祕密做政治掮客，周旋於青幫、國民黨和共產黨之間[12]。這些勢力對他並不重視，只給了相當於供養過時清客的津貼，遠沒有像林長民和李大釗那樣享有代理人的大權和鉅款。

他人窮志短，又不肯像瞿鴻禨那樣自甘清貧，只好放棄了幫忙不幫閒的豪言壯語。周恩來晚年說，他領導上海地下組織的時候，曾經將楊度納入線民網絡[13]。相關資料洩露以前，這種沒有旁證的說法是無從評判的。周恩來的口頭表示大多不是可靠的證據，往往附有其他用意，必須結合環境證據推測復原。楊度可能確實接受了共產國際的微薄津貼，因為當時他已經人老珠黃，一點點資助都非常寶貴，正如韓復榘給老年紅歌星的紙幣。然而不能排除這種可能，周恩來的目的就是要貶低楊度，證明清末民初的制憲者並不值錢，正如黃金榮可以掃大街。無論哪種可能性更接近事實，從周恩來最後弔喪的

11 蔡鍔遺書版本眾多，陶菊隱《政海軼聞》與錢基博《近百年湖南學風》所錄都有這麼一段：「湘人楊度，曩倡君憲救國論，而附袁以行其志，實具苦衷，較之攀附尊榮者，究不可同日語。望政府為國惜才，畀以寬典。」陶菊隱說：「政府以楊甘冒不韙，卒下通緝令，是書亦隱而未發也。」

12 從一九二五年至一九二七年，楊度先後在姜登選幕府中任祕書長、張宗昌幕府中任總參。一九二七年四月，楊度曾告知北京市特別支部書記胡鄂公，要他趕快通過內線轉告李大釗有危險；又派長子楊公庶迅速趕到李大釗密友章士釗的公館，要章士釗火速轉告李大釗離開蘇聯使館。一九二八年，楊度到上海，在章士釗的介紹下，成為杜月笙的名譽顧問（一說「掛名祕書」），住在法租界，房子由杜月笙提供，每月得到生活費五百元。

13 據中共中央文獻研究室編輯出版的《周恩來年譜》記載，一九七五年十月七日，周恩來囑祕書轉告時任國家文物局局長王冶秋，楊度晚年加入了中國共產黨。他託王冶秋將此情況轉達中華書局辭海編輯所《辭海》編輯委員會，在寫「楊度」這一人物條目中，須將此史實寫入，以免湮沒無聞。

一九七八年九月六日，《人民日報》第三版刊登了時任中聯部常務副部長李一氓的文章〈關於楊度入黨問題〉。李一氓說：「楊度確是黨員，確是同志。」他一九三零年就聽說楊度是黨員。此外，在上海的中共中央一九三零年出版的《紅旗日報》的報頭，就是楊度題的。

一九八二年十一月二十三日，夏衍在人民日報發表〈紀念潘漢年同志〉：「一九三一年黨的六屆四中全會之後不久，……大約在這一年深秋的一個晚上，他（潘漢年）通過良友圖書公司找我，見面之後，他就要了一輛計程車，開到法租界的薛華立路的一家小洋房裡，把我介紹給一位五十出頭一點的紳士。他們似乎很熟脫，相互間沒有什麼寒暄。漢年同志一上來就說：「過幾天後我要出遠門了，什麼時候回來也難說，所以……」他指著我說：「今後由他和您單線聯繫，他姓沈（夏衍本名沈端先），是穩當可靠的。」這位老先生和我握了握手。潘又補充了一句：「他比我大六七歲，我們是老朋友。」他們隨便地談了一陣，講的內容，特別是涉及到的人的名字我全不了解。臨別的時候，這位老先生把一盒雪茄菸交給了他，潘收下後連謝謝這句也不說，我也猜到了這不是什麼臨別的禮品了。出了門，他才告訴我：「這是一位知名人物，祕密黨員，一直是我和他單線聯繫的，他會告訴我們許多有用的事情，你絕對不能對他怠慢。」停了一會，又說：「這座洋房是杜月笙的，安南巡捕不敢碰，所以你在緊急危險的時候可以到這兒來避難。」這之後，我和潘漢年同志闊別了五年，直到抗戰前夕才再次會面。他給我介紹的那位老先生，開頭我連他姓什麼也不知道，大約來往了半年之後，他才坦然地告訴我：「我叫楊　子，楊度。」這一下可真的使我大吃一驚。」

表現看[14]，他肯定沒有把楊度當回事。楊度就算是他的線人，也沒有承擔什麼重要任務。

14 楊度逝世後，前來弔喪的有楊度的舊友，有國民黨官員，有杜月笙、張嘯林等上海聞人。據說，周恩來曾派地下黨員祕密前往臨祭送葬。

二九、西體中用的「國學大師」
——王國維

王國維給後世留下了「國學大師」和保守派的形象，其實卻是正宗的老新黨[1]。他最大的恐懼就是：西方拒絕向中國出口書籍，這樣中國就萬劫不復了。晚清學術爆炸源於西學的引進和考古材料的發現，王國維在這兩方面都是急先鋒。國故之所以熱，就是因為有了西洋的新方法，卻莫名其妙地變成了反西方的符號。當然，這種符號的使用者通常對西學和國學同樣一竅不通。

王國維的傳統教育到秀才為止，真正的教育始於留學日本，這是老新黨的共同特點。

1 「老新黨」見於魯迅〈重三感舊〉，指清末戊戌維新黨。由於革命黨出現，維新黨與之相比就是老黨了，所以稱革命黨為「新新黨」，維新黨為「老新黨」。

他一開始就從德國古典哲學和西洋美學入手，大有截斷眾流的氣概，即使講到保守政治，也是從私有財產和正統君主神聖不可侵犯立論[2]，彷彿出自佛朗哥和俾斯麥之口。黃季剛（黃侃，1886-1935，語言文字學家）的傳統教育比他強得多，而且後半生的方法論仍然源於孔門經師，反倒留下了革命分子的形象。經師有一個特點，就是非常喜歡公有制。

布爾什維克革命是一塊很好的試金石，把兩種非常不同的保守主義分開。王國維從來沒有什麼掙錢的能力，卻令人驚訝地運用經濟學論據。他的理由是：財產總得有人管理。公有制只會將業主的權力交給官僚，後者只會更糟[3]。不用說康有為和一九二〇年死於桂系軍閥之手的國民黨文宣家朱執信，即使推崇蘇聯模式的經濟學家、曾與哈耶克進行論戰的蘭格，在三十年代都不這麼認為。王國維非常關注歐洲的時事新聞，說話就像一九一八年的德國中央黨人——天主教中央黨是德國最主要的保守主義政黨——覺得姑息革命必定是威爾遜顛覆全歐君主制的密謀。相形之下，儒家保守主義者的歐洲訊息就很不靈通。

王國維著作的特點是：材料屬於中國，思想屬於歐洲。他有點像戴望舒，翻譯先於創作並引導創作。他研究西方美學，就產生《人間詞話》；研究考古學，就產生《殷周制度論》。詩詞似乎應該是最有華夏特徵的文學，他的作品卻充滿了歐洲的概念。《詠史》明顯不可能產生於安特生[4]和殷墟發掘以前，而且斷代方式是日本式的，他的《詠史詩二十首》分詠中國全史，史觀深受日本及西方史學影響。他的詞露骨地講究希臘的靜穆——《人間詞話》：「無我之境，人惟於靜中得之。有我之境，於由動之靜時得之。」；也講究德國唯心主義的觀照——《人間詞話》：「有我之境，以我觀物，故物皆著我之色彩。無我之境，以物觀物，故不知何者為我，何者為物。」幾乎到了圖解的地步。他的詞〈浣西沙．山寺微茫〉：「山寺微茫背夕曛，鳥飛不到半山昏，上方孤磬定行雲。試上高峰窺浩月，偶開天眼覷紅塵，可憐身是眼中人。」「偶開天眼」、「可憐身是眼中人」的意象彷彿出自俄國形式主義者的祖先，後者也是德國哲學的苗裔。

2 王寫於一九〇四年的〈教育偶感〉：「人有生命、有財產、有名譽、有自由，此數者皆神聖不可侵犯之權利也。苟有侵犯者，豈特瀆一人神聖權利而已，社會之安寧亦將岌岌不可終日。故有立法者以慮之，有司法者以刑之。」

3 王寫於一九二四年五月的〈論政學疏〉：「危險之思想日多……有社會主義焉，有共產主義焉。然此均產之事，將使國人共均之乎？抑委託少數人使均之乎？均產以後，將合全國之人而管理之乎？抑委託少數人使代理之乎？由前之說則萬萬無此理，由後之說則不均之事，俄頃即見矣。俄人行之，伏屍千萬，赤地萬里。」

4 安特生（1874-1960），瑞典地質學家、考古學家。拉開了周口店北京人遺址發掘的大幕，被稱為「仰紹文化之父」，改變了中國近代考古的面貌。

這樣一位人物的最後決斷，不大可能跟他的畢生路徑矛盾。目前主流的說法來自陳寅恪的文化遺民論[5]，與其說反映了真實的王國維，不如說反映了陳寅恪本人的思想世界。陳寅恪是晚輩，但他的學術路徑比王國維更接近傳統史學，西學留在方法領域，不大涉及選題。陳寅恪對共產主義的敵意非常類似索仁尼辛，覺得埃及、印度的國粹保存比中國的革命破壞好。王國維確實像陳所說的那樣保護大清，理由卻是大多數遺老遺少不要說運用、連理解都理解不了的——他說皇室的財產也是私有財產，論證的步驟跟馬克斯・韋伯反對沒收霍亨索倫王朝財產的論證一模一樣[6]，令人懷疑其原創性。王國維的許多主張都是直接橫向引進同時代德國人的意見，這一次很可能也是。

魏瑪共和國時代有一大公案，社會民主黨和共產黨要求通過公民投票而沒收下臺的皇室財產。微弱的自由主義者站在保守派一邊，因為私有財產權先於政治社會而存在，而民主則是政治社會的派生物。如果多數派可以沒收少數派的財產，是不是也可以吃掉少數派？這樣的世界將會像《少年 Pi 的奇幻漂流》一樣可怖，把人類變成野獸。如果一個人喜歡用德國保皇黨的理論保衛大清皇帝，他是不是真正意義上的文化遺民，值得懷疑。王國維預見革命激進化步驟的能力很強，原因很可能是他運用了德國革命和反革命的類比[7]。陳寅恪沒有這種預見能力，甚至很高興國民黨這群激進分子遭到更激進分子的折磨[8]。

---

5 陳寅恪〈王觀堂先生輓詞序〉：「凡一種文化值衰落之時，為此文化所化之人，必感苦痛，其表現此文化之程量愈宏，則其所受之苦痛亦愈甚；迨既達極深之度，殆非出於自殺無以求一己之心安而義盡也。」

6 一九二六年，德共發動無償沒收貴族財產運動，提出公投。社民黨支持，自由派與保守派反對。韋伯是自由黨人。公投沒有通過。

7 一九一九年一月，王在致羅振玉的信中說：「俄過激黨之禍，德匈及葡瑞諸國均受其影響，恐英法美諸國人亦未必不漸漬其說，如此則歐洲文化富強不難於數年中滅絕，東方諸國受其禍亦未必後於西洋。故昨致鳳老（柯劭忞①）一長函，請其說當局於歐洲和會提出以國際同盟為剿滅過激黨之神聖聯盟，合世界之力以撲滅之。……如此派得志，則世界末日至矣。……此事關係甚大，擬致函於十餘年不通隻字之陸宗輿②，以利害言之。」又說：「至今不聞諸國有翦除之計，乙老（沈曾植）謂威爾遜恐有與德過激黨有密約，故不能致討，理或有之。然對此種人食言而肥有何不可。德利用之以傾俄，終受其禍，乃甘蹈其覆轍而不悟耶！③」一九二四年十二月，王在致狩野直喜的信中說：「赤化之禍，旦夕不測。」

①柯劭忞（1848-1933），字鳳蓀。著名學者，《新元史》作者，與王國維同為遜清遺老，時任清史館總纂。他與時任大總統徐世昌是多年密友兼親家，所以王希望通過他推動北京政府提議各國合力剿匪。②陸宗輿（1876-1941），先後擔任駐日公使、交通銀行股東會長、中華匯業銀行（中日合辦）總理、幣制局總裁，在國內外有廣泛的人脈。陸與王同為浙江海寧人，但分屬不同政治陣營，此前已有十餘年不曾往來。剿匪事大，所以王仍然給他寫信。③王國維給柯劭忞、陸宗輿的信未能保存下來。王與羅振玉的這兩封信原件分別收藏於旅順博物館和中國國家圖書館。

8 國府長江防線失守，陳寅恪幸災樂禍：「樓臺七寶倏成灰，天塹長江安在哉？」

三〇、庇護赤化的聯邦主義土豪
——陳炯明

陳炯明（1878-1933，廣東惠州海豐縣人）是一九零五年「廢科舉、興學堂」改革產生的第一批新人物，當時他是海豐縣的秀才，本來很可能循林則徐和左宗棠的道路，升級為舉人。一九零六年，他轉入剛剛成立的廣東法政學堂。各省在清末新政中開辦法政學堂，準備逐步將司法權力從縣官手中分離出來。辛亥革命打亂了司法改革的步驟，反而延長了內地縣官兼任法官的時間，因為沒有足夠的司法人才。

陳炯明畢業後不過一年，就當選為廣東諮議局議員。他借助代議士豁免權，用自己的住宅掩護同盟會，組織黃花崗起義，事敗後逃往香港。辛亥軍興，他組織家鄉父老，攻陷了惠州城。廣東各地民軍當中，他的「循軍」對同盟會最為忠誠。各地民軍蜂擁進入省城，很快就超出了財政能夠支持的程度。都督胡漢民缺乏殺伐決斷的果敢，將實權交給陳炯明[1]。陳炯明以胡漢民副手的資格整頓各軍，不惜大公無私地解散自己的軍隊，但還是得罪了太多的人。這些人紛紛投靠袁世凱，其中包括前清留下的滇軍將領龍濟光[2]，這是二次革命失敗的重要原因。國民黨後來懊悔自己在第一次機會中表現得太天真，第二次一定要堅持一黨專政，與此經歷頗有關係。

二次革命前夜，袁世凱罷免了李烈鈞和胡漢民。他讓北洋的李純接替李烈鈞，卻讓陳炯明接替胡漢民。這是老官僚的陰柔之術，希望給國民黨造成雙重分裂。他似乎不想徹底摧毀國民黨，而只是讓「吃飽的」黨人跟「沒吃飽」的黨人分裂。他提拔國民黨新生代替代元老，志在中央的國民黨上層就會孤立。陳炯明從利益考慮，似乎最有可能背叛，但他卻在極其不利的情況下忠於國民黨。廣東省議會好不容易才解散了民軍，現在非常討厭打仗。陳炯明威脅他們同意獨立，卻沒法從他們那裡弄到錢。不久以前，這些

1 辛亥起義時，胡漢民是同盟會南方支部的支部長。一九一一年十一月十二日，廣州軍政府成立，胡漢民出任都督。十二月，孫文要求胡漢民去南京擔任臨時政府祕書長一職。胡漢民立即讓副都督陳炯明代理他的職務。一九一二年四月，孫文推薦胡漢民出任第二任都督。陳炯明留下一封信後去了香港，表示辭去職務。胡漢民對軍隊事務缺乏控制力，派朱執信去香港請陳炯明回來，要他任總經略，掌管所有的軍隊。

2 龍濟光（1868-1925），早期為清軍將領，辛亥革命後歸順廣東軍政府。一九一三年，龍濟光奉袁世凱命令討伐陳炯明。陳敗退後，龍成為廣東督軍。一九一六年袁世凱病死，龍處境日蹙，最後被桂軍擊敗，逃往北京。

人還樂於捐款反清[3]。陳炯明不得不再度流亡。孫文重組中華革命黨，要求黨員效忠領袖，他和黃興都不能接受。孫文和居正接受日本資助，進攻山東，配合「二十一條」的交涉[4]，陳炯明也沒有參加。

國民黨似乎已經四分五裂，袁世凱的錯誤卻給他們送來了機會。袁世凱派龍濟光進駐廣州，將粵人視為潛在的叛亂分子，不久就使他們懷念老鄉陳炯明。袁世凱稱帝，給投靠民國的前清文武百官以沉重打擊。他們既不高興向同儕稱臣，又不高興做公開的貳臣。陳炯明見機而動，遷回老家組織共和軍，也就是蔣介石後來摧毀的粵軍。這支部隊先後驅逐北軍、閩軍、桂軍，為孫文和護法軍政府立下了汗馬功勞。輿論普遍認為孫文、國民黨、陳炯明和粵軍是牢不可破的土豪集團，在他們的家鄉是不可戰勝的，在其他地方是令人討厭的。

直系主導的第二次法統重光構成了孫、陳決裂的導火線，但關鍵因素還是在財政。從法律上講，護法軍政府是舊國會的產物，國民黨是舊國會的第一大黨，支持黎元洪的舉國一致政府。新國會掌握在段祺瑞的安福系手中，支持徐世昌的北洋政府。徐世昌下野後，黎元洪和舊國會自行宣布恢復。直系暫時還沒有培養出自己的國會代理人，願意接受舉國一致政府。北方的國民黨人，包括蔡元培，都認為可以見好就收，但這樣就會犧牲孫文的非常大總統職位[5]。

廣東商人疲於籌款，向孫文請願。陳炯明不願直接反對孫文，又不願得罪老鄉，辭職休養。他的消極抵抗發出了強有力的暗示，所有人都有恃無恐地拒絕出錢給孫文。孫文沒有粵軍，就沒有能力強制有產者出錢。粵軍在沒有陳炯明明確指令的情況下，拒絕

3 廣東軍政府成立時，向海外華僑和國內商民募款，並發行公債，許多廣州商民都曾捐款或購買債票。軍政府還發行了新紙幣，然而，新紙幣快速貶值，導致商業不景氣，引起商民不滿。此時，袁世凱政府宣稱要在廣東重新發行新紙幣，廣東商民翹首以盼。因此，宋教仁案後，袁世凱未經過國會同意向各國借款，國民黨人堅決反對，但商界卻表示支持。

4 孫文為了反袁，對日本首相大隈重信許以重利，以求換取日方支持。在「二十一條」交涉中，日方多次威脅袁世凱，倘不同意日方要求，就將支持孫文的顛覆活動。一九一六年，大隈內閣決定倒袁，孫文立即委派居正前往剛被日軍占據的青島成立「中華革命黨東北軍」，得到日軍支持，獲得大量武器彈藥，一度攻占了山東昌樂、安邱、高密等縣。

5 一九一七年七月，孫文依靠德款，以護法為名南下活動。一九二一年四月，在孫文的要求下，兩百多名舊國會議員在廣州召開非常國會，以記名投票方式表決通過了《中華民國政府組織大綱》，規定政務、軍務、內閣任免等均由大總統一人獨斷，而且大總統沒有任期。孫文被選舉為非常大總統。此舉遭到陳炯明反對。陳認為，依總統選舉法，總統應由兩院聯席選出，出席議員至少達到全部議員的三分之二即五百八十人才能舉行總統選舉，此時廣州舊國會議員只有二百多人，還不夠原眾議院人數的一半，而且實行記名投票，「這和之前北方毀法，又有什麼本質不同？」因此他拒絕參加就職典禮。

配合孫文[6]。事實上，這是一套費厄潑賴的逐客令，希望孫文認清形勢，自己主動辭去非常大總統之職，從而保全自己的面子，也給同鄉商人和陳炯明留下以後合作的餘地。民國初年培養了一套類似英國和春秋時代的政變方法，能夠將衝突降低到最低程度，這是其中的一例。沒有證據證明這些反孫活動是陳炯明指使的，但若沒有他的默許，這些事情不大有可能發生。

衝突最後發生，有極大的偶然性。孫文得知粵軍抗命，勃然大怒，揚言要炸死他們——這不是他第一次口不擇言，否則就不會得到「孫大砲」的綽號了。但這次粵軍沒有像以前的歷任粵督一樣，禮貌地忽略他無力的憤怒，而是發起兵變。兵變如果不是軍官故意藉題發揮，就是軍官已經無法控制士兵了。如果是前一種情況，就說明粵軍對自己的控制能力沒有把握，擔心夜長夢多，例如滇、桂可能會為了打擊粵人而支持孫文。如果是後一種情況，就說明財政困難已經預支了粵軍的忠誠，軍官團其實是抱著自我犧牲的精神堅持到最後的。兵變消息傳到惠州，陳炯明既驚且怒。

無論如何，雙方都為此付出了沉重的代價。孫文一向依靠廣東老鄉，反對北方人。從此以後，他變成依靠客軍壓榨老鄉的外來政權。護法（復辟法統）政權演變成革命（廢

除法統）政權，盧比康河就在永豐艦上[7]。商團叛亂[8]、黃埔軍校向江浙招生、共產國際

---

6 一九二一年六月，孫文任命陳炯明為援桂軍總司令，開始第二次粵、桂戰爭。陳炯明認為此刻民眾甚苦，將士疲憊，軍費不足，不能再輕易發動戰爭。遭到陳炯明的抵制後，孫文說：「我已立誓不與競存共事。」有傳言說他曾把手槍交給參軍長黃大偉，令其刺殺陳炯明，黃大偉沒敢接。但消息已經傳到陳炯明那裡。

一九二二年二月二十一日，粵軍參謀長鄧鏗從香港公幹回省，在廣九車站突然遇刺，兩天後身亡。密切關注局勢發展的美國副領事在當年四月四日的一份報告說：「關於謀殺鄧鏗的動機，我從外國情報探得兩報告，一說是廣西系所為，另一說是國民黨，以警告陳炯明而下毒手。」英國總領事在四月二十二日的一份報告說：「國民黨謀殺陳炯明的參謀長鄧鏗，現已為眾所周知的事實。」四月二十一日，孫文批准陳炯明辭去廣東省長、粵軍總司令、內務部長等職，僅保留陸軍總長一職，令陳返回海豐家中休養。

五月九日，為了分化粵軍，孫文任命陳炯明的部下葉舉為粵桂總督辦，但葉舉並不領情，反而帶著六十多營粵軍在五月底進入廣州城，理由是糧餉斷絕，無人接濟，非回不可。孫文要求陳炯明回廣州面商一切，陳炯明說，在軍隊撤出之前，他都不打算到廣州。孫文大怒，對粵軍官兵發出武力威脅：「告訴你們的長官，不要以為據守白雲山，便可胡作非為，我立刻上永豐艦，升火駛入東江射擊你們，連你們的根據地也一併剷除！現在東江水漲，永豐砲艦可以直行駛入陳炯明的老巢！」

六月十六日凌晨，葉舉率兵包圍了觀音山的總統府，讓人通知孫趕快離府，後因總統府守軍不肯投降，開土砲「三響嚇之」。孫文離府後登上永豐艦，下令海軍開砲轟擊廣州城。由於沒有海軍司令的命令，一時沒有士兵敢動手。孫文氣急之下，親自動手發砲，廣州平民死傷百人以上。

7 盧比康河（義大利語：Rubicone）是羅馬共和國時代山南高盧與義大利的界河。根據羅馬當時的法律，任何將領都不得帶領軍隊越過此河，否則視為叛變。西元前四十九年，時任高盧總督愷撒率軍渡過盧比康河，向羅馬進發，此舉成為實質上摧毀羅馬共和制的最後一根稻草。

8 一九二二年冬至一九二三年春，孫中山策動滇、桂軍和部分粵軍反戈驅陳，重新占領廣州，陳軍退據東江一帶。孫文控制廣州後，重組軍政府，採用放開賭禁菸禁（在陳炯明時代是禁止的）、拍賣公產、招商承辦厘稅、擴大

的海參崴運輸線都由此而生。

如果國民黨是一個生態系統，蔣介石占據的地位就是陳炯明原有的生態位[9]。正因為如此，他的躍升必須以東征惠州為起點。蔣介石能做陳炯明不能做的事情，關鍵在於他不是廣東人。陳炯明一旦離開粵東父老，就什麼也不是[10]。蔣介石卻不是浙江父老的代理人，而是上海的浪人革命家。國民黨從聯邦派變成統一派，對陳炯明非常不利，其實對胡漢民、汪兆銘也不大有利，後者在投靠日本以後仍然不忘恢復蔣介石取消的廣東特殊地位；對蔣介石卻是非常有利的，他在老家能不能當上縣議員都是很成問題的。然而孫文如果始終依靠陳炯明，恐怕在生前和死後都只是廣東和華僑的領袖。

後來的某些右派人士想把陳炯明打扮成反共鬥士，為抵制赤化分子孫文、蔣介石而犧牲，這種說法並不比蔣介石版本的歷史更值得信任。陳炯明同樣跟共產國際聯繫[11]，以接受彭湃的海陸豐（今汕尾市）蘇維埃實驗為代價[12]。蘇聯顧問和廣州的共產黨非常希望推遲北伐，強化廣東革命根據地，其中隱含以下的動機：廣東的資源不足以供養蔣介石的大軍，而蘇聯資助的必要性會發揮溫水煮青蛙的作用，迫使蔣介石越來越親蘇；北伐如果成功，蘇聯的資助對他就沒那麼重要了，很難說他會做出什麼事情。北伐是蔣徵收房屋租捐、強行徵收商業牌照稅等手段橫徵暴斂。一九二四年五月下旬，廣州市政廳發布「統一馬路業權」法案，收取新的稅項，引起廣州商界強烈不滿，多個行業發起罷市活動，隨後，商界成立「廣東省商團軍聯防總部」，陳廉伯任總長，對廣州市實行戒嚴。經過廣州商團和軍政府談判，軍政府同意取消馬路業權法案，大罷市活動風波暫息。同時，廣東省商團籌劃添購武器裝備。

一九二四年八月十日，運送商團向英商南利洋行購置的一批槍枝彈藥的英籍（一說為挪威籍）輪船哈佛號，在廣州天字碼頭附近江面被蔣介石率領的江固艦扣留。此批槍械之前已向孫政府報告，但政府認為數量及到達日期不符。一九二四年八月十二日、十五日，商團代表一千多人兩次到大元帥府請願，要求發還扣留的軍火。被拒絕後，組織廣州商人罷市，並以「中華民國政治定國軍」名義，通電全省各縣商團罷市。二十多個縣的一百三十八個鄉鎮先後罷市聲援。八月二十四日，孫文宣布廣州戒嚴，通緝陳廉伯。十月九日，孫文發還部分被扣軍火給商團。事態稍有平息。

然而，十月七日，蘇聯依照一九二三年初的〈孫文越飛宣言〉，將第一批援孫武器彈藥送達廣州，於是情勢大變。十月十日下午，中共廣東區委發動工會、農會、青年團及廣東工團軍的五六千人召開「雙十警告節」大會，周恩來在會上講話，警告商團，會後示威遊行，高呼「打倒商團，殺陳廉伯，擁護革命政府」等口號。十月十二日，由孫文自任會長解決商團問題的「革命委員會」成立。十月十五日凌晨，鮑羅廷、蔣介石、廖仲愷、譚平山等指揮黃埔軍校第一、二期學生聯合許崇智的粵軍與李福林的福軍、吳鐵城的警衛隊、工團軍、農團軍等，擊潰商團的一萬二千人並繳其械。十一點左右，政府軍唆使理髮工人使用約三百箱煤油引發大火，焚毀西關商鋪及燒死商團支持者，廣州西關商業區受到嚴重損壞，目擊者報告稱政府軍占據屋頂，向逃往街道上的商團和難民射擊，大群難民被政府軍迫退回火區，直至焚斃。有資料稱這次事變中的財產損失接近五千萬港元，平民死傷約二千人。

孫文在北京病死後，北京方面決定舉行國葬，但遭到廣州總商會、廣東自治會聯名反對。

9 孫文避難於永豐艦，蔣介石聞訊後急奔廣州，登艦隨侍四十多日，此後越來越受到重用。他參加指揮鎮壓商團後，又奉命率黃埔校軍參加討伐陳炯明的東征。

10 一九二二年三月一日，美國駐華公使館武官向國務院提交的報告稱：「陳炯明是現任廣東省長，他是由閩南回師廣東。他不同意孫中山當大總統之夢想，僅願在他自己的省份建立一個廉潔政府。憑藉他的五萬軍隊，他已開始一個現代化的政府。陳氏的第一個命令，是禁絕菸賭，使他由賭場失去每年兩百萬元的收入……相信他是一個誠實正直的中國官吏。他的目標不在壓榨人民，而在對人民提供一個有效率及誠實的政府。他讓廣東九十三縣人民選出自己的議員……由他的談話中，相信他最後會成功建立一個由粵民選舉的政府。」「孫中山及其同黨……全介石力排眾議的結果，最後蘇聯無可奈何地遷就了國民黨左派的新星，盡管他們更喜歡汪兆銘。陳炯明和陳獨秀居然會站在同一邊，主要是因為他們都有理由討厭蔣介石渴望的統一。前者預見到，如果北伐成功，就是廣東聯省自治的末日；後者預見到，如果北伐成功，就是廣東革命根據地的末日。

惠州失陷後，陳炯明避居香港。致公黨是他留下的唯一遺產，幾乎就是粵人僑社和幫會組織的化身，比蔣介石的晚期國民黨更像孫文的早期興中會。陳炯明的黨徒沒有多少變化，但他們身邊的世界已經面目全非。他們除了堅定地仇恨蔣介石以外，在這個世界上已經無事可做。這種仇恨最終將他們推進了一九四九年新政協的懷抱，盡管他們的政策比晚期國民黨更偏右。

是一批無原則野心官僚的結合，他們終其一生唯一的動機是企求增加個人的權勢及財富。」

11 一九二四年四月八日，美國駐華公使舒爾曼（Jacob Gould Schurman）向國務卿報告說：「當兩年前我初次訪問該省時，孫、陳合作無間。時陳炯明擔任省長，給人民帶來一個廉能的政府。陳宣導聯省自治，他告訴我，將建設廣東為中國的模範省。當孫中山高唱揮師北伐時，已幾乎動搖陳炯明的忠心，使陳早已對孫的信仰幻滅了！」陳炯明與蘇俄關係之密切一度遠遠超過孫文。一九二零年，路博（俄文名A・A・波塔波夫）把列寧的親筆信帶給陳炯明。五月十日，陳回信給革命「賢師」列寧，對「俄國人民及其領袖為人類利益計，勇敢堅毅剛強不屈，掃除人類前進道路上的一切障礙」表示欽佩，並推崇依「布林什維主義建立的新俄已開闢世界革命之新時代」，陳「堅信，布林什維主義帶給人們的是福音」，他「將傾全力在全世界傳播」，不僅用以「改造中國，而且要改造整個東亞」。蘇俄外交人民委員部通報將其全文刊登。一九二一年底馬林訪問陳炯明時，後者爽快表示「不反對共產國際在廣州建立一個辦事處」。另一位共產國際代表威廉斯基-西比利亞科夫斷定，「陳炯明本人已經和正在把中國進步的學生與工人組織起來。」他還在《共產國際》雜誌撰文稱，如果要在中國建立共產黨，那麼就應該以陳為依靠對象。共產國際遠東書記處的刊物把陳稱為「中國最有名望的人之一」。而孫中山則被說成是「巧妙的外交家，謹小慎微的政治家」，根本算不上什麼革命者。列寧甚至答應必要時給陳炯明軍火，把儲存在符拉迪沃斯托克的軍械提供給他使用。當時陳以漳州沒有合適的港口接收武器為由予以婉拒。「六一六」事件發生後，孫、陳矛盾公開化。此後，馬林向共產國際提交了一個報告，國共合作開始醞釀，陳炯明開始淡出共產國際的視野，孫中山及國民黨的地位上升。

12 彭湃（1896-1929），一九二二年加入中國社會主義青年團，一九二四年初轉入中共。毛澤東稱他為「農民運動大王」。彭湃和陳炯明是廣東海豐同鄉。一九一八年一月，陳炯明派遣男女學生共八十三人赴英、法、美、日等國留學，彭湃和他五弟彭澤即在其中。一九二一年五月，彭湃歸國，在海豐發起成立了「社會主義研究社」和「勞動者同情會」，組織學生運動。八月，彭湃等人前往廣州，親自向陳炯明說明情況。陳炯明當即委任彭湃為海豐縣勸學所所長。一九二二年五月一日，彭湃在海豐組織「五一」勞動節大遊行，遊行隊伍高唱〈國際歌〉，高呼「勞工神聖」。《陸安日刊》刊文指責彭湃藉教育宣傳赤化。但陳炯明並未因此棄用彭湃，託人轉告彭湃可到廣州他那裡任職做事。一九二二年「六一六」兵變後，陳炯明與孫文決裂，孫與共產黨逐步走向合作，而彭湃仍多次會見陳炯明。一九二三年十一月前後，彭湃與陳炯明的聯繫最為密切。彭湃經常電告陳炯明農會的發展情況，陳炯明表示「非常贊同」建立農會。彭湃又將此發表於報上，引起潮汕上層人士的巨大震動。在陳的支援下，農會組織迅速由海豐發展到潮、梅，先後有十個縣建立了農會組織，會員高達十萬。陳炯明的態度，成為彭湃從事農會活動最好的護身符。

三一、無足輕重的文人
——陳獨秀

陳獨秀（1879-1942）幼年喪父，過繼給叔父陳昔凡[1]。陳昔凡是舉人和道臺，代理新民府知府時，將當時的張作霖收編為清軍營官，負責自己的安全保衛。他的文人造詣不低。黃賓虹在《近數十年畫者評》中說：「皖江南北，素多畫工……陳昔凡（庶）、姜穎生（筠）皆左清暉而右麓臺。」[2]陳獨秀後來痛罵「選學妖孽」和「桐城謬種」[3]，其實這兩者恰好就是安慶陳氏頗足自豪的家學。

《陳獨秀書信集》「致呂澎書」（一九一九年）說，他家收藏的王石谷書畫就有二百多件。《懷寧縣志》說：陳昔凡「工書畫，以鄧石如、劉石庵、王石谷、沈石田四先生為師。門額曰：「四石師齋」。」這幾位分別是明清時代著名的篆刻家、書法家或畫家。陳昔凡宦囊豐厚[4]，在安慶老家修建巨宅，在北京琉璃廠開辦古玩店「崇古齋」。

辛亥革命打斷了陳昔凡的仕途，此後他就留在北京經營古玩。陳獨秀少年留在老家讀書。據他後來回憶，寡母對他的期望給他造成了巨大的心理負擔。寡母說丈夫早死，沒能考中舉人，兒子一定要補償父親的遺憾。陳獨秀後來對自己的家學如此痛恨，很可能是因為恨母情結的發洩。寡母利用道德制高點，實施弱者的暴政。受害者無法像對待強者的暴政一樣，理直氣壯地報復，只好乞靈於孔子最反對的「遷怒」[5]，後半生致力於破壞母親的希望。

陳獨秀自幼名士氣十足，覺得桐城派和文選派的層次比混飯吃的八股敲門磚高得多。華麗放誕的文選派尤其貼合少年心性。大多數名士都是這麼想的，但他們通常要等中舉以後才敢公開鄙視用完即扔的敲門磚。陳獨秀的膽子比他們更大，在院試時就不

1 陳衍庶（1851-1913），安徽懷寧人，字昔凡，又名陳庶，晚號石門漁隱、石門湖叟。
2 王翚（1632-1717），字石谷，號清暉老人。王原祁（1642-1715），字茂京，號麓臺道人。二人同為清初繪畫大家。
3 一九一七年，《新青年》第二卷第六號上發表的錢玄同致陳獨秀函中發明了「選學妖孽，桐城謬種」一語。同期發表的陳獨秀〈文學革命論〉把桐城派方苞、劉大櫆、姚鼐和明代的歸有光、前後七子罵作十八妖魔。
4 陳昔凡在滿洲懷德、柳河、遼陽、新民等地任職時，正值日俄戰爭爆發，中國商人乘機販運馬匹以獲暴利，而馬匹經過陳昔凡的管轄之地要抽取牲口稅，並且無須再上繳國稅，因此大部分牲口稅便進了陳的腰包。
5 《論語·雍也》哀公問：「弟子孰為好學？」孔子對曰：「有顏回者好學，不遷怒，不貳過。」

守八股規範，濫用駁雜燦爛的六朝文，結果出乎意料地感動了閱卷老師，考中了第一名[6]。估計閱卷老師的知識層次剛好比應試專家高一點點，但又沒有高得太多。如果完全看不懂，當然不會賞識。如果完全看懂了，也不會覺得有什麼了不起。其實，這也是輿論領袖引領風騷的祕訣。你要比流行的社會思潮複雜深刻領先一點點，但千萬不能複雜深刻領先得太多。名士文化和科舉文化既相反又相成，奧祕盡在不言中。陳獨秀誤打誤撞，一開始就勘破了真諦，誠所謂天之所興。他後來回憶說：「誰也想不到我那篇不通的文章，竟蒙住了不通的大宗師，把我取了第一名，這件事使我更加一層鄙薄科舉。捷報傳來，母親樂得幾乎掉下眼淚。「眼皮子淺」這句批評，懷寧人自己也承認，人家倒了霉，親友鄰舍們，照例總是編排的比實際倒霉要超過幾十倍；在懷寧本是一個小戶人家，紳士們向來是瞧不起的，全族中到我的父親時才有一個秀才，叔父還中了舉，現在看見我們弟兄又都是青年秀才，不但另眼相看，而且造出許多神話，說我們家的祖墳是如何如何好風水，說城外迎江寺的寶塔是陳家祖墳前的一管筆，說我出世的前夜，我母親做過什麼什麼夢，諸如此類，不一而足。他們真想不到我後來接二連三做了使他們嚇破了膽的康黨、亂黨、共產黨，而不是他們所想像的舉人、進士、狀元郎。最有趣的是幾家富戶，竟看中了我這沒有父親的窮孩子，爭先恐後地託人向我母親問我可曾定親。這就是我母親大樂而特樂的社會原因。母親快樂，我自然高興；所害怕的，來年江南鄉試的災難，又要臨到我身上來了！」（陳獨秀《實庵自傳》）「孔家店」裡的愛恨情仇，在這段話裡暴露無遺。理性通常是感情的僕人，成年人通常是兒童感情記憶的代理人。

根據陳獨秀自己的說法，他去南京考舉人的時候，在反叛精神的驅使下，故意交了白卷。無論真相是不是這樣，鄉土社會是理解不了這種情操的。此後幾年，母親和妻子沒給他好臉色看。她們覺得有官不考這種做法，跟鄉下人進城花天酒地荒廢學業一樣糟，不懂陳獨秀為什麼居然要求她們表示崇拜。陳獨秀試圖改造她們的思想，不幸慘遭失敗。他做慣了寵兒，覺得沒人恭維無異於迫害，決定改造全世界的價值觀，證明自己才是正確的一方。這項任務耗盡了他的一生。他拋棄了科舉，卻拋棄不了士大夫文化，只能用新學代替舊學，用留學代替中舉。日本是他自然的歸宿。他在那裡結識了陳天華、張繼、鄒容、蘇曼殊等人，把新學到的革命精神落實到學監身上，用惡搞的手段剪掉了後者的辮子，結果被日本人驅逐出境。[7]

6 一八九六年，陳獨秀參加院試，考題是「魚鱉不可勝食也材木」。他「把《文選》上所有鳥獸草木的難字和《康熙字典》上荒謬的古文，不管三七二十一，牛頭不對馬嘴，上文不接下文地填滿了一篇皇皇大文」。

7 陳獨秀等人潛入學監姚煜家中，由張繼抱住腰，鄒容捧頭，陳獨秀揮剪，剪去了姚煜的辮子。事發後，清政府要求日方警察抓捕鬧事者，陳獨秀等人逃回國內。

他回到上海，跟《蘇報》和愛國學社的人馬混在一起（一九零二年十月，吳稚暉、蔡元培等人在上海成立愛國學社），企圖在老家成立分支機構，結果被地方官趕出了安徽（一九零三年四月，陳獨秀回到安慶籌組安徽愛國學社，被地方官府通緝）。《蘇報》垮臺後，原有的班底聚集在《國民日日報》[8]。陳獨秀為了吸引讀者，翻譯了《悲慘世界》的一部分，在報上連載[9]。在此期間，日本和上海的革命黨人開始轉向暴力。

蔡元培和陳獨秀都是暗殺團成員[10]，這段因緣構成了日後北大改革的基礎。陳獨秀沒有參加他們的同盟會，卻參加了章太炎、劉師培和幾個印度人發起的亞洲和親會，鼓吹泛亞洲主義[11]。辛亥前夜，他在杭州教書。革命軍推舉他的老朋友孫毓筠[12]為安徽都督，後者任命他做都督府祕書長。皖軍群龍並起，孫毓筠無力彈壓，讓位給陳獨秀的另一位老朋友柏文蔚[13]。陳獨秀在此期間，主要在安徽高等學校任教，不大介入都督府的政務，但他的黨派傾向性是明顯的。袁世凱罷免柏文蔚以後，陳獨秀聯袂請辭。二次革命失敗後，他也跟大多數安徽民黨人士一起逃亡上海租界。此後幾年，他對民國完全絕望。他一九一四年六月致章士釗函中說：「國人唯一之希望，外人之分割耳。」章士釗邀請他去日本，一起辦《甲寅》雜誌[14]。《甲寅》系人馬最初以反袁為主要任務，但袁世凱的死亡結束了他們這方面的工作。後期《甲寅》主要關注文化，培育了日後新文化運動的主要觀念。陳獨秀辦《青年》雜誌的經驗和理論，大多來自《甲寅》時代。文學革命論其實是章士釗在一九一五年《甲寅》雜誌最後一期上提出的，陳獨秀和胡適後來的理論都脫胎於此。

一九一五年，胡適加入了《青年》雜誌的撰稿人行列。一九一六年，《青年》改版為《新青年》。胡適重提文學革命（《文學改良芻議》），陳獨秀反對康有為的孔教論（《憲法與孔教》、《再論孔教問題》）。社會反響之大，超過了他們原先的期望。蔡

8 一九零三年七月，《蘇報》被封。章士釗、陳獨秀等人於八月創辦《國民日日報》，但出版三個多月即停刊。

9 蘇曼殊、陳獨秀合譯，取名為《慘世界》，署名為「法國大文豪囂俄著，中國蘇子谷譯」。他們的合譯其實是再創作。

10 一九零四年夏，陳獨秀由章士釗介紹參加暗殺團，學習製造炸彈。蔡元培也是暗殺團成員。

11 一九零七年初，章太炎愛上了佛學研究，三月，章太炎、張繼、劉師培、蘇曼殊、陳獨秀等同印度人缽邏罕、保什等成立了亞洲和親會。其宗旨為「反對帝國主義，使亞洲已失主權之民族各得獨立」。

12 孫毓筠（1869-1924），一九零六年入同盟會，因運動新軍被捕下獄，辛亥革命後被擁為安徽都督。一九一五年參與發起籌安會。

13 柏文蔚（1876-1947），一九零五年入江蘇新軍，祕密加入同盟會。辛亥革命時參加江、浙聯軍，攻克南京。繼孫敏筠為安徽都督。一九一三年發起二次革命。一九一五年，陳獨秀曾與柏文蔚等人祕密組建反清團體岳王會。

14 《甲寅月刊》於一九一四年五月十日由章士釗在東京創刊，到一九一五年十月十日停刊，共發行十號。章士釗在《甲寅》上呼籲「理想的鼓吹」、「邏輯式的文章」、「注意文學小説」、「正確的翻譯」、「通信式的討論」。

元培改革北大，邀請陳獨秀出任文科學長，主要就是因為他的社會影響。陳獨秀只有前清秀才的學歷，新學也是駁雜而不精，適合做啟蒙者，做專家是不夠格的。德、賽兩先生的理論雖然廣受歡迎，論西學水平比以前的嚴復只能算倒退。他的吸引力更多地依靠決絕和好鬥的態度，迎合愛看戲而不求甚解的觀眾。新文化時期，他發表的大部分文章屬於政論。這些文章大多數都是老生常談的大雜燴，只顧痛快淋漓地發洩感情。「中國武治主義，就是利用不識字的丘八，來壓迫政見不同的敵黨；或是設一個軍政執法處，來亂殺平民……無論什麼人，一旦有槍在手，便焚殺淫掠，無所不為。」（〈武治與文治〉）他表示只要排除了軍人、官僚、政客三害，中華民國就會變成美好的世界。（〈除三害〉）這些膚淺的意見居然能夠吸引全國的大批粉絲，只能說輿論界的技術含金量比時裝界還差得多。

陳獨秀從《新青年》發展到一九一八年十二月二十二日於北京創刊的《每周評論》，也就是從文化評論轉向赤裸裸的政治評論。例如：〈國防軍問題〉、〈人種差別待遇問題〉、〈為什麼要南北分立〉。新文化運動的同盟就此破裂，在所難免。嫖妓事件結束了陳獨秀的北大生涯[15]，但重要性似乎沒有胡適後來所說的那麼大[16]。嫖妓在北大不是新事，不准嫖妓才是革新[17]。

陳獨秀返回上海，北大的資格並沒有喪失。維經斯基[18]和尼克爾斯基[19]赴華發展組織，首先在北京建立核心組織。李大釗一開始就進入核心組織[20]，掌握了購買力相當於

15 一九一九年初，北京報紙刊登消息，稱北大文科學長陳獨秀在嫖娼時與人爭風吃醋，以至於「抓傷某妓下部」。三月二十六日夜，蔡元培和湯爾龢、馬敘倫、沈尹默在湯家開會，討論陳獨秀的去留問題。湯爾龢主張開除陳獨秀，馬、沈二人附和湯。四月八日，蔡元培召集文理科教授會議，決定「以教務長代替學長」，陳獨秀被體面地解除文科學長職務。

16 十六年後，胡適在與湯爾龢的書信中說：「獨秀因此離開北大，以後中國共產黨的創立及後來中國思想的左傾，《新青年》的分化，北大自由主義者的變弱，皆起於此夜之會。」

17 北大理科學長夏元瑮與陳獨秀同時身陷嫖娼門，辜鴻銘、劉半農、鄧之誠納妾，但沒有人找他們麻煩，只有陳獨秀一人成為眾矢之的。

18 格利高里．哈里森．納烏莫維奇．維經斯基（1893-1953），在華期間化名吳廷康，筆名魏琴、衛金等。維經斯基和馬林交替著在中國活動，維經斯基先來中國，在各地建立共產主義小組。

19 弗拉基米爾．阿布拉莫維奇．奈曼－尼克爾斯基，又名維克托．阿列克謝耶維奇．貝格（1889-1943），一九二一年六月間，他代表遠東國際書記處、赤色職工國際來到中國，來華時使用的名字為尼克爾斯基。同年七月二十三日出席在上海召開的中共第一次代表大會並在會議上講話。回到蘇聯後，於一九三八年因「間諜罪」被捕，一九四三年被槍決。（尼克爾斯基以遠東國際書記處、赤色職工國際代表的身分來中國活動，但他還有一個更重要的身分是蘇俄情報人員。一大代表都以為尼克爾斯基是馬林的助手，但一九八六年在荷蘭發現的「斯內夫列特（馬林的真名）檔案」顯示，真相恰恰相反，馬林其實是尼克爾斯基的助手。尼克爾斯基不僅負責掌握共產國際駐華人員和遠東蘇共黨員的活動經費，而且還監視著他們。）

20 李大釗最早與共產國際建立聯繫。蘇聯方面的材料顯示：一九一九年三月，在鄂姆斯克祕密舉行的俄共（布）第二次西伯利亞代表會議決定「在遠東建立西伯利亞區委情報宣傳局」。一九一九年夏天，後來成為俄（共）中央委員會西伯利亞局東方人民處負責人的伯特曼會見了李大釗。

今天上億人民幣的資金，足以支配強大的軍閥[21]。

陳獨秀在上海成立的黨只是外圍，雖然活動經費九成來自蘇聯，但總額不過相當於興辦雜誌和文化協會的費用。尼克爾斯基來自蘇聯軍事情報局，甚至共產國際代表都在他監視之下。一大代表連上海的社團活動都不知情，實際作用只相當於公關部門。鮑羅廷夫婦[22]越過他們，直接資助和指揮南方的地下聯絡線。周恩來[23]、陳賡[24]直接在歐洲加入共產國際情報部門，比名義上的黨首更接近決策核心。陳獨秀在北伐期間的地位更像一位需要統戰的老資格政論家，得不到及時的內圈材料，因此發表的意見趕不上蘇聯政策的最新變化，甚至不如加入俄共（布）黨組織的瞿秋白，他反對北伐就是明顯的例子[25]。

張作霖抄出的蘇聯檔案[26]裡寫著：

「軍事及政治兩種密探系統均直接受莫斯科指揮，在華亦通過使館互相協助。軍事密探組織只有縱的關係，而無橫的聯繫。各地共產國際機構，在國民革命軍中蘇俄顧問人員，均須協助軍事密探工作。中共中央執委會、軍委會代表，且接受蘇俄

21 一九二四年底、一九二五年初，李大釗在馮玉祥與蘇聯駐華大使加拉罕之間牽線搭橋，確定了蘇聯援助馮玉祥國民軍的具體內容。據張國忱編《蘇聯陰謀文證彙編．國民軍事項類》，至一九二六年一月十三日，蘇聯實交國民軍軍用物資總數為四百八十七萬二千二百八十一盧布五十九戈比，多於一九二三年五月莫斯科答應給孫文二百萬盧布的二倍。約半年後，至六月一日，實交國民軍軍用物資總數為六百一十九萬九千三百二十五盧布七十八戈比。

22 米哈伊爾．馬爾科維奇．格魯森伯格（1884-1951），鮑羅廷是他的化名之一。一九二三年被派到廣州任共產國際駐中國代表及蘇聯駐廣州政府全權代表，幫孫文按蘇俄模式改組國民黨。一九二七年四一二事變後被蔣介石通緝，回到蘇聯。一九四九年因「間諜罪」入獄，一九五一年死於勞改營。（一九二七年二月二十八日，蘇聯客輪「列寧紀念號」駛向南京，海關奉令攔截，張宗昌的屬下登船搜查，發現了蘇聯給駐華外交官或間諜的指令，逮捕了鮑羅廷夫人等人。七月，蘇聯大使館通過行賄收買了法官，鮑羅廷夫人等被判無罪釋放，潛伏了一段時間後逃回蘇聯。）

23 一九二一年春，周恩來加入巴黎共產國際小組，開始展開祕密工作，一九二七年十一月開始領導中央特科。

24 一九二六年九月，陳賡祕密離開黃埔軍校，前往蘇聯「契卡」受訓。半年裡，學習了偵探、審訊、劫獄、爆破、射擊、祕密通訊等專門技術。

25 當史達林指示中共加入國民黨時，陳獨秀反對加入；當史達林指示北伐時，陳獨秀反對北伐。於是他被批判為「右傾機會主義」、「托派取消主義」。

26 一九二六年三月底，李大釗和國、共兩黨的北方領導機關遷入東交民巷蘇聯使館西院兵營。一九二六年夏，中華民國海陸軍大元帥張作霖正式向蘇方提出，駐華大使加拉罕「完全超越了大使本身應具備的職權範圍及國際法所公認的基本準則，因此不再承認加拉罕蘇聯駐華全權代表的身分」。加拉罕離華返蘇。蘇聯使館成了一個留守處。一九二七年三月，張作霖和各國使團接洽，要求允許北京政府軍警進入東交民巷使館區進行搜查，因為「蘇聯人正在濫用使館區的庇護，組織叛亂」。四月四日，公使團首領、荷蘭駐華公使歐登科召開祕密會議，各國同意了張作霖的要求。四月六日，張作霖派軍警對蘇聯駐華使館、遠東銀行和中東路辦事處進行了九個小時的搜捕，逮捕了藏匿其中的李大釗等六十餘名中國人以及十五名蘇聯人，截獲了一大批來不及焚毀的祕密文件以及槍枝彈藥和旗幟印信。四月十八日，京師警察廳公布了根據這些文件、由精通俄語的察哈爾外交特派員張國忱編譯的《蘇聯陰謀文證》。

訓令，參加其北京軍事總機關部，以從事研究及計劃蘇俄在中國之軍事行動等項工作。其密探機關部之組織，則規定「各分機關部，彼此均不得知其機關部之所在地及工作人員。各分機關部取得消息後，各自報告北京總機關部，由北京轉達莫斯科。在中國之各分機關部，得藏設於使領館等機關內，以託庇護，有時亦得暗設於市上飯店商號之中。現為節省經費工作便利起見，宜正式藏匿於大使館或商務代表處等機關，因吾俄人頗不易與華人發生關係故也。又如廣東俄國技師、顧問能與該司令部有直接關係者，分機關部即可藏彼處，以資保障。惟在此種保護之下，無論如何，須以能保全祕密及隨時探寄消息為要」。至密探分機關設立之地點，按照中國疆城及外國人在中國之勢力，分為：

一、奉系：東三省設哈爾濱、奉天兩分機關部。前者轄吉、黑兩省分團，如海拉爾、齊齊哈爾及吉林等地；後者轄遼東、四平街、安東、大連、營口、錦州等分團。

二、直系：揚子江流域設上海、漢口兩分機關部。前者管轄南京、杭州、上海等分團；後者管轄漢口、長沙、宜昌、重慶等分團。

三、國民軍：西北各省、京兆區域設北京中央機關部，管轄天津、煙臺、濟南、正定、張家口、鄭州、北京等分團。

四、國民黨：廣州分機關部轄廣州、汕頭、梧州、雲南等分團。分團之下，於重要地點，設密探員及遞信員，而核編各分機關之報告文件，則為北京中央密探總部。

以上係就外勤而言，復於北京、上海、漢口等處，設有內勤密探部，遣派密探員滲透於軍政憲警各機關及兵工廠暨各使領館，如身之使臂，臂之使指，運作自如，消息迅捷，其謀略之深遠，絕非他國所能及。

一九二五年十月一日至一九二六年四月一日，蘇俄在華軍政費半年度之預算，計（甲）對於中國全國之普通經費共美金九萬三千八百五十三元，其中中國共產黨中央黨部軍事指導人員經費五萬元；（乙）馮玉祥軍隊經費共美金十四萬八千八百三十元；（丙）國民二、三軍（按即胡景翼、孫岳所部）經費共美金十四萬零二百四十元；（丁）廣東經費，因缺乏相當報告，未擬定預算。總計除廣東外，半年即需耗美金三十八萬三千九百三十三元，約合中國大洋一百萬元。」

北伐期間，日本駐上海總領事矢田七太郎的報告說：「此次南京搶劫事件[27]為第二軍、第六軍、第四十軍（魯滌平、程潛、賀耀組）中的黨代表、基層的共產黨派遣軍官及南京地區中國共產黨黨員合謀設計的組織行為。襲擊時有當地的共產黨黨員專為向導，執行對象與場所都有事先規劃。前者只限外國人；後者則選定領事館、教會、學校等洋人集中處。」（日本外務省，日本外交文書，昭和二年，第一部第一卷，第五百二十七頁）

從此，列強對共產國際海外代理人的政策由綏靖默許轉向全球搜捕。美國九一一事件發生後，國際社會對「蓋達」組織的態度也是這樣。只有在這種背景下，張作霖才敢闖進使館逮捕李大釗。公使團領袖歐登科同意張作霖的行動，因為蘇聯使館已經濫用了他們的外交特權。京師警察廳公布了蘇聯的〈致駐華武官訓令〉：「為引起外國干涉，不惜搶掠和殺人，組織反歐暴亂。」西方外交界和輿論界普遍認為，南京事件就是根據這份訓令策劃的。南京不是蘇聯代理人唯一的活動地點，他們有非常全面的部署。

陳獨秀沒有能力主持地下工作，後者卻是革命的核心部門。政論家無論多麼聰明，發表的意見總是隔靴搔癢，為內部人士所嗤笑，最終免不了做替罪羊。不過正因為如此，他才沒有落到李大釗的下場。李大釗是理查德・佐爾格的上司（李大釗在遠東間諜組織中是佐爾格的前輩，地位也更高），陳獨秀不過是戴季陶[28]的辯論對手。前者必須消滅，後者只需要封殺。陳獨秀沒有掌握什麼內幕情報，充分體現在他的後半生。周恩來、葉劍英、任弼時、康生和李克農都不覺得有必要除掉他，盡管他說了蘇聯團體的許多壞話。真正的祕密活動專家不會跟自戀的文人一般見識，道理就像軍人不會跟扔泥巴的頑童打架一樣簡單。

黨內知識分子覺得陳獨秀的晚年反思很有創見[29]，主要是因為他自己的知識面太窄。陳獨秀畢生的政論都沒有超出老生常談的範圍，無論親共還是反共。官僚集權黨注定會

27 一九二七年三月二十四日，進入南京的國民革命軍劫掠英、美、日領事館及外人商店、住家，造成多人死傷。上海清共成功後，蔣介石宣布通緝「南京事件禍首」——第二軍、第六軍政治部主任李富春和林祖涵（林伯渠）。

28 戴季陶（1891-1949），國民黨主要理論家。陳獨秀信奉馬克思主義受到他的影響，辦刊也得到他的支持。一九二五年，戴季陶發表〈孫文主義的哲學基礎〉、〈國民革命與中國國民黨〉，陳獨秀發表系列文章批判他。

29 陳獨秀一九四零年九月〈給西流的信〉：「以大眾民主替代資產階級的民主是進步的；以德俄的獨裁代替英法美的民主是退步的……試問史大林一切罪惡，哪一樣不是憑藉著蘇聯自十月以來祕密的政治警察大權，黨外無黨，黨內無派，不容許思想、出版、罷工、選舉之自由，這一大串反民主的獨裁制因何而發生的呢？若不恢復這些民主制，繼史大林而起的，誰也不免是一個『專制魔王』，所以把蘇聯的一切壞事都歸罪於史大林，而不推源於蘇聯獨裁是不應該有的。」

毀壞哪怕是黨內的民主，早在布爾什維克建立以前和建立初期就已經是俄國老社會黨人的常識了。陳獨秀後半生的反思不僅後知後覺，而且從來沒有達到先知先覺者的高度。他呼籲共產主義者認清蘇聯的真面目，其實說明自己一直沒有走出幻想的世界。大多數自願組成的社會主義團體確實會因為看清真面目而改變態度，但是這樣的組織都像泡沫一樣脆弱和短暫，贊成和反對不會產生任何影響。共產國際的力量來自嚴格訓練的地下工作者和穩定可靠的資金流，二者都不會受到真相和態度的左右。任何成員脫離了組織和資金網絡，都會立刻變得無足輕重。陳獨秀這種文人一開始就經受不起這種訓練，承擔不起這種重任。唯其如此，他才能善終。

三二、「議會迷」——宋教仁

宋教仁（1882-1913，湖南常德桃源人）是國民黨本來可能擁有的另一位汪兆銘，以其生命體現了民初似乎本來可能出現的美好歲月和機會窗口，然而對他個人來說，堪稱生得其時死得其時。他從小就是神童，習慣於強迫周圍的人忍受他驚世駭俗的言論。很少有人在科舉廢除之前放棄科舉，更不用說放棄已經到手的功名，投奔沒有人知道底細的洋學堂。他卻在一九零二年報考美國聖公會在武昌興辦的文華書院，以第一名被錄取。他在武昌結識了黃興和吳祿貞[1]，他們的小團體構成了華興會的種子。

1 吳祿貞（1880-1911），湖北雲夢人，一八九六年入湖北新軍工程營當兵，後考入湖北武備學堂。一八九八年被張之洞推薦入日本士官學校陸軍騎兵科深造，結識了張紹曾、藍天蔚，留日時加入興中會，一九零一年冬畢業，回國後任武昌武普通學堂教習、會辦。一九零三年應黃興邀請前往長沙與黃興、宋教仁、陳天華等在湖南發起並組織華興會，籌劃湖南獨立。此時清廷在北京設立練兵處編練新軍，急需用人，吳祿貞被在日本士官學校的好友一九零四年，華興會在長沙西園正式成立。黃興任會長，宋教仁任副會長。當年年底，清政府發現華興會圖謀不軌。宋教仁和黃興在聖公會的保護下流亡日本。一九零五年五月，他在東京出版了著名的《二十世紀之支那》。同年六月，他開始在日本政法大學讀書。華興會生力軍的加入激活了奄奄一息的興中會，導致了中國同盟會的成立。黃興和宋教仁為和衷共濟起見，一致推戴孫文出任領袖。

然而兩湖和兩廣的固有矛盾迅速表面化，體現為沿海革命和內地革命之爭。孫文最後率領他的班底經營南洋，宋教仁的中部同盟會實際上繼承了華興會的衣缽。從孫文的角度看，東京總部等於被篡位者占領了。宋教仁在此期間主持《民報》（理論上是同盟會的機關報），以「漁夫」的筆名著稱。他私下表示孫文沒有資格做真正的革命領袖[2]，但也沒有其他更加勝任的角色出現。無論如何，現在的問題是首先確定未來的體制。也就是說他覺得革命還是遙遠的未來，沒有必要爭奪尚未到手的獵物。他研究的結果是責任內閣制最優越，因為總統多多少少是國家的象徵，不能輕易動搖國本，因此靈活性不足[3]。他到處宣傳自己的心得，因此得到了「議會迷」的綽號。

一九零七年，不可思議的命運將宋教仁、吳祿貞和伊藤博文、慈禧太后、袁世凱連接在一起。間島[4]問題開始發酵，對大清和日本兩國適應國際體系的能力提出了挑戰。明代朝鮮的北部邊界並不確定，明太祖一度堅持在圖們江南岸設立衛所，但在親明的李朝建立以後，明軍逐漸撤出了圖們江流域。明朝中葉，李朝和圖們江下游的女真部落多次交手。然而圖們江上游各支流的天然條件過於惡劣，甚至連地圖都沒有繪製。清朝用

良弼舉薦獲准。吳北上就職，累官至陸軍協都統。一九一零年，吳祿貞用同盟會提供的鉅款活動奕劻成功，謀得駐紮保定的新軍第六鎮統制之職。武昌起義後，截留北洋軍運往湖北的軍火，並電奏清廷，要求停止進攻漢口。清廷不敢貿然將其撤換，授予其署理山西巡撫以籠絡。山西革命後，清廷調吳祿貞率第六鎮前往鎮壓，吳祿貞與閻錫山相約組建「燕晉聯軍」共討北京。十一月七日遇刺身亡，計劃流產。

2 宋教仁在一九零七年二月二十八日的日記裡批評孫文「素日不能開誠布公、虛心坦懷以待人，作事近於專制跋扈」；一九零八年十一月二十三日，宋說「像孫逸仙那樣的野心家做領導人，中國革命要達目的，無論如何也是不可能的。我們相信，在真正的大首領出現之前，努力鑽研有關的政治的書籍是得體的」（日本外務省政務局跟蹤宋教仁的祕密檔案）；一九一零年十二月，宋對日本友人串戶真左樹說：「孫逸仙已是落後於時代的人物，不足以指導革命運動。」

3 一九一一年十二月二十六日，孫文、黃興、陳其美、宋教仁等人在上海會商政府組織方案，宋教仁的內閣制與孫文的總統制引發爭執。宋教仁認為：「吾人則主張內閣制，以期造成議院政治者也。蓋內閣不善而可以更迭之，總統不善則無術變易之，如必欲變易之，必致動搖國本，此吾人所以不取總統制，而取內閣制也。」孫文則主張：「吾人不能對於惟一置信推舉之人，而復設防制之法度。」

4 間島是日、韓對圖們江以北，海蘭江以南的延邊地區的稱呼，包括延吉、汪清、和龍、琿春四縣市。滿洲國曾在這一地區設立間島省，省會是龍井。一九零九年九月四日清、日雙方代表在北京簽訂《圖們江中韓界務條款》，韓國方面又稱「間島協約」，確定間島為清朝領土。

武力將明朝逐出東北，同時強迫朝鮮和圖們江流域各部落臣服。在此後的長期和平中，朝鮮的開墾區不斷向上游延伸，結果引起了新的邊界問題：哪一條支流才是圖們江主幹，可以構成劃界的依據？同治年間，朝鮮災民自發遷移到江北求生。大清准許他們租用今天延吉一帶的土地，韓國改良派和親日派（這兩者在當時幾乎是一回事）組織一進會[5]的勢力隨之滲入。甲午戰爭後，大清承認韓國獨立。兩國都承認鴨綠江和圖們江（韓國有時稱為豆滿江）構成共同的邊界，但圖們江發源地問題仍然含混不清。日本駐韓統監、前首相伊藤派齋藤大佐勘界，然後根據他繪製的地圖完善延邊哨所，引起了清政府的憤怒，因為齋藤地圖的幹流和北京朝廷理解的幹流不一致。最大的爭議出在延邊的夾江灘地，日本人稱之為間島。顧名思義，江水在這裡分為兩支，然後在下游重新會合，兩條支流之間留下了一塊可耕地，被朝鮮移民占據。這些人是不是租地者，取決於兩條支流哪一條是幹流。朝鮮統監府有能力強占該地，但東京內閣要求他們根據國際法解決問題。清政府雖然無力反抗，但仍然有機會援引歷史權利。

這時，清廷剛剛在東北建省。東三省總督徐世昌派軍事參議吳祿貞調查圖們江上游的歷史—地理淵源，撰寫了著名的〈延吉邊務報告〉。報告證明朝廷早已根據征服者權力占領了這塊地區，而且石乙水比其他支流更有資格稱為主幹，不過也包括一些當時常見的誇張修辭，例如宣稱灘地足以「平定滿韓，握東亞之實權」，即使片馬扼守滇、藏要道的學說也不可能更荒謬了（片馬鎮是雲南瀘水縣下屬的一個鎮，西、南、北三面與緬甸克欽邦接壤）。這些誇張的目的都是要吸引輿論的支持，給爭議地區賦予原本並不存在的重要價值。宋教仁當時正好在東北考察，大概懷有圖謀不軌的目的，用「宋練」的筆名撰寫了〈間島問題〉響應他的朋友，秉著同樣誇張的精神宣稱：「間島者，介於中、日、俄三國勢力圈之間，於東亞政局之關係，甚為深切重要。」東京政府根據十九世紀的外交傳統，承認征服者權利高於住民自決權，因此間島屬於中國，當地朝鮮人應該歸化為大清子民。這項決定引起了「長白山會」的憤怒，後來構成了韓國民族主義的源頭之一，根據他們的歷史版本，兩大帝國私相授受本應屬於住民的權利，卑鄙的程度有甚於德、奧、俄三國瓜分波蘭。宋教仁的急就章不知通過什麼渠道，出現在慈禧太后的眼前。老人擊節稱讚，責備外務部為什麼沒有啟用如此人才。外務部尚書正是袁世凱本人，機智地奉旨封「宋練」四品京堂。這樣一來，萬一反賊故伎重演，大臣也可以理直氣壯地表示，他們不知道這兩個名字屬於同一個人。不用說，宋教仁沒有進京就職。袁世凱肯定知道他的真實身分，因為他是徐世昌的舉薦人，還把兩千元酬金送到東京。

5 大韓帝國時期的親日社會團體，活躍於一九零四年到一九一零年，是當時最大的政治團體。

這一回宋教仁倒是沒有拒絕，因為革命的對象只限於滿、蒙，他沒有理由反對袁世凱，正如沒有理由反對同樣出仕清朝的老朋友吳祿貞。

辛亥革命期間，宋教仁起草了兩部具有基本法模型性質的法律：《鄂州約法》和《中華民國臨時政府組織法》。這兩部基本法的共同特點是超級國會制，最大限度地限制了行政首腦的否決權。事實上，僅僅附署的條件就足以保證行政首腦根本不敢嘗試反對議會。行政首腦與其利用這些純屬陷阱的所謂特權，不如直接發動政變更為省力。財政特權完全交給了國會，似乎預設了某種小型的有產者選舉團。如果突然實施普選，無異於打開了和平長入社會主義的無限誘惑。如果國會變成納稅階級的天敵，憲法的意義就會完全喪失。黎元洪之所以接受這樣的約法，因為他迫切需要合法性的象徵，而且對省議會的保守性格很有把握。孫文之所以接受這樣的組織法，是因為他早已準備在制定約法的時候另起爐灶，而且很快就做到了這一點。宋教仁的聲譽之所以沒有受到損害，是因為相對於後來的無法無天，即使缺點很明顯的基本法都顯得極其文明和可敬了。

在這個短暫的天真時代，很多人都相信事在人為。在這些人當中，宋教仁就是最樂觀和積極的角色。南北和談，他是最積極的推動者。國民黨成立，他是真正的組織者。

舊國會選舉時，他真心相信大有可為，所以才會留下這樣的詩：「日出雪蹬滑，山枯林葉空。徐尋屈曲徑，競上最高峰。村市沉雲底，江帆走樹中。海門潮正湧，我欲挽強弓。」[6]從當時的情勢推斷，他的夢想幾乎肯定會破滅。袁世凱雖然召他入京，卻不大可能同意政黨內閣的主張。國民黨的國會優勢並不是絕對的，而且內部派系眾多，不足以給他提供穩定的支持。袁世凱很可能提出組織多黨派的人才內閣，另外委任他一個要職；或是支持他組閣，但要求他安插一些自己人。如果宋拒絕這些條件，他的內閣大概會是短命而動蕩的。在他最初的聲譽流失以後，內閣仍然會以改頭換面的方式回到袁世凱希望的兩種狀態。

然而即使如此，憲法的粗略框架仍然能夠維持。中國仍然有可能走上某種類似拉美或泰國的歷史路線，議會政體和威權政體交替統治，但雙方都不敢公然撕破文明和憲制的面紗，足以排除大規模的革命和戰爭。從這種意義上講，他的遇刺對中國的影響非常

6 一九一三年二月，國民黨在議會選舉中獲勝，成為全國第一大黨，宋教仁成為組閣呼聲最高的人。在正式國會開會前夕，宋教仁在長江中下游地區廣泛宣傳自己的政治主張，和友人興致勃勃地攀登浙江杭州南高峰，寫下這首五言律詩，以〈登南高峰〉為題載於一九一三年三月二日的《民立報》，是宋教仁平生留下的最後一首詩作。三月二十日，他在上海遇刺，二十二日不治身亡。

接近於塞拉耶佛（薩拉熱窩）刺殺案對舊歐洲的影響，只是層次更低，範圍更小。死者本人也許並不重要，但他象徵了更加文明的舊世界和本來可能實現的更好未來。墮落為暴徒和蠻族的末裔雖然再也沒有回頭的機會，仍然會因此為自己的世界而羞愧。

三三、民國呂布的一生
——馮玉祥

馮玉祥（1882-1948，原籍安徽省巢縣，生於直隸青縣，在保定府長大）是北洋最初招募的士兵，因為文化不高只能擔任督隊官。北洋軍的正規化程度很高，軍官的升遷取決於考試成績。馮玉祥每一次都考不上，只能看著有文化的同事青雲直上。如果沒有第二十鎮統制陳宧[1]的特別賞識，他可能終身默默無聞。馮玉祥出任管帶後，請求長官推薦他去陸軍大學深造，以免遭受正途同事的歧視，因為他升官以後還是不會考試。陳宧鼓勵他說，你比大學生強得多。他明白長官需要死黨，就留在軍隊中。

1 陳宧（1860-1943），一九零三年受四川總督錫良賞識，官至新軍二十鎮統制，辛亥革命後為黎元洪幕僚，一九一二年至一九一五年在北京任參謀本部次長，深得袁世凱信任和重用。一九一五年出任四川將軍，後與蔡鍔暗中聯絡，一九一六年五月二十二日宣布四川獨立，給了袁世凱致命一擊。

辛亥軍興時，陳宧已經調往參謀本部。他隨全軍加入了灤州立憲軍的起義，事敗被捕。妻舅陸建章[2]在京師擔任營務處總辦，說情得免。辛亥以後，陸建章轉到軍法處。這個職位在老派北洋軍人的眼裡，跟可恥的告密者差不多。陸建章沒有戰場的貢獻，卻想依靠給領導打袍澤的小報告升官，得罪了包括段祺瑞在內的絕大部分軍官。馮玉祥在這位軍師的教導下，積極鎮壓二次革命。袁世凱覺得他的部隊非常可靠，而大部分老將越來越不聽話，決定挾戰勝之勢調整部署，重演以內廷壓制外朝的古老權術。他派陸建章出鎮陝西，派陳宧出鎮四川，派馮玉祥支援這兩位老朋友，恰好可以達到公私兩便的目標。這樣的手腕不能說不高明，川、陝戰略布局尤其酷似康熙對吳三桂的包圍。滇軍看到陳宧南下，立刻明白自己就是假想敵。護國戰爭爆發後，馮玉祥為恩主力戰。敘府戰役（一九一六年二月二十八日至三月二日）導致雙方損失慘重，在民初異常罕見。

袁世凱相信陳宧是他最可靠的人，陳宧也相信馮玉祥是他最可靠的人。然而隨著南方各省的中立化，兩人都發現自己站錯了隊。只要北洋老將暗自破壞，護國戰爭就不可能重演二次革命的勝利了。陳宧後悔自己看錯了真正的力量所在，不僅與滇軍停戰，而且宣布跟袁世凱斷交。當時宣布獨立的各省甚多，卻從來沒有人想到如此取巧和惡毒的方式。袁世凱的感覺猶如凱撒看到「布魯圖斯，連你都在內」，病情急轉直下。陳宧的意思是討好北洋老將，表示他只背叛袁世凱，不會脫離北洋團體，結果適得其反。段祺瑞認定他是小人，理由非常充分。老臣反對袁世凱稱帝，是為了愛護袁世凱，所謂君子愛人以德，不能陷領袖於不義。陳宧為了個人的利祿，把領袖放在火上烤，讓袁世凱陷入絕境。他比誰都應該盡忠到底，結果當初反對帝制的老將沒有公開獨立，勸進的佞臣倒搶先獨立了，實在令人齒冷。如果為政治關係不得不公開反對恩主，至少應該公私分明，私下留一點餘地，何至於刻意倒打一耙。政治行動往往迫於形勢，私人舉措就不能不說是人格的體現了。段祺瑞願意跟黃興和蔡鍔講和，因為他們本來就不是自己人；但絕不原諒陳宧和唐紹儀，因為他們都是袁世凱一手提拔的親信。

陳宧覺得有馮玉祥的正規軍支持，應該能夠壓住地方軍，不料馮玉祥一見老上級在北京失寵，在從陳宧那裡騙取了二十多萬大洋和一大批勞軍物資後，發出了這封通電：「本軍全體官兵，毫無權利思想，決不因都督位置之關係，擁護陳公個人為都督而啟戰

2 陸建章（1862—1918），一八九五年隨袁世凱訓練新軍，一九零五年升至北洋軍第四鎮第七協統領，一九一一年任京防營務處總辦，一九一二年任總統府警衛軍參謀官、右路備補軍統領，後改任警衛軍統領兼北京軍政執法處處長。一九一四年率部入陝，一九一五年升任威武將軍，督理陝西軍務，護國戰爭時被部下陝南鎮守使陳樹藩趕走。

端。」「個人」一詞妙不可言，充分體現了「現世報」的精神。陳宧的憤怒不亞於袁世凱，只是他的腎臟比洪憲皇帝陛下堅強一些，非但沒有一蹶不振，還能支持他灰溜溜地逃出四川。他經過綿竹時，痛定思痛地表示：「惟利是圖，本無所謂信義，受了他的愚弄，此人誠可畏也。」後來跟馮玉祥打交道的人一再重複了類似的辭令。

戰爭一爆發，馮玉祥的另一位軍師陸建章在陝西也無法立足。明顯地，他根本不會打仗，浪費了袁世凱和馮玉祥留給他的部隊和裝備，只能懇請陝軍放他全家出境。陝軍同意了，但沒有忘記在潼關附近搶劫他的車隊和侮辱他的女眷[3]。陸建章回到北京，當權的老將不准他重操舊業，但他的陰謀家本色猶在，至少馮玉祥仍然聽他的話。護法戰爭爆發後，段祺瑞派馮玉祥去湖南討伐。馮玉祥在前線不肯作戰，反而通電主和。段祺瑞的寵兒徐樹錚[4]相信一定是陸建章指使的，終於找藉口殺了陸。

吳佩孚趕走了段祺瑞，馮玉祥相應地撤出了湖南。他隨即逼死了陝西督軍閻相文[5]，占據西北通道，然後乘吳佩孚和張作霖決裂的機會，出潼關進占河南，殺害了降將寶德全[6]。北洋諸將習慣於比較費厄潑賴的戰爭，對他這種斬盡殺絕的做法頗為不滿。曹錕不僅不肯獎勵他，反而把他貶到內蒙古。蘇聯這時剛剛打開外蒙古路線，需要邊界之外的緩衝區，段祺瑞的失敗導致許多政治掮客失業，包括李大釗。馮玉祥和蘇聯經過李大釗的牽線搭橋，雙方一拍即合，建立了穩定的關係。蘇聯通過外蒙古向馮玉祥提供軍火和物資，李大釗獲准在內蒙古成立「內蒙古人民黨」。

馮玉祥乘吳佩孚和張作霖再度開戰的機會，突襲北京，逼死曹錕的弟弟曹銳[7]。他

3 辛亥年出境的大清督撫一般不會遭到這樣的待遇，但蘇聯軍官對暴露身分的克格勃（KGB）人員很可能做出更過分的事情。學生當中的告密者如果失去了老師的保護，遭到的下場其實也是同一性質。

4 徐樹錚（1880-1925），段祺瑞的主要心腹，挑動府院之爭、誘導張勳復辟、借日款督練參戰軍、激起直、皖戰爭，都是他的手筆。一九一八年六月十四日，徐邀陸建章在天津會晤，突然將陸槍殺。一九二五年底，陸的老部下、內侄女婿馮玉祥命部將張之江將徐劫持槍殺。

5 閻相文（？-1921），一九二零年，直系在直、皖戰爭中獲勝，第二年，曹吳撤掉皖系的陝西督軍陳樹藩，任命手下的第二十師師長閻相文為陝西督軍，命他率二十師、吳新田的第七師、張錫元的第四混成旅及馮玉祥的第十六混成旅入陝。陳樹藩拒不交權，馮玉祥部成為武力接收陝西的主力。閻當上督軍後，軍政事務多由馮玉祥代辦，時人有「馮煥章包辦了閻煥章」（二人均字煥章）之說。同年八月二十二日，閻相文吞服鴉片自殺，馮玉祥接任陝西督軍。

6 寶德全（？-1922），清季蒙匪，後被趙倜收撫，成為其部屬。趙倜任河南督軍後，寶德全任暫編河南陸軍第二師師長。一九二二年五月，第一次直、奉戰爭時，趙倜聯奉反直，寶部與直軍馮玉祥部戰於鄭州。奉軍戰敗後，趙倜令寶德全維持開封治安，不許對直軍抵抗，寶此時已通款於吳佩孚，吳保舉寶為河南軍務幫辦。隨後，寶德全到車站迎接新任河南督軍馮玉祥，馮將其祕密活埋，並將第二師繳械解散。

7 曹銳（1868-1924），早年為米販，曹錕地位上升後棄商從政。一九一八年被任命為直隸省長。曹錕執政期間，

在蘇聯和國、共兩黨的支持下，宣布他的政變為首都革命，把軍隊改組為國民軍，然而張作霖堅持擁立段祺瑞出山，他不得不讓步。他一進北京，就撕毀了一九一二年的五族條約，將大清皇室趕出宮廷，引起了後來的滿、蒙分離運動。進步知識界發出一片歡呼，只有王國維斷言他們一定會嘗到喪失條約保護的惡果[8]。

段祺瑞執政府為了表現支持革命，解散了舊國會，宣布廢除法統，召開善後會議，籌備將來的國民大會。蘇聯並不滿足於這些曖昧的表現，決定以中國為拳擊手套和人肉盾牌，報復國際社會的聯合制裁。馮玉祥派兵封鎖大沽口航道，撕毀了《辛丑合約》[9]。國際社會果然提出抗議，要求段祺瑞約束他的部下。北方局在李大釗和徐謙[10]的策劃下，組織學生包圍執政府。這些手段的根本目的，都是為了逼宮。段祺瑞在國民軍戍衛的北京城，甚至無法保護親信徐樹錚，不得不逃往東交民巷。

執政府一旦垮臺，馮玉祥和張作霖之間的緩衝就消失了。兩人的鬥爭體現了蘇聯和日本在東北亞的對抗，但地位並不平等。張作霖雖然親日，但在奉天有充足的財政和軍事資源。馮玉祥占據的內蒙古根本沒有供養大軍的資源，一切都依靠蘇聯供應。但他得到的資助，比南方的國、共兩黨加起來還要多。蘇聯在滿、蒙、遠東邊界的政策不同

現金多由曹錕經營，連同曹錕的私蓄大部分存在美商花旗銀行、英商滙豐銀行和法商東方匯理銀行。一九二四年，馮玉祥發動北京政變，逮捕了曹錕，向其勒索。曹錕吞鴉片自殺。

8 一九一九年一月，王國維在致羅振玉的信中說：「俄過激黨之禍，德匈及葡瑞諸國均受其影響，恐英法美諸國人亦未必不漸漬其說，如此則歐洲文化富強不難於數年中滅絕，東方諸國受其禍亦未必後於西洋。故昨致鳳老（柯劭忞）一長函，請其說當局於歐洲和會提出以國際同盟為剿滅過激黨之神聖聯盟，合世界之力以撲滅之。……如此派得志，則世界末日至矣。」

一九二四年五月，王國維在上呈溥儀的《論政學疏》中說：「歐戰以後……危險之思想日多……有社會主義焉，有共產主義焉。然此均產之事，將使國人共均之乎？抑委託少數人使均之乎，均產以後，將合全國之人而管理之乎，抑委託少數人使代理之乎？由前之說則萬萬無此理，由後之說則不均之事，俄頃即見矣。俄人行之，伏屍千萬，赤地萬里……我昏不知，乃見他人之落井而輒追於後，爭民橫奪，處士橫議，以共和始者，必以共產終。」

一九二五年十二月，王國維在致狩野直喜的信中說：「十月九日之變，維等隨車駕出宮，白刃炸彈夾車而行，比至潛邸，守以兵卒，近段、張入都，始行撤去，而革命大憝，行且入都，馮氏軍隊尚踞禁御，赤化之禍，旦夕不測。」

9 一九二六年三月九日，馮玉祥的國民軍在大沽口設置水雷封鎖港口。三月十日，英、法、日、美、意等國駐華使館開會，抗議國民軍封鎖大沽口違反《辛丑合約》，要求撤除一切入京障礙。國民軍於三月十二日宣布開放大沽口岸，可是當日下午，日本驅逐艦在進入大沽口時，國民軍又鳴槍示警，雙方發生交火。事後，日本政府以破壞《辛丑合約》為由向中國提出抗議，並聯合《辛丑合約》八個簽字國的公使，於三月十六日發出最後通牒，提出「拆除大沽口國防工事、北京至出海口的交通不得發生任何障礙」等要求，並限北京段祺瑞臨時執政府在四十八小時以內答覆。十七日，八國軍艦雲集大沽口進行示威。隨後，國、共兩黨發動學生運動，即導致劉和珍等人喪生的三一八事件。

10 徐謙（1872-1940），一九二一年任孫文廣東政府最高法院院長，一九二二年任北京政府王寵惠「好人內閣」司法總長，一九二三年應馮玉祥之聘，任中俄庚款委員會主席，同李大釗成為戰友。三月十六、十七日，在北京的國、共兩黨開會，徐謙以國民黨執行委員會代表的身分，同李大釗領導的中共北方區委決定組織各學生團體集會。

於東亞，反映了蘇聯國家利益和共產國際世界革命的內在矛盾。前者要求建立滿、蒙內亞緩衝國，產生了外蒙古，還有馮玉祥、郭松齡、盛世才[11]，以張作霖為最大的障礙。後者要求發動上海、香港、南洋的工人運動，以大英帝國和國際金融資本為假想敵，希望國民黨安心做保護工人運動的白手套，不想在遠離蘇聯邊界和口岸資本主義的華南內陸浪費力量。由於馮玉祥、郭松齡在北方的失敗和孫文、蔣介石在南方的堅持，蘇聯不得不改變原定計劃。一九二八年北伐到一九七五年印度支那戰爭的連鎖反應，就是在一九二一—一九二四年間啟動的。馮玉祥在這次戰爭中，根據李大釗的策劃，終於得到了渴望已久的河南。他以興辦學校為口實，沒收了寺廟的財產[12]。進步知識界再度發出一片歡呼，同樣只有當年的王國維預見到他們很快就會親身領教踐踏私有財產的後果。

蔣介石在宋子文的支持下，獲得了穩定的財政基礎，隨即開始對馮玉祥下手。馮玉祥的軍隊依靠蒙古路線，直到中原大戰，仍然擁有火砲和砲彈的優勢，但內部的分裂使他們無法持久。西北軍產生的次級政權仍然控制華北大部，但他們已經不再需要馮玉祥。從石友三到宋哲元[13]，西北軍將領以一僕多主和反復無常著稱。日本人和蘇聯人都發現，策動他們叛變比策動其他軍隊更容易。

馮玉祥最後的歲月在海外流浪中度過，終於在蔣介石倒臺的前夜找到了最後一次倒戈的機會。他乘坐蘇聯船隻回國參加北京的新政協，在途中神祕地遭遇火災，帶走了許多不宜留存的祕密。他和李濟深[14]參加新政協，組織反蔣的國民黨革命委員會，都是周恩來和社會部的成績。兩人回國的安排，都出自地下組織之手。兩人只有一點區別。李濟深非但不是國民黨聯俄的策劃者，而且是清黨鎮壓的積極分子，不大可能掌握蘇聯的機密。「老革命不如新革命，新革命不如反革命」的名言，就是為他這種人準備的。他

---

11 盛世才（1895-1970），一九三三年至一九四四年間實際控制新疆，蘇聯從軍資、人力、財力等各方面給予他巨大資助。

12 一九二九年，時任河南省主席馮玉祥下令沒收廟產，「廢廟興學」。各縣相繼成立「破除迷信委員會」，拆除廟宇，改辦學校。強迫僧眾還俗，大相國寺、白馬寺、少林寺等無一倖免。受其影響，浙江、江蘇、安徽、四川、廣東、貴州、察哈爾、陝西、甘肅等地也興起了一股沒收寺產的浪潮。

13 石友三（1891-1940），先後多次投靠馮玉祥、閻錫山、蔣介石、汪精衛、張學良、日本人和中共而又先後背叛，最後被手下殺死。宋哲元（1885-1940），原為馮玉祥手下大將。一九三零年中原大戰馮軍敗走，宋部被張學良收編，一九三二年任軍事委員會北平分會委員兼察哈爾省政府主席，一九三五年任平津衛戍司令、冀察綏靖主任和冀察政務委員會委員長兼河北省政府主席，通過「以日壓蔣」和「倚蔣扛日」求發展。

14 李濟深（1885-1959），原為粵軍將領，北伐時為國民革命軍總參謀長、廣東省政府主席、黃埔軍校副校長、第四軍軍長。一九二九年被蔣軟禁，九一八後被釋放。一九三三年發動福建事變反蔣，一九三三年成立「中華共和國人民革命政府」反蔣。一九四八年一月在香港成立「中國國民黨革命委員會」，同年二月三日致電毛澤東等人，表示願以自己的一切言論和行動密切配合中共的政策和主張。一九四九年以後被任命為中央人民政府副主席、政協全國委員會副主席和全國人大常委會副委員長。

同意北上，是香港工作委員會的重大勝利，因為他很有可能留在香港經營第三勢力，而且有把握得到美國的支持。馮玉祥是蘇聯的老朋友，比周恩來和蔣介石資格更老，比誰都清楚共產國際對遠東的最初策劃。他同意回國，不需要特殊的經營，因為他除此之外，沒有什麼選擇餘地。

三四、臺灣土豪在滿洲
——謝介石

謝介石（1878-1954，字幼安）是新竹南門人，自幼以神童聞名鄉里。這種人似乎注定會成長為科舉英雄，但《馬關條約》改變了他的命運。日本人在臺灣推行新式教育，他是第一批受益者。新竹第一公學校是他事業的起點，為他保存了典型的優等生紀錄。他對語言的敏感性似乎與生俱來，對臺語、日語和滿大人語都沒有任何障礙。伊藤博文訪問臺灣，由他擔任翻譯。時任新竹廳廳長的里見正義借重他的臺語能力，推薦他到東京東洋協會專門學校做臺語教師。後來的拓殖大學，就是由這所學校演化而來的。謝介石一面教書，一面在明治大學研習法學。在此期間，他結識了張勳的兒子。歷史比小說更傳奇，他和亞洲大陸的因緣就此開始。他的家鄉至今仍然流傳一段神乎其神的故事，說他在年輕時遇見一位隱士，預言他北上大吉、官居一品。他半信半疑，去城隍廟求籤，抽到的答覆是：「貴人遭遇水雲鄉，冷淡交情滋味常。黃閣開始延故客，驊騮應得驟康莊。」據說這份「九十九號上上籤」至今仍然保留在城隍廟裡，謝介石的家鄉父老對此津津樂道。

謝介石畢業後，在福建法律講習所任總教習。這時，臺灣著名女詩人王香禪[1]婚變。連橫（雅堂）[2]和南社詩人為她捧場，在《臺南新報》上介紹她的作品。後藤新平[3]在烏松閣吟詩（〈烏松閣偶題〉），臺灣各地詩人紛紛唱和。王香禪應景吟成〈敬和棲霞先生烏松閣作〉，其詞曰：「萬里扶搖一羽雄，秋風鱗爪怒睨虹。郎看喬木鶯遷喜，虛左絲綸一閣中。補種芭蕉號綠天，公餘揮灑軼公權。更於詩界留遺澤，島鑄棠甘兩蔚然。」謝介石本人也是臺灣詩壇領袖，跟他的新竹同鄉王石鵬並稱「二石」，其詩文書法為日人所激賞。他慕名求愛，開始了一段比大多數小說更傳奇的羅曼史。王香禪在詩歌方面的老師趙一山從中撮合，成就了兩位詩人的姻緣。一九一二年，謝王夫婦攜手北上[4]。王香禪臨行前，留下了她畢生最好的作品〈留別一山師並寄劍樓同學〉：「聊將心事託飛鴻，霽月光風想像中。此去神州三萬里，心香猶自祝南豐。亂髻烏雲掠鬢絲，臨歧高唱木蘭辭。如何鼎沸中原日，不作丈夫作女兒。三島曾傳矯矯名，爭傳王謝有前盟。平生最慕梁紅玉，擊鼓從軍是此行。文字論交意氣深，情絲長繫別離心。他時有幸榮歸日，五彩雲箋報好音。」隱士果然沒有說錯，他的幸運從吉林法政學堂開始。辛亥軍興，吉林都督府聘他為政治顧問。世界從此漸漸忘記了詩人謝介石，越來越熟悉政治家謝介石。

張勳哀歎清室的沒落，羨慕萬世一系的日本皇室。謝介石浸染儒家精神和日本精神，自然將辮帥看成英雄人物。一九一四年，謝介石在天津加入張勳的幕府——為了便於投身政治活動，他放棄了日本國籍，入籍中華民國——他一面在直隸交涉公署擔任會辦，一面捲入了復辟清室的活動。張勳復辟清室，他以定武上將軍祕書長身分襄贊左右[5]。段祺瑞誓師馬廠，定武軍迅速崩潰了。謝介石逃到天津租界，後來結識了對岸的

1 王香禪（1886-？），原為臺北著名藝旦，曾從宿儒趙一山學詩。她第一任丈夫是臺南舉人羅秀惠，不久離異。晚年不知所終。

2 連橫（1878—1936），連戰的父親，著有《臺灣通史》、《臺灣詩乘》等。他任《臺南新報》漢文記者時常與南社詩友飲宴，因此結識王香禪，且不時以詩文相讚。二零零五年侯孝賢電影《最好的時光》裡，「自由夢」部分的男主女主原型就是連橫（張震飾）與王香禪（舒淇飾）。

3 後藤新平（1857-1929），醫學博士，受兒玉源太郎邀請出任臺灣民政長官，建設成績輝煌，後任滿鐵首任總裁。一九二七年封伯爵，去世後追贈正二位。

4 由於和張勳之子同窗並結為好友，謝介石畢業後在張勳介紹下任閩浙總督松壽的法律顧問。武昌起事後福建省相應，松壽鎮壓福州新軍起義失敗，吞金自殺。謝到北京任張勳的法律顧問。清亡後，謝被聘赴吉林任吉林法政學堂教習兼吉林都督府政治顧問。

5 一九一四年袁世凱任張勳為定武上將軍，一九一五年張勳改所統武衛前軍為定武軍。

詩壇領袖鄭孝胥。天津和青島，號稱前清遺老的兩大「首陽山」。謝介石混跡於遺民圈內，贏得了遜帝宣統的信任。馮玉祥逼宮以後，北京宮廷的殘餘也遷往天津租界。根據一九一二年的契約，宣統在中華民國境內仍然享有外國君主的地位。因此，行在朝廷仍然有獨立的外交機構。宮廷任命謝介石為外務部右丞和行在御前顧問，為行在朝廷奔走。滿洲國在一九三二年成立時，謝介石順理成章地出任第一任外交部總長，執掌外交部共三年二個月。日本為了表示泛亞主義相對於舊殖民主義的優越性，主動在日滿條約當中放棄了日俄戰爭以來獲得的眾多利權。謝介石在日滿建交典禮上，見證了這歷史性的時刻。滿洲迅速成長為東亞最大的工業中心，生活水準甚至超過了日本本土。數千名臺灣鄉親追求職業發展的機會和三倍於本鄉的薪水，勇闖遠東美利堅的新天地。謝介石為人好客，重視鄉土親情，成立了臺灣同鄉會。他家裡天天開流水席，用十幾個大鍋招待前來投靠的臺灣鄉親。著名紀錄片《臺灣人在滿洲國》（二零一三年）和電影《原鄉人》（一九八零年）就是這段歷史的寫照。謝介石五十七歲時衣錦還鄉，出席臺灣始政四十周年紀念博覽會，主持「滿洲國日」活動，並為長子謝喆生迎娶當時新竹首富鄭肇基的女兒，堪稱一時盛事，新竹父老至今津津樂道[6]。

一九三五年，謝介石轉任滿洲國駐日本大使。一九三七年，他任滿賦閒。鄭孝胥罷相以後，他謝絕了各方的繼任邀請。他名義上擔任滿洲房產株式會社理事長，在閒暇生活當中以詩歌和書法自娛。兩者的造詣都頗為可觀，至今仍然為收藏家寶重。戰爭結束後，國民政府以漢奸罪逮捕了謝介石。共產黨勝利後，卻將他釋放了。主要原因在於北平地下黨曾經利用謝介石三子謝津生的關係，保護了通向張家口的胡志明小道[7]。蘇聯代理人和日本代理人對國民政府的共同仇恨，經常超過兩者之間的仇恨。國民政府對這兩方面，也經常一視同仁地打成漢奸。謝氏家族留在中國大陸的後裔甚至在文革時期都沒有遭到衝擊。國民黨降人和地下黨功臣沒有這樣的幸運。謝氏家族留在臺灣的後裔恰好相反，遭到國民黨人「因家庭出身而不得重用」的待遇。裝門面的歷史敘事和真實的歷史線索南轅北轍，從來不曾像二十世紀的遠東這樣刺目。

6 他到新竹時，知事以下官員前往迎接；他代表溥儀向新竹城隍廟獻贈「正直聰明」之匾；為了祈福，請全臺知名法師做了十天羅天大醮。

7 據謝介石的外孫謝同生（年幼時曾與謝介石同住北京）回憶，一九四六年曾有一位神祕客人到訪北平謝家，隨後謝介石的二子和三子陪同他去了中共軍隊駐地張家口。那名神祕客就是中共北平地下黨。據謝介石的孫子謝輝（原名謝同順）說，他曾讀到臺灣文章提及謝介石一九四六年去世，且未經審判死在獄中，這是錯誤的，「我的祖父在一九五四年病逝家中，我都還能提出當時的人證，他當時走得非常平和，沒有任何痛苦。」

三五、死得其時的政治正確人物——蔡鍔

蔡艮寅（蔡鍔，1882-1916，湖南邵陽人）十五歲入時務學堂[1]，是魏源的同鄉、梁啟超的嫡系弟子。學堂的創始人是湖南巡撫陳寶箴的兒子陳三立，譚嗣同和著名詩人黃遵憲（公度）也捐款支持。他當時是班上最小的學生，帶著幾百文制錢，從老家邵陽步行三百里，趕到長沙。時務學堂的教學內容主要是公羊學[2]和世界時事政治。他在《湘報》發表的文章（《〈後漢書．黨錮傳〉書後》、《秦始皇功罪論》等）具有明顯的投射性質，與其說是在譴責秦始皇的愚民政策，不如說在暗示清政府會因為類似的政策而落到悲慘的下場。梁啟超去北京的時候，他入上海的南洋公學。光緒二十五年（一八九九年），袁世凱資助有才能的新派青年赴日本留學，其中包括他。他離境時，戊戌變法已經失敗，但袁世凱的捐贈仍然有效。梁啟超幾乎同時來到日本，創辦了《清議報》，為失敗的事業辯護。蔡艮寅在大同高等學校攻讀政治哲學，經常給梁啟超投稿。唐才常[3]

組織自立軍，邀請他回國參加，旋踵而敗。他為了避人耳目，改名蔡鍔，返回日本。這種做法居然能夠生效，可見當時法網之疏。《瀛海縱談》和《譯書附錄》這兩個專欄主要是他的作品，內容和態度更接近革命黨，而非立憲派，如果不考慮高呼口號一樣單調的文筆，很容易被人誤會成汪兆銘的早期作品。他交替攻擊列強和清廷，認為兩者都是中國的侵略者。他的詩歌非常糟糕，完全可以放在蔣介石名下。下面這兩首〈雜感〉就是他在東京時期的傑作：

而今國士盡書生，肩荷乾坤祖宋臣。
流血救民吾輩事，千秋肝膽自輪菌。
前後譚唐殉公義，國民終古哭瀏陽。

1 一八九七年一月由嶽麓書院山長王先謙領銜正式呈報立案、湖南巡撫陳寶箴批准在長沙創辦的湖南第一所新式學堂。熊希齡擔任校長，梁啟超擔任中文總教習。陳寶箴（1831-1900），陳寅恪的祖父，一八九五至九八年間任湖南巡撫，銳意革新，興利除弊。戊戌政變後被罷黜，永不敘用。

2 清代公羊學以《公羊傳》「微言大義」說經，議論時政。清代學人中如孔廣森、莊存與、劉逢祿、龔自珍、魏源、康有為等皆屬於公羊學者。

3 唐才常（1867-1900），時務學堂創始人之一，與譚嗣同並稱為「瀏陽二傑」。一九零零年組織自立軍，準備在南方成立新政府，並北上救出光緒帝，計畫洩露，被張之洞逮捕斬首。

湖湘人傑銷沉未，敢諭吾華尚足匡。

自立軍的失敗對他刺激很大，促使他改投成城學校[4]。該校是類似講武堂的軍事預備學校。吳天任《蔡松坡將軍年譜》說：「（庚子）漢口事敗後，公痛悼師友殉難，乃重返日本橫濱，更名鍔，以示投筆從戎決心。」這個名字出自張衡〈西京賦〉的「鍔鍔列列」和《漢書．蕭望之傳》的「底厲鋒鍔」。他一九零三年畢業後，正式進入陸軍士官學校[5]。在此期間，革命黨人占據了他大部分交際圈。其中包括黃興和宋教仁，但幾乎沒有孫文的廣東人集團。兩湖、江、浙的革命黨和廣東的革命黨無論理論上多麼接近，在生活中彷彿水遇見油，基本上沒法合作。

鄒容〈革命軍〉發表前，他參與了起草工作。日、俄戰爭把軍國主義變成了清國留學生的時尚，一度構成情懷的標誌。梁啟超看到日本婦女送丈夫上戰場，以「祈戰死」為榮，佩服得五體投地。蔡鍔也寫了一篇頌揚軍國主義的文章[6]，發表在《新民叢報》（由梁啟超流亡日本時籌辦，一九零二年二月八日在橫濱出版）上面。這篇文章跟他的大部分作品一樣不知所云，除了作者的興奮情緒以外，只有一連串鏗鏘有力的時髦口號。尚武精神到底是要培養美國式的民兵，可以在必要時抵抗專制統治者；還是培養普魯士式的預備役軍隊，可以保衛統治者反對外敵？他自己似乎沒有理清楚，或是覺得宜粗不宜細。他雖然是學政治哲學出身的人，但缺乏知識分子的敏銳頭腦，富有樸實鄉民的健全直覺。他很可能覺得：即使普魯士式的軍國主義也可以發揮傳播組織能力和政治德性的作用，但沒有辦法用當時的流行詞彙解釋清楚。

蔡鍔學成回國，正好趕上各省大興新政的時期。人才奇缺的結果，使大批懷有革命思想的留學生迅速掌握了最關鍵的位置。蔡鍔應廣西巡撫李經羲之邀，擔任新軍總教練，創建了桂林的陸軍小學，自任總辦（校長）。李宗仁後來就是在這裡畢業的。四川總督端方也想招徠他，提出更加優厚的條件，但他覺得巴蜀民風柔懦，貪圖安逸，不足以有

4 設立於一八八五年，地處東京市新宿區，是當時日本陸軍士官學校的預備學校。蔡鍔、陳獨秀、唐繼堯、孫傳芳、閻錫山、蔣介石、楊宇霆、何應欽等人都曾在此就讀。

5 日本明治維新期間開辦，前身是一八六八年八月開辦的「京都軍校」，於一八七四年正式成立。該校在日本社會有極高的聲望和影響力，其畢業生均是日本近代軍隊的骨幹。

6 一九零二年《新民叢報》創刊號上，蔡鍔以「奮翮生」為筆名發表《軍國民篇》：「居今日而不以軍國民主義普及四萬萬，則中國其真亡矣。……蓋有堅壯不拔之體魄，而後能有百折不屈之精神；有百折不屈之精神，而後能有鬼神莫測之智略，故能負重致遠，而開拓世界也。以歐洲之民族觀之，拉丁（法、西、意屬之）不如條頓（英、德、美、比、荷屬之），條頓不如斯拉夫（俄羅斯人屬之）。……欲建造軍國民，必先陶鑄國魂。國魂者，國家建立之大綱，國民自尊自立之種子。」

為，反而不如貧窮的廣西，民風質樸剛健，可以建設東方普魯士。一九零八年，他兼任廣西兵備處總辦和新軍第一標標統。次年，他創辦了龍州的講武堂。一九一零年，他出任廣西第一混成協協統。這時，他的官階相當於辛亥前夜的黎元洪，但地位比黎元洪重要得多，因為廣西新軍幾乎是他一手操辦的。

在此期間，廣西革命黨人一直在努力驅逐他。直接原因是他勇於任事，重用湖南同鄉，引起了主客矛盾。如果李宗仁的說法正確，蔡鍔當時推行某種類似新威權主義的思路，想借助清廷的力量推行新政，結果變成了原先同道的敵人。不過李宗仁並不是多麼可靠的證人，而且他當時在學校裡的地位甚低，只能得到一些道聽塗說的傳聞。這種說法將泛革命派和泛立憲派的黨性估計得太高了，很可能是後人根據北伐以後的黨派想象的。兩湖、江、浙、廣東的革命黨一向彼此看不順眼，沒有理由認為廣西例外。這些人的驅蔡活動到底起了多大作用，也很難說，因為他們從一九零八年一直折騰到一九一零年，似乎並沒有改變蔡鍔的建軍部署。

一九一一年，蔡鍔平級調任雲南新軍第十九鎮第三十七協協統，並不是廣西地方人士的活動所致，而是李經羲在前一年調任雲貴總督的結果。從蔡鍔致曾叔式的信件看，總督曾多次熱誠邀請。蔡鍔最初擔心雲南派系林立、建軍倉促，事情可能不太好辦，猶豫了很久，可見在他心目中，廣西的驅蔡活動還屬於比較好辦的事情。至少，北京的中央政府和總督站在他一邊。李經羲來到雲南下車伊始，就開始如法炮製地興辦雲南陸軍。同盟會的李根源[7]這時依靠同鄉會和哥老會[8]的活動，在昆明講武堂的學生當中積極鼓吹大漢主義。總督想到蔡鍔的能力和成績，想把他調過來，分散土著軍官團的勢力，本來是極其自然的事情。從辛亥以後的情況看，蔡鍔對李經羲是非常友好的。我們如果假定他們兩人在一九一一年本有合作的默契，反而更為合理。

重九起義[9]爆發時，李根源率領講武堂的學生攻城。李經羲命令蔡鍔出兵彈壓，可見在他心目中，蔡鍔不是革命黨的人。蔡鍔聞訊，率領羅佩金、唐繼堯[10]攻占軍械局，

---

7 李根源（1879-1965），同盟會元老，曾擔任雲南日本留學生同鄉會會長。一九零九年任雲南陸軍講武堂監督兼步兵科教官。一九一一年十月三十日，與蔡鍔、唐繼堯等發動重九起義。黎元洪法統重光時，他曾署理國務總理。

8 即袍哥會，在清代的四川曾經是少部分人的祕密結社，清末以後成為半公開的組織，在辛亥革命之後，它長期成為四川大多數成年男性都直接加入或間接受其控制的公開性組織。

9 武昌起義勝利的消息傳到雲南後，一九一一年十月三十日，李根源、蔡鍔、唐　堯等革命派軍人發動的起義。起義成功後，「大中華國雲南軍都督府」成立，蔡鍔被推戴為雲南都督。

10 羅佩金（1878-1922），同盟會員，滇軍將領。護國戰爭時任護國軍第一軍總參謀長，輔佐第一軍司令蔡鍔出擊

結束了這場戰鬥。重九起義屬於東林黨一類最難考證的題材，因為材料太多了。所有人都在寫回憶錄，試圖將功勞歸給自己喜歡的角色，同時論證自己討厭的角色其實在拖後腿。唐繼堯引起了最多的爭論，也就是說蔡鍔的真正角色其實頗有奧祕，因為唐繼堯當時是蔡鍔的死黨，擁唐反唐其實就是擁蔡反蔡。蔡鍔功高而早死，又沒有得罪後來的各黨派，因此變成了不能攻擊的政治正確人物。如果他當時的舉動令某些人不滿，肯定都要算在唐繼堯頭上。對唐繼堯的頌詞是：他是唯一參加了革命黨所有祕密會議的軍官，在關鍵時刻發揮了扭轉戰局的作用；對他的貶詞是：他反對積極起義的下級軍官，後來又積極鎮壓同盟會和激進派。蔡鍔是公推的臨時總司令，卻沒有參加最初的密謀，所有人都不提他對拖延還是提前起義的意見，彷彿他是另一個黎元洪。這跟蔡鍔英明果斷的性格完全不符，所以其中必有文章。蔡都督可以證實的行徑如下：第一，他不僅禮送老上司李經義去香港，允許前總督帶走四萬兩白銀的家產和關防大印，自己還送了四千兩銀子的路費。第二，他將雲南同盟會的領袖和軍政部長李根源安置到參議長的虛職上，最後完全奪走了講武堂前校長的兵權，這種事情的難度至少相當於廣州國民政府罷免蔣介石。第三，他在革命後最初幾年一直鼓吹中央集權，也就是反對新國民黨和老朋友宋教仁的主張，支持老師梁啟超和袁世凱。第四，他就任總督的第一批舉措就包括委任學弟唐繼堯為軍務部次長，實際掌握兵權。這些跡象加在一起，暗示蔡鍔可能不是革命的領袖，而是革命必須爭取的領袖。也就是說：真正的革命者擁戴他為領袖，主要是為了防止他反對革命。他願意把自己的威望借給革命黨，就是幫了後者的大忙，但他不允許任何派系綁架自己，而要追求某種超黨派的全民領袖地位。袁世凱後來未能在全國獲得的地位，就是蔡鍔已經在雲南獲得的地位。

辛亥以後，許多省份的有效治理完全崩潰。大多數省份由於擴軍的緣故，財政急劇惡化。蔡鍔主政的雲南以治績良好為全國豔稱，很快就處在有力量向鄰居和中央發聲的有利地位。在人事方面，他不到一年就把同盟會和北洋留在雲南的軍官禮送出境了。在財政方面，他整頓錫礦和鴉片收入頗有成績。雲南在喪失了各省協餉以後，歲入反而增加了二百多萬兩銀子。不過這種成就也意味著放棄英國—清國聯合禁菸計劃，恢復李鴻章時代以增加歲入為核心的鴉片政策。貴州同盟會和哥老會採取了類似焦達峰[11]在湖南

四川。蔡鍔死後任四川督軍，與四川省長戴戡、川軍劉存厚部展開三方鬥爭，失敗後一度引退。雲南顧品珍發動兵變驅逐唐繼堯後，應顧之邀出任迤南巡閱使。唐繼堯軍回到雲南打敗顧品珍後，將羅逮捕並處決。唐繼堯（1883-1927），同盟會員，滇軍創始人與領導者，蔡鍔入京後，繼任雲南都督，一九一五年十二月與蔡鍔聯合宣布雲南獨立，並發起護國戰爭。

11 焦達峰（1887-1911），曾加入哥老會，後為同盟會員，辛亥革命時與同為革命黨人的陳作新率湖南新軍最先響應武昌起義，攻佔長沙，建立湖南軍政府，被推舉為都督，但僅十日後便與陳新作一同被從邵陽趕到長沙的新軍

的政策[12]，導致了軍官團的分裂和漫無邊際的財政開支，引起士紳階級（主要納稅人）的恐懼。他們害怕出現第二個王爺、大哥滿天飛的太平天國政權，向資產階級性格濃厚的雲南軍政府求援。蔡鍔派唐繼堯率軍援黔，大舉鎮壓會黨和遊兵，恢復了有產階級的統治和他們喜歡的財政保守主義。這是辛亥以後第一次省際兼並，預示各省將會像獨立國家一樣行動。滇軍在嘗到這次勝利的滋味以後，實際上已經不可能服從任何中央政權的統治了。袁世凱的冒險和蔡鍔的傳奇給軍官團提供了最好的條件，掩飾了他們的密謀活動比蔡鍔和梁啟超更早更重要的事實。

蔡鍔首先加入統一共和黨[13]，然後加入梁啟超的進步黨[14]。這兩個黨派存在的理由都是對抗國民黨及其暴民政治，維護有產者喜愛的穩定、但不民主的建設型政府。如果袁世凱符合這樣的標準，他們是不願意為舊國會而反對中央的。國民黨在舊國會的選舉中獲勝，主要歸功於選民團的擴張，也就是財產資格的大幅度降低。如果諮議局的最低財產標準繼續沿用，第一屆國會的人選大概不會跟各省諮議局有多大差別。國會不能代表有產者，造成了危險的後果。多數派極力推動政府的破產，納稅人暗中唆使大總統獨裁。在正常的憲制演變中，雙方的角色本來應該正好相反。結果，國民黨在二次革命中變得異常孤立。湖南雖然支持他們，英國領事仍然報告說：當地國民（當然是指士紳階級）

討厭好戰的革命軍人，把北京政府當成了和平與秩序的化身。廣東是國民黨最可靠的基地，但省議會在陳炯明拔刀威脅的情況下，仍然不肯出錢。南京的商團倒是願意出錢，目的卻是想收買革命軍離開。蔡鍔在這場鬥爭中堅決支持袁世凱，毫不令人驚奇。他的性格和習慣都屬於資產階級一方，厭惡混亂和浪費。

梁啟超覺得蔡鍔有國務總理之才，能夠為他的黨派打開局面，勸他入京：「總理一

第二十五混成協第五十協第二營管帶梅馨殺害。

12 焦達峰革命成功數日後，便派出援鄂軍從長沙出發支援武昌，並揚言「湖南應當出兵二十萬，平定北方，奪取全國政權」，大大加重了軍費開支；並且焦達峰、陳作新在任用人員方面也得罪了湖南土豪。以上兩點引起了湖南士紳階級對他的仇恨，某巨公出資五千銀兩收買梅馨，而梅馨本人也對焦、陳政策不滿，最終導致焦、陳二人被殺。

13 統一共和黨是中華民國初年的政黨，由共和統一會、中華民國國民共進會、政治談話會等聯合而成。一九一二年四月十一日在南京召開成立大會，大會選舉了總務幹事、常務幹事、參議、特派交際員等，蔡鍔擔任總務幹事（共五人）。本部初設南京，後遷至北京，在一些省份設有支部。在北京臨時參議院中，佔有二十五個議席，僅次於中國同盟會、統一黨而列第三位。一九一二年八月，蔡鍔脫離該黨，隨後該黨與國民共進會、國民公黨、共和實進會合並組成國民黨（是宋教仁建立的主張內閣制的民主政黨，存在於一九一二年至一九一三年間，並非日後孫中山在蘇俄支持下由中華革命黨改組的中國國民黨）。

14 一九一三年四月，黎元洪領導的共和黨、梁啟超領導的民主黨、張謇領導的統一黨，這三黨為進一步對抗國民黨，於五月二十九日合併為進步黨，黎元洪為名義上的黨魁，梁啟超為實際領袖之一。

席，人望在君，時事艱難，何不來京一行，共商大計。」袁世凱希望裁抑北洋老將的跋扈，籠絡新人。參謀總部的人事安排，多少含有集中兵權、統一軍令的意義。參謀次長陳宧[15]是蔡鍔的朋友，也在為他遊說。蔡鍔本人志向甚大，不能久居僻遠。他順應民初「本省人治理本省」的原則，培養唐繼堯，就是準備接替自己。滇軍諸將在北京和日本都有代理人機構，隱然為蔡鍔後盾。然而，梁啟超和陳宧的希望都落空了。袁世凱雖然厚禮相待，卻不肯將要職交給梁系的人馬。熊希齡[16]內閣倒臺後，進步黨面臨鳥盡弓藏的未來。粵系和籌安會[17]同時排擠進步黨和交通系[18]，用政事堂[19]取代公府祕書機構，將帝制視為恢復文官統治的途徑。交通系和北洋老將則形成了財政和軍事相互支持的默契。蔡鍔如果能夠主持參謀總部，為滇軍少壯派取代北洋宿將打開道路，滇軍很可能支持袁世凱進一步強化集權，然而蔡鍔只得到了經界局的虛銜——1914年12月，蔡鍔任全國經界局督辦。各方都在焦急地等待信號，梁啟超的《異哉所謂國體問題者》就是這個信號[20]。蔡鍔自越南入滇，梁啟超在上海遊說馮國璋。滇軍等到馮國璋幕府發出贊同起兵的「華密」電文，才正式宣布獨立。所以護國軍一開始就清楚，袁世凱沒有鎮壓的能力。

護國戰爭基本上是一場政治戰爭。陳宧和劉存厚[21]都是蔡鍔的老朋友，敘府和瀘州的戰爭大部分只存在於紙面上。列強拒絕承認帝制，當然不會再次勉強銀行團籌集有去無回的國際維穩貸款。交通系不肯為帝制籌款，卻願意為帝制的撤銷籌款。蔡鍔在瀘州的主要敵人其實是結核病，由於各方都懷疑他其實是政治病，結果耽誤了治療。袁世凱去世後，黎元洪－段祺瑞政府把川、滇、黔三軍都交給他。梁啟超則希望他在西南為進

15 陳宧（1870-1939），一度被袁重用，但最後給袁反戈一擊的關鍵人物。曾任雲南新軍協統兼雲南陸軍講武堂堂長，一九一二年任北京政府參謀部參謀次長（參謀總長為黎元洪），掌握參謀部實權。一九一五年二月，被任命為毅威將軍兼會辦四川軍務，率三個旅入四川。護國戰爭中與蔡鍔祕密聯絡，一九一六年五月二十二日宣布四川獨立。

16 熊希齡（1870-1937），維新變法時，擔任湖南時務學堂創立時的校長，一九一二年成為統一黨、共和黨黨員。一九一三年七月，受袁世凱邀請，擔任國務總理兼財政總長，組建「第一流人才內閣」。次年二月被迫卸任。

17 一九一五年楊度串聯孫毓筠、李燮和、胡瑛、劉師培、嚴復，成立的「學理探討」團體，支持袁世凱實行君主立憲。

18 此處指舊交通系。交通系可上溯到盛宣懷主持晚清航運、郵政、電報、鐵路的前交通系，經光緒三十一年（一九零五年）梁士詒督辦五路開創舊交通系，到曹汝霖接過派系大旗凝結新交通系，直至一九二七年北京政府覆滅，前後延續近半個世紀。舊交通系控制著國家重要經濟命脈，是袁世凱政府的支柱之一。在袁世凱心腹、被稱為「二總統」的梁士詒多年培植下，勢力達到極盛，周自齊、葉恭綽、朱啟鈐、汪有齡等均為重要成員。

19 一九一四年，袁世凱為加強自身權力，將國務院改為政事堂，設國務卿、左右丞各一人，參議七人，各局局長五人，所長一人。政事堂設於總統府，成為總統府的辦事機構。洪憲帝制失敗後，政事堂被廢。

20 梁啟超於一九一五年八月二十日在上海《大中華》月刊發表的長篇文章，批駁籌安會及袁世凱的稱帝企圖。此文一出即引起全國各界強烈反響，《申報》、《時報》等迅速轉載，全國反袁運動達到高潮。

21 劉存厚（1885-1960），川軍將領，護國戰爭爆發後自稱護國川軍總司令，發布討伐袁世凱宣言，並支援蔡鍔。蔡鍔死後，與四川督軍羅佩金、四川省長戴戡展開了三方鬥爭，一九一七年七月在鬥爭中取勝，同年十二月被北京政府任命為四川督軍。

步黨聲援，但這是一項不可能完成的任務。川軍不高興滇軍分享他們的財富，滇軍則不願意放棄戰利品。蔡鍔的處置方法只相當於臨時停戰，給各軍劃定防區，希望他們守在自己的領地內。後來，這種制度構成了四川長期內戰的根源。無論如何，蔡鍔已經沒有精力和機會從容部署了。他前往日本治病，在那裡去世。他剛剛離開，川軍立刻就開始攻擊羅佩金的滇軍。從他們的角度看，國體不國體只是空話，滇軍才是侵略者，解放戰爭的意義就是將本地的稅收留給本地的軍隊。其實，這種看法倒是比較接近美國獨立戰爭的宗旨。

蔡鍔的軍事能力應該相當出色，據說他在日本士官學校的成績是第五名（蔣百里拿過第一名）。在那裡，大多數中國學生沒能畢業。然而，他的實戰機會並不比蔣百里多多少。他顯然是一位傑出的行政家，但政治家的成就大部分是梁啟超宣傳的結果。小鳳仙傳奇一開始是梁啟超掩人耳目的手段[22]，後來又增加了無數好事者的發明，將蔡鍔側室潘蕙英[23]的配合移到更有戲劇性的角色頭上。蔡鍔的聲望大部分要感謝他的早逝，否則羅佩金的命運就預示了他本來逃不了的磨難。即使他的能力大大超過羅佩金，湖南人在四川人和雲南人之間也是注定左右不逢源的。在這方面，他有點像宋教仁。長壽的下場就是淪為失敗者，或是不得不為成功而不擇手段。

22 小鳳仙與蔡鍔之間流傳著許多不實的傳言。如：「在袁世凱稱帝前夕，小鳳仙助蔡鍔逃離北平」，實際協助者為蔡鍔側室潘蕙英。小鳳仙本人既不知情，也未參與蔡鍔逃走之事；一九一六年十一月八日，蔡鍔病逝於日本福岡大學醫院後，各種報刊隨即刊登了一些託名小鳳仙的輓聯、悼文，實際上都是各地好事者所撰寫，與小鳳仙本人並無關係。

23 潘蕙英（1894-1956），蔡鍔夫人，雲南人，出生於士紳之家。年幼時進入女子私塾，接受儒家傳統教育，稍長後又接受西式教育。聰慧好學，容貌秀美。十九歲時和雲南都督蔡鍔結婚。育有兩子一女。長子蔡端，次子蔡永寧，女兒蔡淑蓮。

三六、土豪德行
——閻錫山

閻錫山（1878-1960，山西五臺縣人）屬於清末新政造就的第一代和最後一代精英。在此之前，他的生平類似尋常晉人小市民，接受初等教育後，給商家做學徒。這是三晉的特殊文化。如果他生在江南，接受初等教育後，多半就會繼續讀書，直到獲得自己力所能及的最高學位。如果他生在中原，接受初等教育後，多半就會棄學務農。新政改變了他的人生軌跡，將他送進山西武備學堂和日本士官學校。他不僅是同盟會的元老和辛亥革命的第一批領袖，而且屬於扭轉歷史進程的極少數人。北方的革命黨人制定了宏大的計劃，準備分三路包圍京師。藍天蔚[1]取奉天，張紹曾[2]取灤州，燕晉聯軍斷蘆漢鐵路（蘆溝橋至漢口）。所謂燕晉聯軍，就是吳祿貞[3]和閻錫山會師保定。

蘆漢鐵路是全國的真正樞紐，保定是蘆漢鐵路的中心點，漢口、蘆臺都在咫尺之間。

聯軍南掖馮國璋[4]之背，扭轉陽夏保衛戰[5]的危局；北凌朝廷臥榻之側，京師無險可守。這是新任總理袁世凱最危險的時刻。京師人心惶惶，盛傳朝廷即將出狩熱河。然而，革命黨的機會像泡沫一樣迅速破裂。藍天蔚和張紹曾出走，吳祿貞遇刺。他們在軍隊中是少數，但並不比南方新軍的革命黨更孤立。他們缺少湯化龍[6]、湯壽乾[7]這樣的士紳同盟

---

1 藍天蔚（1878-1922），曾與吳祿貞、張紹曾同在日本陸軍士官學校學習，並稱「士官三傑」，藍天蔚、張紹曾、吳祿貞原計劃在一九一一年十月的永平（今河北盧龍）秋操中舉兵，但武昌起義爆發後，秋操中止，遂發動灤州兵諫，向清廷提出制定憲法、實施責任內閣制等要求。

2 張紹曾（1879-1928），一九一一年參與灤州兵諫，一九二三年一月任國務總理兼陸軍總長。

3 吳祿貞（1880-1911），一九一一年十一月六日吳祿貞與閻錫山於娘子關密議組織燕晉聯軍，由吳任聯軍大都督兼總司令，閻副之，並約定會師北上日期，十一月七日吳在石家莊被刺。

4 馮國璋（1859-1919），北洋政府直系領袖，武昌起義後，為鎮壓湖北革命北洋軍主要指揮人，十一月二十七日，率軍攻佔漢陽。

5 一九一一年十月十八日至十一月二十七日，主要由漢陽戰役和漢口戰役組成，辛亥革命中規模最大、戰鬥最激烈的一次戰役。

6 湯化龍（1874-1918），立憲派領袖，一九零六年自費赴日本留學，回國後參與湖北省地方自治籌備事務，並於一九零九年當選湖北諮議局議長，一九一零年八月當選各省諮議局聯合會議長，並提出了第三次國會開會請願。一九一一年五月，清政府組成皇族內閣，湯化龍入京參加各省諮議局聯合會第二次會議並對其予以強烈抨擊，與此同時，各省諮議局聯合會組織了以實現君主立憲制為目標的憲友會，湯化龍為中心人物。

7 湯壽潛（1856-1917），清末民初浙江實業家和政治活動家，曾參與創立民國時期中國最大的商業銀行之一的浙江興業銀行。一九零六年他與張謇組織預備立憲公會，任幹事，一九零九年任浙江諮議局議長，後為預備立憲公會副會長，辛亥革命後任浙江首任都督。

者，也不打算建立武昌式的穩固政權，只想依靠突然襲擊制伏朝廷，或許是更重要的失敗原因。吳祿貞之死對閻錫山打擊最大，他變成了北方最後的革命政權。從此，主戰場從武昌移向太原。他在黎元洪最危險的時候挽救了鄂軍，因為北軍在肅清側背的危險以前，是不敢在南方冒險的。晉軍體現了進攻無力、防守堅韌的特徵，構成他們在以後幾十年的標誌。戰爭從太原延伸到大同，晉軍節節敗退，但傷亡甚少。京師的威脅仍然未能解除，南京、上海已經落入革命黨手中。作為南北和談的條件，清軍將山西交換給閻錫山。

這次戰爭體現了山西精英集團的政治德行，對山西此後十幾年的相對獨立貢獻甚大。北洋雖然比以前和以後的政權更尊重憲法，但絕非不樂意擴張勢力範圍，在北方尤其如此，相對獨立的秦軍、豫軍都迅速瓦解了。晉軍的特點是團結能力很強，同鄉觀念很重，是一群缺乏野心和幻想的土鱉，出不了自己的夏超[8]和唐生智[9]。正因為如此，客軍無法對山西占領區實施有效統治。原有的統治集團即使失敗，也很難分裂。這些現象與其說源於閻錫山個人的貢獻，不如說因為山西人有太多的小地主和小市民性格，士大夫文化卻非常薄弱。浙江、湖南都是因為明星太多、群眾演員太少，才會沒法擺平內部，遭到愚昧和團結的北軍征服。當然，閻錫山的外交手腕確實貢獻良多。他和大部分同鄉一樣缺乏野心和表現欲望，因此逃避了大部分危險。他的內政卑之無甚高論，大體是日本地方治理的翻版。宋教仁、梁啟超一流人物的大才弘論，他完全拿不出來。只是他能夠循序漸進地實施，而且有足夠長的時間實施，所以才能造就模範省[10]。模範省不是聰明才智的體現，而是笨人勤勤懇懇的成果。過多的智力容易產生不成比例的野心和虛榮，在演化系統中並不總是優勢。

閻錫山借助他和同盟會的老關係，加入北伐軍[11]，結束了山西早期的平靜和發展。這項決策是他自己及其政治集團毀滅的開端和原因，從反面證明早期政策的英明。除綏遠殖民以外，晉軍在省外的冒險像泡影一樣短暫和虛幻，卻首先將國共兩黨、然後將日本人引進了過去的世外桃源。不過山西人的性格和地方主義的優越性仍然表現得非常明

8 夏超（1882-1926），同盟會浙江支部會長，一九一六年至一九一七年間先後策劃推翻朱瑞、屈映光、呂公望等在浙江的統治，一九二四年任北洋政府浙江省長，一九二六年投靠國民黨參與北伐。

9 唐生智（1889-1970），湘系軍閥，一九二六年發動兵變，後投靠國民革命軍，一九二七年被李宗仁打敗後投靠蔣介石，一九二九年聯合石友三反蔣，一九三一年後再次投靠蔣，一九四九年投靠中共。

10 閻錫山在山西致力於普及教育、發展實業、實行鄉村建設、鼓勵農民結社，山西成為全國模範省。

11 一九二七年六月，閻錫山通電擁護三民主義，除五色旗，改懸青天白日紅旗，被任命為國民革命軍第三集團軍司令。

顯，跟其他各省對比就尤其明顯。晉軍總是失敗得更慢，抵抗得更久，彷彿回到了中世紀的佛蘭德，最強大的軍隊也只能在一座座城堡之間爬行，難以想像拿破崙式的長驅直入和土崩瓦解。五百完人[12]的傳奇雖然有神話成分，仍然不大可能發生在其他地方。

閻錫山晚年隱居臺灣，努力用儒家思想解釋他的地方主義實踐，結果主要是暴露了他缺乏思想家和文學家的天賦。他的才能是德行的附屬品，他的德行是土豪的德行，和山西地方社會一樣特殊，無法複製。他本來應該在保守主義和特殊主義當中尋找適合自己的話語，卻陰差陽錯地陷入普世主義話語和革命家的政黨，經常覺得自己是對的，卻說不清楚。

12 一九四九年四月二十四日，太原城破之際，山西省代主席梁化之、閻錫山堂妹閻慧卿服毒自盡，一大批軍政官員相繼自殺。他們或服毒，或開槍互射，並引燃早已準備好的汽油。一九五一年，臺北圓山建成「太原五百完人成仁招魂塚」，以及牌坊、碑壇、祭堂等。

三七、「行仁義而喪國」——韓復榘

韓復榘（1891-1938，直隸省順天府霸州煎茶鋪鎮人）是馮玉祥的舊部，出身於「闖關東」的河北流民，在新民屯投軍。他因為識文斷字，得到了「司書」的職位，從士兵變成軍官，跨過了升遷最困難的一道門檻。馮玉祥崛起以前，他一直默默無聞。北京政變[1]後，馮玉祥大肆擴軍。韓復榘的部隊從一個團擴充為一個師，最後擴充為一個軍。貧瘠的西北無力供養如此龐大的軍隊，只能依靠蘇聯從外蒙古接濟。蘇聯的闖入破壞了列強的遊戲規則，張作霖尤為不滿。奉軍兵精糧足，關東獨擅崤函之利。只要列強不積極干涉，他永遠穩操勝券。蘇聯首先在長城以外扶植奉軍的異己勢力，對奉軍的意義無

1 一九二四年十月二十三日，第二次直奉戰爭中，本屬直系的馮玉祥發動叛變，倒戈進京，脅迫大總統曹錕下令解除吳佩孚的職務，導致直系軍心瓦解，全線崩潰。

異於法蘭西援助愛爾蘭天主教叛軍[2]。何況蘇聯的滲透是全方位的，以中東鐵路和東正教僑民為傳播媒介，針對奉軍新生代，打破了戰爭和顛覆的界限，後來終於導致了郭松齡之亂[3]，幾乎將亞洲冷戰提前了三十年。張作霖決心扮演曾國藩的角色，將普通的諸侯戰爭升級為衛道之戰。吳佩孚和閻錫山對倒戈將軍不顧江湖道義的行徑同樣惱怒，加入了張作霖的陣營。馮玉祥不得不逃回蒙古邊界，把北京留給李大釗苦心經營的地下組織。蘇聯看到了張作霖的可怕，決定改變路線，命令重新武裝的馮軍轉向陝、甘薄弱環節，取道潼關挺進中原。這條路線上沒有張作霖這樣的強敵，只有一系列楊虎城式的小軍閥，不難收買或消滅。韓復榘在這次戰役中升級為軍長，從此獲得了方面大員的資格。

馮玉祥進軍中原，主要是為了彌補寧漢分裂造成的危局[4]。鮑羅廷[5]和拉菲斯[6]長期不和，導致上海遠東局[7]和廣州國民政府爾虞我詐。一九二七年初，遠東局一度占上風。蘇聯從十月革命的經驗出發，當然更信任拉菲斯和維經斯基[8]的上海革命政府。鮑羅廷收買唐生智和馮玉祥的計劃，在莫斯科看來充滿了危險的機會主義色彩。蔣介石的清黨打亂了莫斯科的大棋，使他們懷疑自己或許並不像原先以為的那樣了解亞洲人。遠東局手忙腳亂，一度提不出具有說服力的替罪羊草案。蔣介石聲稱他是鮑羅廷的敵人，其實卻幫了鮑羅廷的大忙。鮑羅廷得以染指上海的資金流，這是第一次也是最後一次[9]。遠東局一旦在艾斯勒[10]領導下恢復元氣，鮑羅廷的好日子就會再次到頭。鮑羅廷的勝利就是馮玉祥和唐生智的勝利，庫倫到西安的公路忙碌了好幾個月。馮玉祥用野蠻的壓榨手

---

2 英王查理一世對法國胡格諾教派的反叛大加支持，法王路易十三則大力支持愛爾蘭人的反英活動。

3 一九二五年十一月，勾結馮玉祥的奉系將領郭松齡發動兵變，以打倒張作霖、楊宇霆為目標，歷時一個月，後被奉軍俘虜槍斃。

4 一九二七年北伐期間，國民黨內部以南京蔣介石為首的清共勢力和以武漢汪兆銘為首的容共勢力發生對立。蘇聯鮑羅廷在武漢國民政府擔任國民黨中央執行委員會最高顧問，蔣介石另組南京國民政府，主張清黨。事件最終以汪兆銘發現蘇聯及中共的奪權計畫，主動進行分共告終。

5 米哈伊爾·瑪律科維奇·鮑羅廷（1884-1951），一九二三年至一九二七年期間的共產國際駐中國代表及蘇聯駐中國廣州政府代表。是幫助孫中山聯俄容共（第一次國共合作）的主要人物。一九二七年四一二政變後，遭到國民黨南京政府通緝，同年十月回蘇聯。一九四九年受美國記者安娜·路易絲·斯特朗間諜案牽連入獄，被指為蘇維埃政權的敵人，流放到西伯利亞。一九五一年五月二十九日，死於伊爾庫茨克的勞改營。

6 原為共產國際執行委員會宣傳鼓動部工作人員，後任上海遠東局委員。

7 即共產國際遠東局，一九二六年三月，聯共（布）中央政治局決定在上海建立共產國際遠東局，以加強對中國以及朝鮮、日本共產黨的直接領導。四月二十九日，聯共（布）中央政治局會議決定，共產國際遠東局由維經斯基、拉菲斯等和中朝日三國共產黨代表組成，以維經斯基為主席。

8 維經斯基（1893-1956），中文名吳廷康。國產國際創立初期有影響力的人物，國際遠東局主席，中共初創時期經費的實際提供者。

9 一九二七年四月，共產國際出席中共五大的代表團作出決定，解散遠東局。與遠東局有矛盾的鮑羅廷獲得了短暫的勝利。

10 共產國際於一九二九年春在上海成立了新的遠東局。原為德共政治局委員的格哈特·艾斯勒在這一年被共產國際執行局派往上海主持遠東局，至一九三零年底。

段強迫西北軍民完成這項堪比秦始皇和隋煬帝的偉業，預示了未來的蔣介石和白骨累累的滇緬路[11]。與此同時，漢陽兵工廠日夜開工。張發奎[12]和馮玉祥夾擊山窮水盡的吳佩孚，為武漢國民政府打通了蘇聯交通線。韓復榘駐軍鄭州，隨即出任河南省主席。

蔣介石的上海之路通向西方，鮑羅廷的武漢之路通向蘇聯。鮑羅廷進一步延長李大釗的計劃，將庫倫的武器和上海的金錢匯集到武漢。唐生智順流東下，馮玉祥保衛大後方。蔣介石在他能夠奪取上海的關稅和勒索上海的資本家以前，還需要相當長的時間。南京政府在這個脆弱的機會窗口，表現得不堪一擊。蔣介石七成的部隊不聽號令，致使唐生智席捲長江中游。然而，史達林的多疑害了鮑羅廷。他沒有辦法制裁叛逃的蔣介石，卻想亡羊補牢地剝奪沒有叛逃的武漢諸將兵權。消息傳到武漢，鮑羅廷的權力和武漢國民政府的前途就同時化為烏有。寧、漢合流，鮑羅廷黯然回國。尼克爾斯基[13]是他的先驅，正如他是米夫[14]的先驅。蔣介石陰差陽錯，賭徒的好運變成了領導的英明。一九二八年，他得到了盼望已久的關稅。他隨即做出了一個優秀賭徒應該做的事情，不是趕緊帶走僥倖贏來的金子，而是趕緊押上更大的賭注。在帝國主義和北洋軍閥統治的世界上，上海資本家的財富將會用於生產和投資。在蘇聯和蔣介石瓜分的世界上，這些財富就要用於競購西北軍和東北軍諸將的忠誠。馮玉祥直到最後關頭仍然擁有重武器優勢，但張學良（在較大的程度上）和韓復榘（在較小的程度上）投票判他失敗[15]。

馮玉祥問鼎中原的計劃落空了，華北分裂為幾個獨立的財政—軍事區。蔣介石無意直接統治這些地區，因為他脆弱的財政體系不能承受過大的負擔。他滿足於肢解馮玉祥

11 起點是中國昆明，終點是緬甸臘戌，全長一千四百五十三公里，始建於一九三八年春，於當年十二月初步建成通車，以後陸續加以修改，是抗戰時期中國西南後方的一條歷時最久、運量最大的國際通道。

12 張發奎（1896-1980），國民黨將領，北伐時為四軍軍長，戰功顯赫。寧漢分裂時擁護汪兆銘，寧漢合流後決心清共，南昌起義的軍隊為其叛變的部下。抗戰時期，先指揮淞滬抗戰，後來任第四戰區司令。一九四九年後居於香港。

13 弗拉基米爾·阿布拉莫維奇·奈曼-尼克爾斯基，又名維克托·阿列克謝耶維奇·貝格（1889-1943），一九二一年六月間，他代表遠東國際書記處、赤色職工國際來到中國，來華時使用的名字為尼克爾斯基。同年七月二十三日出席在上海召開的中共第一次代表大會並在會議上講話。回到蘇聯後，於一九三八年因「間諜罪」被捕，一九四三年被槍決。尼克爾斯基以遠東國際書記處、赤色職工國際代表的身份來中國活動，但他還有一個更重要的身份是蘇俄情報人員。一大代表都以為尼克爾斯基是馬林的助手，但一九八六年在荷蘭發現的「斯內夫列特（馬林的真名）檔案」顯示，真相恰恰相反，馬林其實是尼克爾斯基的助手。尼克爾斯基不僅負責掌握共產國際駐華人員和遠東蘇共黨員的活動經費，而且還監視著他們。

14 米夫一九三零年十月來到中國任遠東局書記，一九三一年八月回到蘇聯。後因被人揭發為政治反革命、托派分子而被逮捕，一九三八年被祕密處決。

15 指中原大戰中，張學良率奉軍入關助蔣，而馮玉祥手下大將韓復榘也被蔣拉攏倒戈，成為裝備精良的馮玉祥落敗的重要原因。

帝國，確保幾個繼承國相互仇視。韓復榘得到了山東，超出了他早年的最大希望。他最後幾年的舉措，都是為了保護他來之不易的獨立王國，沒有表現出逐鹿天下的野心。用朱元璋和劉基的語言說，目光短淺的「自守之賊」選擇了坐以待斃的命運。

從他自己的角度看，他是一位僥倖翻身做了土豪的小人物。他有土豪的德行，但缺少梟雄的遠見，兢兢業業投入地方建設，卻沒有注意到自己把雞窩安在了車水馬龍的十字路口。山東自平盧節度使[16]瓦解以後，長期缺乏保護桑梓的土豪，不斷為京師和梟雄（二者同樣都是外人）的事業犧牲，習慣於流民和盜匪的短期行為。韓復榘雖然不是魯人，卻想把山東作為自己的永久家園來經營，而非在盡可能短的時間內榨取盡可能多的資源，用於征服更大的領地。這是張作霖和陳炯明的模式，在春秋時代和近代歐洲無疑會構成長期優勢策略，但在朱元璋和列寧的時代卻最適合充當犧牲品。張作霖和陳炯明能夠堅持一段時間，主要是因為關東和南粵的地緣優勢和條約體系的殘餘力量。山東沒有這樣的地緣形勢，正如韓復榘沒有機會沐浴條約體系的落日餘暉。

他像徐偃王[17]和中山君[18]一樣，啟用了時代拋棄的仁政模式（也就是長期投資模式），禮賢下士、輕徭薄賦，大力推進鄉村建設和平民教育[19]。梁漱溟和晏陽初的存在，從側面證明了他的功德，但他遺愛在民的最有力證據，莫過於無數嘲諷他的笑話。畏威而不懷德的社會如果出現萬口稱頌的對象，此人通常是十惡不赦的暴徒，犯下的罪行太大，因此哪怕稍微譴責都會面臨極大的危險；如果出現七嘴八舌的嘲諷，而嘲諷的內容又沒有超出人之常情的弱點，甚至明顯屬於汙蔑，此人通常是慈悲為懷的統治者，因為喜歡沽名釣譽的寬宏大量，所以才會適得其反。韓復榘明顯就是這樣的人。流行的段子把他描寫成大字不識的粗人，甚至連足球比賽都看不懂。其實他就是因為有文化和愛學習才得以提升，在軍中以研究武學和提倡體育著稱。如果他果真支持山東的大學生踢足球，那也是因為他自己在軍隊裡體驗過足球的好處。

16 平盧是中國唐代的一個行政區劃，治所為山東營州，後平盧軍南遷至青淄。節度使是唐朝時期統領邊疆軍隊的封疆大吏。

17 徐偃王是西周時期徐國的國君。《後漢書．東夷傳》：「偃王處潢池東，地方五百里，行仁義，陸地而朝者三十有六國。……楚文王大舉兵而滅之。偃王仁而無權，不忍鬥其人，故致於敗。」《韓非子．五蠹》：「文王行仁義而王天下，偃王行仁義而喪其國，是仁義用於古而不用於今也。」

18 中山國是春秋戰國時白狄的一支——鮮虞仿照東周各諸侯國於西元前五百零七年建立的國家，位於今河北省中部太行山東麓一帶，位於趙國和燕國之間。中山君是《戰國策》中記載的中山國的一個國君，為人仁厚。

19 韓復榘主魯七年，山東教育事業有了很大發展。他禮賢下士，從不在教育界安排私人。一九三八年，韓復榘被蔣介石誘捕後，蔣為羅織他的罪名，曾召見山東教育廳長何思源，問：「韓復榘欠你多少教育經費？」「韓復榘是怎樣賣鴉片的？」何思源答道：「韓復榘從未欠過教育經費，也並不出賣鴉片。」

行仁義而國亡，因為長期投資模式在短期無序競爭中鬥不過短期汲取模式。普遍的仁政，必須以穩定的條約體系為前提。穩定的條約體系，必須依靠施行仁政的部分強國獲得持久的勝利。仁政能夠獲得長久的勝利，必須事先存在保證長期穩定競爭的環境條件。這些環境包括：海洋、破碎的地理環境和破碎的政治環境。前兩者只存在於少數得天獨厚的地方，後者卻是全人類都可以通過審慎的政治秩序獲得的。這就是孔子念念不忘周政的原因，也就是現代人本能地同情弱小民族獨立的原因。人為的努力當然不如上帝的恩賜，因此孔子和他異代異國的同路人都是失敗多於成功。韓復榘實際上只有投靠日本才能最大限度地延長土豪路線，但他翻雲覆雨的能力不及老上司馮玉祥和老部下吳化文[20]。

「保全實力」是土豪美德所能指望的最高褒獎，韓復榘的問題其實在於他不大配得上這句話。一個人如果連多年相處的老戰友都不知道珍惜，怎麼可能僅僅因為抽象的話語而在乎陌生的上級和陌生的民眾？春秋儒家警告君主，不可信任連父親都願意出賣的臣民，現代知識分子卻讚美冷酷附帶的優點，叱責美德內在的弱點。韓復榘雖然有罪，但他的滅亡卻不是罪行太大而是因為罪行還不夠大，因此他滅亡的原因就預示著更加黑暗的未來。吏治國家不僅是財富資源的汲取者，而且是政治德行的汲取者。愛惜財富和偏袒鄉黨是有機共同體賴以存在的主要「美德」，因此自然就是共同體收割機的主要腐蝕劑。如果你發現愛惜財富和偏袒鄉黨構成失敗者的主要罪名，而且知識分子和民眾居然假裝絲毫沒有懷疑這種是非顛倒的價值觀，那你就再也不要浪費時間爭論自己的位置了，你肯定就坐在一輛運送死刑犯的囚車之上。你那些自信的同伴已經在劫難逃，而你有七成可能至少是推波助瀾的從犯。神明將你不配享有的懷疑種在你心中，很可能是給你最後一次懸崖勒馬的機會。

20 吳化文（1904-1962），一九二零年加入馮玉祥的軍隊，後來隸屬韓復榘率領的國民革命軍第二十師。韓復榘脫離馮玉祥、投靠蔣介石後，吳化文繼續跟隨韓復榘。韓復榘被蔣介石處決後，沈鴻烈接替，吳化文繼續擔任該師旅長。一九四三年一月，在沈鴻烈指示與蔣介石的默認下，吳化文參加汪兆銘政權。抗戰結束後，吳化文回到蔣介石手下。一九四八年九月，吳化文率三個旅二萬人在濟南陣前投向中共。

近代史的墮落

劉仲敬評點近現代人物——晚清北洋卷

作者　劉仲敬
總編輯　富察
責任編輯　穆通安
企劃　蔡慧華
封面設計　井十二設計研究室
排版設計　宸遠彩藝
社長　郭重興
發行人　曾大福
出版發行　八旗文化／遠足文化事業股份有限公司
地址　新北市新店區民權路108-2號9樓
電話　〇二～二二一八～一四一七
傳真　〇二～八六六七～一〇六五
客服專線　〇八〇〇～二二一～〇二九
信箱　gusa0601@gmail.com
臉書　八旗文化
法律顧問　華洋法律事務所／蘇文生律師
印刷　成陽印刷股份有限公司
出版日期　二〇一六年八月（初版一刷）
　　　　　二〇一九年十一月（初版五刷）
定價　三五〇元整

近代史的墮落
晚清北洋卷：劉仲敬點評近現代人物
劉仲敬著——新北市：八旗文化出版
遠足文化發行，二〇一六年八月
三〇四面——一五×一九・五公分
ISBN 978-986-93353-4-8（平裝）

一、晚清史　二、人物志

627・6
105013453